선교에 대한 네 가지 견해

IVP(InterVarsity Press)는
캠퍼스와 세상 속의 하나님 나라 운동을 지향하는
IVF(InterVarsity Christian Fellowship)의 출판부로
생각하는 그리스도인을 위한 문서 운동을 실천합니다.

미셔널신학연구소(Institute for Missional Theology)는
"하나님이 교회에 부여하신 선교적 사명 회복"을 모토로
교회의 본질과 방향을 고민하며 연구에 힘쓰고 있습니다.
https://www.imt.or.kr

이 책은 IVP와 미셔널신학연구소가 함께 만들었습니다.

© 2017 by Jason Sexton, Jonathan Leeman,
Christopher J. H. Wright, John Franke, Peter Leithart
Originally published in English under the title
Four Views on the Church's Mission
by The Zondervan Corporation L.L.C.,
a subsidery of HarperCollins Christian Publishing, Inc.,
501 Nelson Place, Nashville, TN 37214, USA.
All rights reserved.

Published by arrangement with HarperCollins Christian Publishing, Inc.
through rMaeng2, Seoul, Republic of Korea.

This Korean Edition © 2025 by Korea InterVarsity Press
156-10 Donggyo-ro, Mapo-gu, Seoul 04031, Republic of Korea.

이 한국어판의 저작권은 알맹2를 통하여
HarperCollins Christian Publishing Inc.와 독점 계약한 IVP에 있습니다.
신 저작권법에 의하여 한국 내에서 보호받는 저작물이므로
무단 전재와 무단 복제를 금합니다.

미셔널신학번역총서 04

선교에 대한 네 가지 견해
Four Views on the Church's Mission

조너선 리먼   존 프랭키

크리스토퍼 라이트   피터 라잇하르트

오늘날 교회의
사명은 무엇인가

제이슨 섹스턴 편집
오현미 옮김

Ivp

차례

미셔널신학번역총서를 펴내며 __7
서문·교회의 사명 재조정하기 제이슨 섹스턴 __11

제1장 구원론적 선교
구속이라는 사명에 초점 맞추기 조너선 리먼 __27

논평   크리스토퍼 라이트 __78
            존 프랭키 __ 88
            피터 라잇하르트 __96

제2장 참여 선교
성경 이야기에 드러난
하나님 백성의 사명 크리스토퍼 라이트 __105

논평   조너선 리먼 __153
            존 프랭키 __163
            피터 라잇하르트 __171

제3장 상황 중심 선교
땅끝까지 증언하기 존 프랭키 __177

논평　조너선 리먼 __218
　　　　크리스토퍼 라이트 __229
　　　　피터 라잇하르트 __239

제4장 성례전적 선교
에큐메니컬하고 정치적인 선교론 피터 라잇하르트 __249

논평　조너선 리먼 __290
　　　　크리스토퍼 라이트 __300
　　　　존 프랭키 __309

결론 · 사명을 위해 교회를 재조정하기 제이슨 섹스턴 __317
주제/저자 찾아보기 __327
성경 찾아보기 __338

미셔널신학번역총서를 펴내며

한국 교회는 지난 20여 년간 아주 빠르게 쇠퇴의 길을 걸어왔다. 그동안 한국 교회는 세계에서 유례가 드문 부흥과 성장을 경험하였기에 이 급격한 쇠퇴는 적잖은 충격을 주고 있다. 그러나 단지 수적으로 감소한다는 사실이 진정한 문제는 아니다. 오히려 교회가 세상 속에서 존재감을 잃어버리고 있다는 사실이야말로 큰 문제다. 급변하는 세상 가운데서 변하지 않는 하나님의 말씀을 전해야 하는 교회가 많은 경우 세상과 아예 분리되거나 정반대로 세상에 동화되는 모습을 보여 왔음을 부인하기 어렵다.

서구 교회에서는 이러한 문제를 우리보다 앞서 겪어 왔다. 그러는 동안 교회의 정체성을 반성하며 등장한 흐름이 '미셔널 처치'(Missional Church, 선교적 교회) 운동과 '미셔널신학'(Missional Theology)이다. 이 새로운 신학적 지향을 중심으로 한 교회 운동의 목적은 하나님이 교회에 부여하신, 세상을 향한 선교적 사명(Mission)을 회복하는 것이다. 세상과 분리되거나 세상에 동화되지 않고, 세상 속에서 예수를 따르며 그분을 증언하는 교회의 정체성을 드러내는 것이다. 세상 속에서 존재감을 잃어버리고 있는 오늘날의 한국 교회가 이러한 신학과 교회 운동에 관심을 가져야 할 이유는 충분하다.

사실 한국 교회에 미셔널신학이나 미셔널 처치 운동이 소개된 후로 적잖은 시간이 흘렀다. '미셔널'이라는 개념이 지금 우리에게 적어도 그리 낯설지 않은 것은 그동안 앞장서서 이를 소개하는 일을 감당해 온 분들의 커다란 수고가 있었기 때문이다. 그럼에도 한국 교회에 이 운동이 처음 소개될 때 신학적 측면보다는 주로 실천적 측면에 초점이 맞춰져 있었기에 아쉬웠다. 물론 이 둘을 날카롭게 분리할 수 없으나, 한국 교회 전반적으로 지속 가능한 변화를 도모하기 위해서는 신학적 토양의 변화가 반드시 필요하다.

사단법인 미셔널신학연구소는 하나님이 교회에 주신 선교적 사명이 무엇이며 교회가 그것을 어떻게 감당해야 할지에 대한 고민을 한국 교회와 나누고자 설립되었다. 무엇보다 교회의 체질을 변화시켜 새로운 방향으로 이끄는 원동력은 성경에 있다고 믿으며, 목회자와 성도들이 성경을 새로운 시각으로 읽도록 돕기 위해 '선교적 해석학'(Missional Hermeneutics)에 기반한 연구를 중점적으로 수행하고 있다. 이와 더불어 오늘날 교회가 마주하는 여러 도전과 과제를 미셔널신학의 관점에서 고찰할 수 있는 연구를 다양한 측면에서 펼치려 한다.

"미셔널신학번역총서"는 그간 영미권에서 수행된 미셔널신학 및 선교적 교회 운동과 관련한 연구를 한국 교회에 소개하기 위해 기획되었다. 이를 통해 선교적 해석학을 중심으로 교회가 선교적 사명을 감당하는 데 필요한 다방면의 연구를 나누고자 한다. 이 일에 IVP가 흔쾌히 뜻을 같이해 주어 감사하다. 이 총서가 한국 교회의 신학적 토양을 새롭게 하여 교회가 자신의 본질과 사명을 회복하는 일에 작은 밑거름으로 쓰임받을 수 있기를 바란다.

송태근 목사
사단법인 미셔널신학연구소 이사장

일러두기
이 책에서 'mission'은 맥락에 따라 '사명' 또는 '선교'로 옮겼다.

서문 —— 교회의 사명 재조정하기 제이슨 섹스턴

> 자꾸 그 단어를 쓰시는군. 내가 생각하기에 그 단어는 당신이 생각하는 그런 의미가 아닌데.
>
> 이니고 몬토야, 〈프린세스 브라이드〉

교회와 교회의 사명이라는 말이 꼭 그렇다. 복음주의자들은 특히나 '교회'라는 말을 아주 빈번히 쓰지만, 이 단어가 무슨 의미인지에 관한 비판적 성찰은 거의 보여 주지 않는다. 복음주의에는 교회론(교회에 관한 교리)이 없다고들 한동안 이야기했다. 십여 년 전 스탠리 그렌츠(Stanley Grentz) 같은 사람은 "복음주의자들은 철저한 교회론을 발전시키거나 이를 바탕으로 일한 적이 한 번도 없다"고 결론 내렸다.[1] 정교한 교회론이 이렇게 부재(不在)하는 주원인은 복음주의자들이 좀 더 광범위한 운동, 이를테면 성령운동·대중운동·교파운동, 기관운동, 교회운동 등에 참여한 데 있는데, 이는 사실 **수많은** 교회론을 대표하는 운동이다. 이러한 교회론 중 어느 하나도 강하고 견고하게 발전하지 못했지만, 이는 더 강력한 대표적 교회론이 등장하면 복음주의 운동과 그 광범위한 사역의 일치와 추진력을 실제로 위협했을 수도 있

---

1 Stanley J. Grenz, "An Evangelical Response to Ferguson, Holloway and Lowery: Restoring a Trinitarian Understanding of the Church in Practice," in *Evangelicalism and the Stone-Campbell Movement*, ed. William R. Baker (Downers Grove, IL: InterVarsity Press, 2002), p. 228.

었기 때문일 것이다.

이렇게 해서 '사명'이라는 두 번째 단어에 이르게 된다. 전체적으로든 다양한 분파에서든 복음주의 운동의 추진력을 유지하려고 한창 노력하는 가운데, 어디선가 이 말은 의미가 모호해졌다. 지역 기관들이 전국적이고 세계적인 기관들과 함께 등장해서 교회의 혼종성(混種性)을 보여 주는 한편 교회의 사명을 다양한 형태와 모습으로 이행하는 데 초점을 맞추었다. 복음 전도, 설교, 목회, 사회정의 운동 등과 같은 강력한 활동도 여기 포함되었다. 이런 생동감 넘치는 활동 대부분은 전후(戰後) 미국의 풍요로움과 복음주의 확장에서 재원을 조달받았는데, 그러다 보니 언제부터인가 교회들은 다른 단체와 전문가들에게 교회의 일을 도급 주어서 온갖 혁신적 교회와 기독교 활동에 길을 열어 주었다.

기업식·식민지식 선교 활동

복음주의가 확장하고 그 활동이 종종 지역교회 외부에 집중되는 현상은 복음주의 운동 안에서 기독교의 활동이 기업화하는 원인이 되었다. 교회와 선교라는 주제를 깊이 숙고해 온 풍성하고 긴 기독교 전통에도 불구하고, 선교라는 말은 여러 면에서 종종 교회의 방향 설정에 대한 비유적 표현으로 의미가 축소되었다. 실제적 쓰임새에서 선교라는 말은 기업들이 조직의 전략에 초점을 맞출 때 쓰는 말과 크게 다르지 않게 되었다. 선교는 교회의 주요 사역에 특별하고도 눈길을 끄는 접근 방식을 보여 주었으며, 이는 기독교 기관이나 기독교 '사역'의 목표와 명확한 목적의식을 분명히 하는 데 우선순위를 두는 사명 **선언문**으로 표현되었다. 주류 복음주의 단체 소속인 어느 젊은 사역자는 교회 개척을 준비하면서 나중에 교단의 후원을 확보하는 데 도움이 될까 해서, 개척할 채비가 되었음을 보여 주는 자료를 만든 경험을 이야기했다. 자료 준비 과정에서 그 단체의 교회 개척 디렉터는 교회 개척에서 강조해야 하는 것은 교회의 **신학**(혹은 이 경우 선교 신학)이 아니라고 역설했다. 그보다는 사업가의 자세를 지닌 교회 개척자의 **사명**(그리고 이에 상응하는 **비전**)에 초점을 맞추어야 한다는 것이었다. 이는 부분적으로 브랜딩에 관한 문제이기도 했고, 생동감 넘치는 목표를 늘 염두에 두는 문제이기도 했다. 스타벅스나 애플 같은 기업의 사업 전략과 크게 다르지 않더라도 말이다. 실제로 교회 지도자들은 교회의 선교를 포함하여 어떤 기관의 사명을 완수하려는 노력이 성공하려면 이런 전략을 채택하라고 종종 권유한다.

그래서 '선교'라는 용어는 까다롭다. 하지만 교회가 본연의 의무를 다하려는 마음으로 이 용어를 차용할 때 여기 내재된 복잡한 문제들은 단지 선교가 기업 자본주의를 모방하는 방식에서만 드러나지 않는다. 탈식민주의 감수성과 함께 우려가 커지면서, 식민주의와 관련된 위계적이고 패권적이며 심지어 폭력적이기까지 한 구시대 선교 개념을 거부하고 이와 절연하는 사람들이 많아지고 있다.[2] 레슬리 뉴비

---

2   이에 대한 한 사례로 CCC(Campus Crusade for Christ, 대학생선교회)는 이 이름이 연상시키는 서구 문명의 식민지 시대가 이미 다 지나갔지만, 2011년에 이름을 Cru로 바꾸었다. 무슬림을 적으로 삼은 중세의 십자군이 연상되는 부정적 효과에 대한 염려 때문이었다. Sarah Pulliam Bailey, "Campus Crusade Changes Name to Cru," *Christianity Today*, 19 July 2011, http://www.christianitytoday.com/ct/2011/julyweb-only/campus-crusade-name-change.html/를 보라.

긴은 에큐메니컬 운동 덕분에 초기의 식민지식 선교 활동 모델이 소멸되었다고 보지만,[3] 역사의식이 점점 커져감에 따라 복음주의자들이 최악의 경우 토착민 집단에 때로는 문화 말살에 가까운 갖가지 해를 입힌 괴로운 (때로는 끔찍한) 과거사로 괴로워하는 것을 오늘날 무시하기는 불가능하다.[4] 식민주의적 선교 정신은 19세기 '명백한 운명'(Manifest Destiny, 미국이 북미 전체를 지배할 운명이라는 뜻으로, 미국의 영토 확장주의를 정당화하는 주장—옮긴이) 이론의 결과와 관련하여 이제야 밝혀지고 있는 일들에 대해 비난받아 마땅하다. 이 이론은 정부가 재가한 인디언 강제 이주(Indian Removal) 당시 인디언 부족들을 유린한 '눈물의 길'(Trail of Tears: 아메리카 원주민이 살던 땅서 쫓겨나 중서부로 강제 이주한 여정을 가리킨다—옮긴이), 그 후 캘리포니아 골드러시(Gold Rush) 때의 인디언 대학살 시도 같은 비극적 결과를 낳았다.[5]

북미 극서부 지역의 경우, 이런 식민주의적 선교 정신은 초기 프란체스코회 선교사 시대에 원주민 인디언을 착취하고, 감금하고, 노예로 삼고, 수단과 방법을 가리지 않고 그 땅에서 몰아낸 역사에 기반을 두고 있다. 이 식민지 시대는 오늘날 그리스도인들이 대체로 탈피하고 싶어 하는 선교 유형의 한 예, 특히 실용성만 중시하는 그 초기

---

[3] Lesslie Newbigin, "Mission to Six Continents," in *The Ecumenical Advance: A History of the Ecumenical Movement*, Vol. 2, 1948-1968, 2nd ed., ed. Harold E. Fey (Philadelphia: Westminster, 1986), pp. 173-197를 보라.

[4] 과거에 노예제도를 지지한 경우로는 미국 남침례교의 노예제 회개를 다룬 Gustav Niebuhr, "Baptist Group Votes to Repent Stand on Slaves," New York Times, 21 June 1995, http://www.nytimes.com/1995/06/21/us/baptist-group-votes-to-repent-standon-slaves.html을 보라.

[5] Benjamin Madley, *An American Genocide: The United States and the California Indian Catastrophe, 1846-1873* (Newhaven, CT: Yale University Press, 2016). 도표를 보면 300차례가 넘는 대량 학살과 집단 살해가 벌어졌음을 알 수 있다.

선교 활동의 성격을 보여 준다. 이러한 유형의 선교는 원주민이 세속화하기 전까지만 필요했고, 세속화한 시점부터 선교 시스템은 점차 소멸되었을 것이다. 이 같은 사실은 오늘날 극서부 사람들이 선교 활동에 대해 생각하는 방식과 쉽게 분리될 수 없으며, 특히 20세기 후반 캘리포니아에서 생겨나 성공적으로 일한 선교 단체의 수와 떼어놓고 생각할 수 없다. 1949년 로스앤젤레스 십자군(Los Angeles crusade)을 통해 빌리 그레이엄의 사역이 두루 인기를 얻자, 전후(戰後) 복음주의는 상당 부분 빌리 그레이엄을 중심으로 전개되었다. 사역 당시 그레이엄은 텍사스주 댈러스에 있는 제일침례교회 소속이었지만, 그레이엄이 그 교회에 거의 출석하지 않았다는 것은 널리 알려진 사실이다. 그렇다면 그가 '그 교회' 회원이라는 것은 무슨 의미였는가? 그리고 복음주의의 거물이 어떤 면에서는 지역교회의 등에 올라타고 등장하여 20세기 대형 복음주의 기관들이 출현하고 강화되는 길을 열어 주고 있는 상황 가운데서 지역교회들이 일종의 일치된 사명을 보여 주어야 한다는 과제에 비추어 볼 때, 이는 무슨 의미였는가?

그레이엄과 다르지 않게, 갈보리 채플(Calvary Chapel)도 어떤 면에서는 새로운 종류의 식민주의의 표본이었다. 사람들은 갈보리 채플이 '명백한 운명'이 역전된 모습을 구현했다고 말했다. 성령이 서부에서 동부로, 오렌지카운티에서 지구 끝으로 나아간다는 것이다.[6] 복음주의가 실용주의 노선을 택하여 교회론을 포함해서 다른 모든 것보다 선교를 우선으로 여긴 탓에 상황은 악화되어 왔다. 갈보리 채플은

---

6   Philip Clayton, "Four Prophets: What the Free Speech Movement, Jesus Freaks, Esalen, and Goddess worship have in common," *Boom: A Journal of California* 5 (2015): p. 74.

교회의 회원 등록 절차가 없는 것으로 유명하다. 다수의 초대형 교회(megachurch)도 상황이 비슷해서, 회원 자격과 소속을 임의로 부여한다. 어떤 경우, 초대형 교회 지도자들은 자신들이 이끌어 가는 교회가 정말 교회이기는 한지 고민한다.[7] 최근 역사에서 선교에 대한 접근 방식들은 다양한 형태의 인종차별과 제국 건설의 양상을 드러내 왔는데, 이는 종교적 우파에서부터[8] 더 미묘한 행태에 이르기까지 여러 모습으로 발현되었다. 논란의 여지가 있기는 하지만 그중 미묘한 행태는 교도소 선교회(Prison Fellowship) 같은 대형 사역 기관에서 어느 정도 볼 수 있다. 이들 단체의 강력한 존재는 인종차별적 정책 수립에 (비록 의도하지 않았더라도) 일조하였고, 이는 대규모 수감 사태로 이어져서 미국 내 아프리카계 미국인과 라틴계 주민들에게 과도하게 영향을 미치고 있다.

계속 진행 중인 교회의 선교

내가 지금 소속되어 있는 교외(郊外)의 초대형 교회는 전후에 도회지 로스앤젤레스를 떠나온 백인들이 세운 교회로서, 예산의 가장 큰 부분(25퍼센트)을 '선교'라는 단일 항목에 배정한다. '비전'(vision)이라

---

[7] AHRC가 기금을 대고 Sarah Dunlop이 주도한 프로젝트, "Megachurches and Social Engagement in London"를 보라. 이 프로젝트에서는 자신이 이끄는 초대형 교회가 정말 교회라고 생각하는지, 런던에서 사회적 선행을 많이 행하는 초대형 교회 지도자들에게 질문했다(http://www.birmingham.ac.uk/schools/ptr/departments/theologyandreligion/research/projects/mega churches/index.aspx).
[8] Randall Balmer, "The Real Origins of the Religious Right," *Politico*, 27 March 2014, http://www.politico.com/magazine/story/2014/05/religious-right-real-origins-107133.

고 명명된, 이 특정 교회의 전체 사명 선언문은 이 교회가 "**존재하는 것은 하나님 나라 백성과 하나님 나라 공동체를 발전시키고 능력 있게 하여 자신이 영향을 끼칠 수 있는 영역에서 선교에 참여하도록 하기 위해서다**"라고 선언한다. 교회의 실제 공동생활은 주로 소규모 친교 그룹에 가입하여 서로 만나며 **진정한 의미에서** 교회의 일부가 되는 것인 반면, 선교 활동은 거의 부수적인 일로서, 우리 교회가 위치한 교외 지역에서 멀리 떨어진 다른 어떤 곳에서, 그곳 사람들을 위해서 하는 일로 흔히 제시된다. 우리가 생각하는 선교란, 우리 도시와 지역에서 다양한 봉사 활동을 통해 노숙자와 빈민, 그 외 사람들을 섬기려고 우리 교회 지도자들이 다른 교회 지도자들과 함께 설립한 원스톱 상점(한 번에 필요한 것을 모두 살 수 있는 상점—편집자) 형태의 지역 비영리 정의 사역 기관에서 기부나 자원봉사를 통해 그 사역에 동참하는 것이다. 지역 선교 활동이 교회 전체 예산의 거의 4퍼센트 이상을 차지하므로 이 일은 지역 선교 활동에 대한 우리의 헌신을 얼마간 보여 준다. 하지만 '세계'(global) 선교 기금은 교회 전체 예산의 21퍼센트에 달한다. 교회가 언명한 사명(혹은 '비전')이 이들이 '선교'라 생각하고 행하는 일에 어떻게 영향을 끼치는지는 여전히 불분명하다. 사명(비전) 선언문에 따르면, 교인들은('하나님 나라 백성')은 자기가 영향을 끼치는 영역에서 선교사를 자처해야 한다. 하지만 교회가 이 하나님 나라 백성의 비전을 구체적으로 어떻게 수행하는지 정확하게 알아내기는 매우 어렵다. 특히 초대형 교회의 경우 교회 예산이 일반에게나 교인들에게 늘 투명하게 제시되거나 공개되지는 않는다. 그래서 어떤 경우에는 융통성 있게 사역을 할 여지가 생기기도 한다. 그러나 최악의 경우 이 여지 때문에 부패와 악용으로 향하는 문이 열린다.

바로 이 지점에서 하나의 격차가 확연해진다. 백인들이 동질적이고 부유한 교외 환경에서 수십 년을 살아오면서 교회와 사명 사이에 괴리가 생기고, 이것이 여러 형태의 인지부조화를 낳으며, 이는 특히 교회에 남아 있기 힘들어하는 젊은 복음주의자들, 즉 '교회와 무관한 신자들' 사이에 만연해 있다. 이 상황에서 교회는 기본적인 어떤 것으로 거기 존재하고, 구체적 존재로 어떻게든 살아 있다. 한편, 지역 선교든 해외 선교든 선교 활동은 주로 교회 밖에서 교회가 **행하는** 일이다. 여러분이 지금 읽고 있는 책 『선교에 대한 네 가지 견해』는 이 가설에 이의를 제기하고자 한다. 이 책은 사명이 교회의 존재 자체와, 그리고 성령에 의해 역동적으로 그리스도의 몸, 즉 교회가 된 사람들로서의 교회의 본질과 연결되어 있다고 제시한다. 유감스럽게도 복음주의자들은 아직 이 사실을 제대로 이해하지 못했고, 우리는 이 사실이 정확히 어떻게 작동하는지 일치되게 파악하지도 못했다. 그에 따라 이 책은 우리가 교회의 사명을 이해하는 방식과 관련해 이 중 몇 가지를 정리하고자 한다.

이러한 노력은 그 배경에 있는 교회에 관한 교리들, 그리고 교회가 된다는 것의 의미와 분리하여 생각할 수 없다. 하지만 교회론적 특징이 대화에 영향을 줄 수도 있으므로 교회론적 특징에 초점을 맞추지는 않겠다. 그렇게 초점을 맞추다가는 기고자들의 견해의 차이가 더 크게 드러날 것이며, 특히 다른 교회론(가톨릭, 정교회 등)을 고려할 경우 한층 더 복잡해질 것이므로, 이 책의 대화는 개신교 복음주의 교회론 안에서 진행해 나가겠다.[9] 따라서 이 책에서 개진되는 견해들은 선교와 교회를 마땅히 그래야 하는 대로 더 긴밀하게 연결하고자 하는 **복음주의 내부의 대화**를 보여 준다.

교회가 새롭고 지속적으로 협력하고 연합하는 가운데 선교에 대한 새로운 이상을 회복하려는 시도가 있었다는 것이 어느 정도 이 대화의 계기가 되었다. 이 대화는 다수의 운동 가운데 전개되었다. 예를 들어 대럴 구더는 1998년에 펴낸 저서 『선교적 교회』(*Missional Church*, 주안대학원대학교출판부)에서 이른바 '선교적 대화'(missional conversation)를 제안했다.[10] 하나님의 선교(*missio Dei*)라는 신학 개념을 회복하고 이 개념이 바르트 및 에큐메니컬 대화에 빚지고 있음을 알자는 주장도 있다.[11] 세계화가 증대되고 문화 이전과 이주라는 초국가적 영향이 증가하는 상황 속에서 해외 및 국내 선교 활동의 역할을 지속적으로 고찰하고, 이와 더불어 전통적인 신학의 범주를 통합하여 오늘날 선교 방식을 재구성하는 새로운 방법을 모색하려는 움직임도 있다.[12]

복음주의 대화의 한 부분인 선교에 대한 폭넓은 관심은 구약학자이자 랭엄 파트너십(Langham Partnership) 이사이며 로잔 운동의 주요 인물인 크리스토퍼 라이트의 탁월한 업적과 떼어놓을 수 없으며, 그

---

9   이 대화가 교회론적으로 더 복잡해지게 하는 좀 더 광범위한 접근법은 Craig Ott, ed., *The Mission of the Church: Five Views in Conversation* (Grand Rapids: Baker, 2016)을 보라.
10   Darrell L. Guder, *Missional Church: A Vision for the Sending of the Church in North America* (Grand Rapids: Eerdmans, 1998).
11   John G. Flett, *The Witness of God: The Trinity, Missio Dei, Karl Barth, and the Nature of Christian Community* (Grand Rapids: Baker, 2010)를 보라. 이 책은 '하나님의 선교'라는 분류의 기원을 추적한다.
12   이런 시도의 한 가지 사례로는 Jason S. Sexton and Paul Weston, eds., *The End of Theology: Shaping Theology for the Sake of Mission* (Minneapolis: Fortress Press, 2016)을 보라.

의 견해는 이 책에서 찾아볼 수 있다. 라이트는 성경을 연구하고 이어서 성경을 새롭게 보고 이와 같은 동향들에 대한 성경의 선교적 기초를 전체적으로 새롭게 볼 수 있는 기준을 찾는 일에 평생을 바쳐 왔다.[13] 라이트의 연구는 한 세대의 복음주의자들을 고무시켜 선교를 새롭게 고찰하는 일에 참여하게 하였고, 오늘날 더 바람직하게 선교 사역을 하기 위한 성경적인 길을 열었다. 각계의 선교학자들은 빠르게 변해 가는 세상 속에서 포용력 있고 창의적이고 심지어 더 엄밀한 선교적 노력을 펼치기 위해 이 길을 채택하기 시작했다.

하지만 이런 시도는 최근 복음주의 운동의 보수 진영에 격한 반발을 불러일으켰다. 케빈 드영과 그렉 길버트의 『교회의 선교란 무엇인가』(What Is the Mission of the Church?, 부흥과개혁사)에 이 점이 잘 나타나 있다.[14] 내가 이 책을 처음 접한 것은 「테멜리오스」(Themelios)의 '선교와 문화' 서평 편집인으로 있을 때였는데, 「테멜리오스」는 영국의 오랜 복음주의 간행물로 최근에는 가스펠 콜리션(The Gospel Coalition)에서 인수하여 발행하고 있다. 이 책이 복음주의자들 내부에서 비판적인 반응을 얻는 것을 보고 싶었던 나는 남침례교의 주도적 선교학자이자 교회 개척 전문가인 에드 스테처(Ed Stetzer)에게 이 책을 읽고 서평을 써 달라고 부탁했다. 그는 기꺼이 요청에 응해 주었

---

13 Christopher J. H. Wright, *The Mission of God: Unlocking the Bible's Grand Narrative* (Downers Grove, IL: InterVarsity Press, 2006), p. 22를 보라. 여기서 그는 선교의 성경적 근거를 생각해 보는 데서 성경의 선교적 근거를 생각해 보는 데로 강조점이 변화하는 것을 세밀히 논한다. 그의 주장은 Christopher J. H. Wright, *The Mission of God's People: A Biblical Theology of the Church's Mission* (Grand Rapids: Zondervan, 2010)에 골자가 어느 정도 요약되어 있다. 『하나님의 선교』(IVP).

14 Kevin DeYoung and Greg Gilbert, *What Is the Mission of the Church?: Making Sense of Social Justice, Shalom, and the Great Commission* (Wheaton, IL: Crossway, 2011).

고, 서평이 널리 입소문을 타면서 복음주의 세계에 소요가 좀 일어났다.[15] 기본적으로 의견이 일치되지 않는 쟁점은, 선교를 확장하는 일로 볼 것인지 아니면 축소하는 일로 볼 것인지였다. 거칠게 표현하자면, 확장주의 대 축소주의였다. 혹은 여기 함축된 의미를 뒤집어 말하자면, 대단히 복잡한 일 대 명료하고 순수한 일이었다. 이는 수면 아래서 끓고 있다가 복음주의 세상에 마침내 전모를 드러낸 논쟁의 전조였다. 많은 주제가 그러하듯, 대화는 이 책에서 제시된 네 가지 견해로 이해되고 표명될 수 있는 내용으로까지 전개되었다.

교회의 선교에 대한 견해들

구원론적 선교(Soteriological Mission). 조너선 리먼(Jonathan Leeman)이 말하는 아홉 가지 표지(9Marks)로 대표되는 견해로, 드영과 길버트의 견해에 가장 가깝다. 리먼은 스스로 (논쟁의 여지는 있지만) 근본주의 관점이라고 부르는 이 견해에 미묘한 차이를 여러 겹 덧씌운다. 리먼은 개인의 사명, 인격적 회심, 구속에 주로 초점을 맞추면서, 그리스도께서 시작하신 나라의 제자나 시민이 되는 '넓은 관점의 선교'(broad mission)를 강조함으로써 논의의 틀을 잡는데, 이는 사람들을 그 나라의 제자나 시민으로 **만드는** '좁은 관점의 선교'(narrow mission)와 구별된다. 이 모든 것은 말로 복음을 선포해야 하는 교회의 사명이 어디

---

15 Ed Stetzer가 이 책을 요약 정리한 글은 "DeYoung and Gilbert's *What is the Mission of the Church?*—My Review from *Themelios*," *The Exchange*, 14 November 2011, http://www.christianitytoday.com/edstetzer/2011/november/deyoung-and-gilberts-iwhat-is-mission-of-churchi—my.html.를 보라.

에서 어떻게 이행되는지를 포함해서 교회의 권위와 관계되는 문제이며, 영적 구원과 제자 삼기를 가장 중요한 일로 여기고 그리하여 이를 오늘날 세상에서 교회의 가장 주된 과제로 여겨 관심을 집중한다.

참여 선교(Participatory Mission). 두 번째 견해는 크리스토퍼 라이트가 제시한다. 다소 포괄적인 이 견해는 교회의 선교를 하나님의 선교에 뿌리를 둔 것으로 제시하며, 성경 각 장과 이스라엘 역사, 그리고 교회의 삶 가운데 선교가 전개된다고 본다. 그래서 오늘날 교회의 선교 활동은 하나님 자신의 큰 목적을 위한 하나님의 큰 일의 범위 안에 들어가는 참여 행위다. 이 견해는 말로 복음을 선포하는 구체적 행위를 궁극적인 참여로 여기지만, 이 행위에는 창조 세계를 돌보고 사람들과 하나님의 세상을 사랑하는 일도 포함된다. 이 모든 일이 하나님의 창조 세계 전체를 치유하고 조화시키는 하나님의 선교에 참여하는 것과 마찬가지다.

상황 중심 선교(Contextual Mission). 그다음 견해는 '복음과 우리 문화 네트워크'(Gospel and Our Culture Network)의 수석 코디네이터 존 프랭키(John R. Franke)가 대표하는 견해로, 프랭키는 기독교 복음 증거 사역의 상황적 특성에 엄청나게 집중한다. 삼위일체의 역동적 생명(dynamic Trinitarian life)에도 기반을 둔, 상호 의존성과 상황 인식에 대한 이 에큐메니컬 이상(vision)은 장소가 달라지면 특정 유형의 신실한 신앙 증언과 선교도 다르게 보이리라는 의미다. 상황이 가지각색이므로 상황에 따라 그때그때 다르게 접근해야 하며, 그 접근 방식 안에서 하나님의 영은 교회가 능력과 분별력을 갖추고서 선교를 해당 지역의 필요와 그곳 사람들의 관심사를 다루는 일로 조정할 수 있게 하신다. 그리고 그에 따라 교회는 그런 관심사들에 적합한 모습을 갖추게 된다. 그리스도의 위격과 사역에 집중하여, 문화적으로 다양하게 복음을 증언하는 공동체는 지금 이 세상에 틈입하여 아주 구체적인 방식으로 치유하는 하나님의 통치를 보여 주는 표지이자 첫 열매요, 도구 역할을 하게 된다.

성례전적 선교(Sacramental Mission). 마지막으로 '테오폴리스 인스티튜트'(Theopolis Institute)의 피터 라잇하르트(Peter Leithart)가 제시하는 견해가 있다. 에큐메니컬-정치적(ecumenical-political) 선교라는 이 견해는 세례와 성찬이라는 기독교 고유의 행위로 구체화되는데, 세례 받은 신자의 성례전적 삶이 세상의 활동 속으로 흘러 들어가는 결과를 낳는 것을 교회의 문화 선교의 중요 특징으로 본다. 세상은 타락에 따른 문제를 해결할 필요가 있었다. 이 문제는 동산과 세상 사이를 철저히 분열시켜서, 하나님과의 교제와 인간의 본래 사명인 이 땅을 다스리는 일이 분열되는 계기가 되었다. 신자와 교회가 경험하는 이 성례전적 삶, 이 성례전적 선교론은 예전(liturgy)과 삶의 조화가 깨진 것을 회복하려는 예수의 사회적 의제(agenda)의 한 부분으로서 교회가 지속적·가시적·공적·정치적으로 존재하는 것을 가리킨다.

이 책에서 고찰하는 견해들은 각 기고자의 특정 교회론과 떼어놓고 생각할 수 없다. 특정 교회론이 두드러지긴 하겠지만, 이는 이 책이나 이 책 각 장의 주된 초점이 아니다. 개신교 복음주의 신학 담론에서 문제가 더 복잡해지는 까닭은, '복음주의적이라는 것이 무슨 의미인가'라는 질문의 혼란스러운 특성 때문인데, 이 혼란스러움은 현재 미국의 정치 상황 때문에 더 격화된다. 게다가, 모든 신학은 어느 정도 그 사람의 인생 이야기를 통해 표현되기에, 각각의 입장은 그 사람의 성격에 기반을 두며, 이 사상가들에게 영향을 끼친 사람들과 기관을 통해서도 볼 수 있고 이들의 교회 경험에도 반영된다. 다시 말하지만, 그래서 이들의 입장은 이들이 지닌 교회론과 결코 분리될 수 없다. 복음주의자들이 선교에 관해 아는 것이 한 가지 있다면, 그것은 우리가 선교를 이론적으로 어떻게 생각하든 선교는 행동 및 현실과 전적으로 관련 있다는 것이다.

또한 우리는 이 책의 모든 기고자가 주로 북대서양을 사이에 두고 양 대륙에서 살며 일하는 백인 남성이고, 그래서 개신교 복음주의 경험을 절반도 채 반영하지 못한다는 것을, 아주 제한된 경험만 제시하고 있다는 것을 인정한다. 장차 교회의 선교가 갖춰야 할 모습에서 여성의 역할이 점점 두드러진다는 것 말고도, 흑인과 남미인과 아시아인 복음주의자들이 여기서 하고 있는 의미 있는 역할도 빠져 있다. 어떤 교회론 구조가 잔존하든지, 성장세를 보이는 세계 전역의 공동체에서 각계각층의 복음주의자들이 모종의 능력을 발휘하고 사명이 무엇인지 아주 잘 설명해 주는 사랑을 외적으로 표현하면서 활기차게 사도적 사역을 이행한다는 사실은 말할 것도 없다. 우리는 레슬리 뉴비긴이 "기쁨의 폭발로 인한 방사능 낙진으로 시작되었다"고 말하는 1세기 상황과 유사한 방식으로 교회를 세우려는 이러한 성령의 움직임에 대해 배우고 있을 뿐이며, 여기서 선교의 가장 심원한 비밀은, 선교가 하나님을 영화롭게 하려는 목적을 위해서 송영으로 이행된다는 것이다.[16]

이 책 결론 부분에서 이러한 내용을 다시 다루게 되겠지만, 여기서 최종적으로 다시 이야기해야 할 것이 있다. 복음주의 내부에는 교회란 무엇이며 세상 가운데서 교회는 어떤 존재여야 하고 어떤 일을 해야 하는지, 즉 교회의 사명은 무엇인지에 관한 견해들을 일목요연하게 다루는 몇 가지 중요한 개념이 있는데, 이어지는 각 장의 글과 이에 대한 여러 논평은 이러한 개념들을 철저히 톺아보는 의미 깊은 대화를 제공한다는 것이다. 이 책이 교회에, 특히 신학생과 관심 있는 일반 성도에게 유익하기를 바란다. 또 인지부조화를 극복하고 예수께서 자기 백성에게 주신 과제, 즉 다시 오실 때까지 증인이 되고 제자를 삼으라는 과제로 돌아가고자 하는 성숙한 목회자와 학자들에게도 도움이 되기를 바란다.

---

16 Lesslie Newbigin, *The Gospel in a Pluralist Society* (London: SPCK, 1989), p. 127. 『다원주의 사회에서의 복음』(IVP).

제1장

구원론적 선교

구속이라는 사명에 초점 맞추기

조너선 리먼

갓 심은 묘목 주변에 흙을 채워 넣으며 다독이던 이웃집 사람이 나를 올려다보며 진심 어린 얼굴로 말했다. "저기요, 제가 지금 교회 일(church work)을 하고 있어요!" 나는 아무 말 없이 예의 바른 미소를 지어 보였다. 이웃집 사람은 자기 집 뒷마당에 나무를 심는 중이었고, 나는 그 옆에 서서 그 사람이 다닌다는 오래된 주류 교단 교회(mainline church: mainline은 북미 개신교의 용어로, 앵글로색슨계 백인 신교도 계층이 전통적으로 속해 온 교단. 신학적으로 진보적인 교회가 많다―옮긴이)에 대해 이야기를 나누었다.

그런데 '교회 일'이라는 표현이 좀 어색하게 들렸다. 교회 일은 목사가 하는 것 아닌가? 아니면 교회 예산 짜기 정도는 되어야 교회 일 아닌가? 아니면 봉사자 명단에라도 이름이 올라 있어야 하는 것 아닌가? 하지만 여기 이 이웃집 사람은 나무를 심는 것도 교회 일이라고 말하고 있었다.

정말 그런가?

내가 이런 질문을 하는 이유는, 교회의 사명에 관한 책은 이웃집 마당, 목사의 직무, 교회 예산, 혹은 일할 때나 쉴 때나 놀 때 등 우리 삶의 모든 면에 적용되기 때문이다. 교회의 사명에 관해 이야기한다는 것은 곧 그리스도께서 교회를 보내서 하게 하신 일에 대해 이야기한다는 것이다. 그렇다면 하나님은 제일루터교회, 제이장로교회, 그레이스하버 교회, 캐피털힐 침례교회(내가 다니는 교회)에 구체적으로 어떤 일을 주시는가? 그분은 사역 혹은 '교회 일'을 위한 노력을 나무 심기에 쏟으라고 하시는가?

전반적으로, 교회의 사명에 대해 논하는 목소리들은 사명을 넓은 관점 아니면 좁은 관점으로 특징짓는 경향이 있다. 넓은 관점에서는 성경이 그리스도인들에게 명령하는 모든 것, 예를 들어 땅의 청지기 노릇을 하고, 세금을 내고, 배우자를 사랑하는 것 등을 다 교회의 사명 범주에 집어넣는다. 좁은 관점에서는 개별 그리스도인과 교회 사이에 모종의 구별이 있음을 역설하며, 그래서 개별 그리스도인이 받은 명령을 교회가 전부 받지는 않는다고 주장한다. 교회의 사명은 성경의 명령의 부분 집합이고, 개별 그리스도인과 교회가 공통으로 받은 명령은 범위가 더 좁다는 것이다.

좁은 관점의 사명은 그리스도의 **제자 삼기**에 집중한다. 넓은 관점의 사명에는 제자 삼기뿐만 아니라 **제자 되기**라는 더 폭넓은 기획이 포함된다. 좁은 관점의 사명에서는 설교와 전도 같은, 말씀 사역을 강조한다. 넓은 관점의 사명에서는 "가윗날 두 개 혹은 새의 두 날개 같은" 말씀과 행함을 더 강하게 역설한다.[1] 비유가 정확하지는 않지만, 좁은 관점의 사명과 넓은 관점의 사명 간 대조는 법학원이나 의학원의 사명과 실제 법률가나 의사(혹은 교수와 개업의 모두)의 사명이 대조

---

1   John Stott and Christopher J. H. Wright, *Christian Mission in the Modern World*, updated and expanded (Downers Grove, IL: InterVarsity Press, 2015), p. 44. 『선교란 무엇인가』(IVP).

되는 것과 비슷하다. 한쪽은 가르침에 집중하고 다른 한쪽은 존재나 행위에 집중한다.

존 스토트와 크리스토퍼 라이트의 주장은 넓은 관점의 사명에 접근하는 좋은 예를 제공한다. "**사명**이라는 말은…적절히 포괄적인 단어로, 하나님이 사람들을 세상에 보내서서 하게 하신 모든 일을 포괄한다.' 그리고 하나님의 온 백성이 주변 세상과 관계를 맺을 때 하나님이 요구하시는 것에 관하여 성경 전체에 어떻게 나와 있는지를 감안하면, 그 '모든 일'은 정말 광범위하고 포괄적이다."[2]

선교학자 데이비드 헤셀그레이브(David J. Hesselgrave)는 좁은 관점의 선교를 이렇게 정의한다. "교회(Church)의 주된 사명이요, 따라서 지교회들(churches)의 주된 사명은, 그리스도의 복음을 선포하고 신자를 지교회로 모아서 이들이 거기서 믿음으로 자라가고 효율적으로 섬길 수 있게 하며 그럼으로써 온 세상에 새 교회를 개척하도록 하는 것이다."[3] 또 다른 책에서는 이렇게 말한다. "'대위임령'의 사명은 우리 고유의 사명이며 이 땅의 사람들에게 설교하고 세례를 베풀고 가르침으로써 이들을 제자로 만들라고 요구한다."[4]

좁은 관점의 선교와 넓은 관점의 선교 중 어느 하나를 택할 때의 한 가지 어려움은, 양측 모두 성경 지식을 근거로 하는 직관에 호소한다는 것이다. 좁은 관점의 선교는 전체 교회가 행해야 할 일과 내가

---

[2] 강조는 원문. 같은 책, pp. 38-39.
[3] *Planting Churches Cross-Culturally: A Guide for Home and Foreign Missions* (Grand Rapids: Baker, 1980), p. 20.
[4] *Paradigms in Conflict: 10 Key Questions in Christian Missions Today* (Grand Rapids: Kregel, 2005), p. 348.

개별 그리스도인으로서 해야 할 일이 어떤 식으로든 구별되어야 한다는 직관에 호소한다. 우리는 배우자를 사랑하는 것이 전체 교회의 사명이라고는 말하지 않는다. 그것은 말이 되지 않는다. 또 통상적으로 나무를 심는 것을 '교회 일'이라고 하지는 않는다. 그렇게 말하면 어쩐지 이상하게 들린다. 하지만 넓은 의미를 주장하는 진영은 행함 없는 말은 큰 가치가 없다는 감수성에 호소한다. 세상에 어떤 목사가 주일에 회중 앞에 서서 "하나님과 이웃을 사랑하는 것은 교회의 사명이 아닙니다"라고 말하겠는가?

교회의 사명에 대한 네 가지 견해를 다루는 이 책의 필자로 내가 선정된 것은 아마 좁은 관점 진영을 대표하라는 말이 아닐까 한다. 하지만 나는 좁은 관점의 사명과 넓은 관점의 사명 두 가지를 다 지지해야 한다고 주장할 것이다. 하나님이 교회에게 하라고 주신 두 가지 상이한 일에 함축된 대로 두 가지 사명은 저마다 역할이 있기 때문이다. 좁은 관점의 사명만, 또는 넓은 관점의 사명만 주장하는 사람은 교회의 그 두 가지 직무 중 하나를 놓치기 쉽다. 그렇기는 해도 아마 나를 이 책에서 말하는 근본주의자로 분류하는 게 타당할 것이다. 내 목회와 내가 운영하는 프로그램이 좁은 관점 진영에 공감하고, 또 이 책에서 나는 넓은 관점 진영에 전투적 자세를 보일 것이기 때문이다. 그러나 바라기는, 내가 투덜거리기를 자제하고 양쪽의 장점을 모두 인정할 수 있었으면 한다.

넓은 관점과 좁은 관점을 동시에 주장하기 위해 이 까다로운 논제를 바탕으로 여러 주제를 추적할 수 있을 것이다. 그러나 나는 엉켜 있는 가닥 두 개를 풀어서 이를 다시 올바로 묶고 싶은데, 그 두 가닥은 바로 구원의 본질과 교회의 권한의 본질이다. 우리는 무엇으로부터 구원받아야 하는가? 그리고 하나님은 누구에게 무엇을 할 수 있는 권한을 주셨는가? 이 두 가지 질문이 뒤엉킨 것은, 하나님의 구원 계획이 그리스도의 초림과 재림에 상응하여 두 단계로 발생한다는 사실 때문이다. 이 책의 필자들은 '전인적 구원'(holistic salvation) 혹은 '총체적 복음'(holistic gospel)을 주장하기 위해 그리스도의 재림 후 하나님의 구원이 궁극적으로 무엇을 성취할 것인지를 지적한다. 이를 바탕으로 이들은 "우리의 구원이 전인적이라면 교회의 사명도 총제적이거나 광범위해야 한다"고 결론 내린다. 그러나 잠깐 기다리라! 번영 복음을 설파하는 이들은 당장의 건강과 재물을 약속하고 그에 따라 자기들 교회의 프로그램을 짠다("내 제트 비행기를 위해 헌금하십시오, 그러면 복을 받을 것입니다!"). 그러나 진짜 복음은 어떤 것은 지금 약속하고 또 어떤 것은 훗날을 기약한다. 구원의 유익이 그리스도의 초림과 재림에 상응해서 두 단계로 우리에게 이른다면, 교회의 현재 할 일 목록이 이 사실을 반영해야 하지 않겠는가? 즉, 교회가 지금 어떤 일은 할 수 있지만 어떤 일은 할 수 없지 않은가?

이 지점에서 교회의 권한 문제가 결정적으로 중요해진다. 내가 생각하기에 교회의 권한이 인기 있는 주제가 아닌 부분적 이유는, 선량한 그리스도인들 사이를 갈라놓기 때문이다. 그러나 교회의 사명에 대한 대화는 주목을 충분히 받지 못해서 어려움을 겪고 있다. 어떤 일을 하라고 사람들을 **보내시든** 하나님은 그 일을 할 수 있는 **권한을 주신다**. 교회가 어떤 일을 하라고 보냄을 받았는데 그 일에 대해 아무 권한이 없다는 것은 말이 안 된다. 보냄을 받는 것과 권한을 갖는 것은 서로 연결되어 있다. 그러므로 교회의 사명이 무엇인지 알고자 한다면, 하나님이 누구에게 어떤 일을 할 권한을 주셨는지 물어보라. 하나님은 조직화된 공동체로서의 교회에게 제사장 일을 할 수 있는 제사장의 권한을 주셨지만, 또 한편으로 교회의 각 회원에게 왕의 일을 할 수 있는 왕의 권한을 주셨다는 것을 우리는 알게 될 것이다.[5] 제사장의 권한으로 하는 일은 좁은 관점의 선교라는 결과를 낳고, 왕의 권한으로 하는 일은 넓은 관점의 선교라는 결과를 낳는다.

교회의 사명이 무엇이냐고 내게 묻는다면, 이 두 가지 상이한 과제를 가리킴으로써 답변하겠다. 이 두 과제는 교회 생활의 두 가지 상이한 순간에 상응한다. 넓게 보아서 하나님은 교회의 어느 회원이든 다 보내셔서 아담이 하지 못한 일을 하게 하신다. 즉, 왕의 다스림을 확고히 하며 하나님의 형상을 지닌 '자손들'로서 왕의 방식으로 하나님을 나타내게 하신다. 이 광범위한 사명은 그리스도께서 자신이 시작하신 나라의 모든 자손과 시민에게 권한을 주시는 것에 뿌리를 두고 있다(신민/종과 달리 시민/아들은 권한을 지닌다). 좁게 보아서 하나님은 조직화된 공동체로서의 교회를 보내셔서 제자 혹은 시민을 세우게 하시되, 그냥 말로써만이 아니라 특정 종류의 제사장적 언어, 즉 매기도 하고 풀기도 하는 판결 선언으로써 세우게 하신다. 이 좁은 관점의 선교는 그리스도께서 마태복음 16, 18, 28장에서 사도들과 교회들에게 구체적으로 권한을 주시는 것에 뿌리를 두고 있다.

---

5   제사장의 일과 왕의 일이 완전히 구별될 수는 없지만, 우리가 체중을 이쪽 발에 실었다 저쪽 발에 실었다 할 수 있는 것처럼, 우리에게 주어진 과제가 하나님을 그릴 때 제사장의 모습에 치중하기를 요구할 수도 있고 왕의 모습에 치중하기를 요구할 수도 있다.

한마디로 말해, 넓은 관점의 사명은 제자나 시민이 되는 것이고, 좁은 관점의 사명은 제자나 시민을 만드는 것이다. 여러 가지 이유로 이 두 가지 과제는 서로 구별을 유지하는 게 좋은데, 그 이유는 이 장을 마무리하면서 열거하겠다. 다만 첫 번째 이유는, 그렇게 구별을 유지해야 우리가 '교회'라는 말을 두 가지 상이한 방식으로 쓰는 것이 이해되기 때문이다. 그리고 두 번째 이유는, 그렇게 구별을 유지해야 목회와 목회 프로그램에서 의미 있는 결과를 낳기 때문이다. 때로 우리는 '교회'라는 말을 교회 회원의 모든 것, 즉 이들이 어떤 사람들이며 일주일 내내 어떤 일을 하는지를 가리키는 말로 쓴다. 어느 때는 '교회'라는 말을 조직화된 공동체로서의 그 구성원들, 따로 떨어져서는 할 수 없는 어떤 일을 함께할 수 있는 사람들을 가리키는 말로 쓴다. 그리고 전형적으로 교회의 일반 프로그램(매주의 예전, 교회의 회원 자격을 정하는 일, 목회적 돌봄, 기타 행정적인 일)은 이 두 번째 의미에 부합한다. 교회라는 말의 이 두 가지 상이한 용법 사이에 경계선이 있음을 무시하거나 이 경계선을 지워 버릴 경우, 조직화된 공동체는 구성원들이 일주일 내내 하는 일을 갑자기 목회자의 시간과 교회 예산을 들여서 책임지게 된다. 감사하게도, 넓은 관점의 선교를 가장 강력히 옹호하는 이들도 교회를 무료 급식소나 직업 훈련 센터로 변모시킬 만큼 지나치게 의미를 확장해서는 안 된다는 것을 본능적으로 안다. 그럼에도 우리가 해야 할 질문은, 제사장의 일을 하라는 명령을 받은 조직화된 공동체가 실제로 개별 구성원이 왕으로서 하는 일을 떠맡을 권한이 있느냐는 것이다. 달리 말해, 회집과 성찬에 써야 할 돈을 나무 심기에 쓰고 장로들이 성도를 가르치고 감독하는 일 말고 다른 직무에 몰두한다면 무언가를 잃게 되지 않을까?

교회의 권한 문제를 대화에 내놓을 때 어려운 점은, 주교제나 장로교 교회 정치(church government) 옹호자들은 조직화된 공동체로서 교회가 지니는 권한을 회중주의자들과는 다르게 본다는 것이다. 나 같은 회중교회주의자가 생각하기에, 조직화된 공동체가 좁은 관점에서 제사장으로서 이행하는 과제는 회집한 교회의 몫이다. 하지만 주교제 교회나 장로교회 체계 옹호자들은 조직화된 공동체가 통상적으로 회집한 교회를 통해서가 아니라 교회 직분자들(officers)을 통해서 일한다고 본다. 넓은 관점의 사명 옹호자를 속여서 좁은 관점의 사명에 해당하는 답변을 하게 하고 싶다면, '교회 직분자들의 사명'에 관해 질문하면 될 것이다. 그러면 우리가 좁은 관점의 **교회의** 사명이라고 일컫는 개념을 답변으로 듣게 될 것이다.

그럼에도, 교회의 권한이 회집한 회중을 통해 행사되는가, 아니면 교회 직분자들을 통해 행사되는가 하는, 이 권한의 정확한 소재에 대한 견해차를 잠시 접어 둔다면, **조직화된 공동체로서의 교회**와 그 **공동체 회원으로서의 교회**가 구별된다는 점, 그리고 이 두 교회가 저마다 독특한 권한을 지닌다는 점에 이 세 가지 교회 정치 형태 옹호자들 모두 동의할 거라고 생각한다. 그렇다면, 나는 조직화된 공동체로서 교회가 하는 것은 좁은 관점의 선교, 그리고 그 공동체 회원으로서 하는 것은 넓은 관점의 선교라고 부르기를 권한다.

이를 이해하기 위해, 인간이 무엇에서 구원되어야 하는지, 그리고 하나님이 누구에게 어떤 일을 할 권한을 주셨는지를 묻는 것으로 시작해 보겠다.

인류는 지금 무엇으로부터 구원받아야 하는가?

구속 역사의 이 시점, 인간은 무엇으로부터 가장 긴급하게 구원받아야 하는가?

19세기 신학자 B. B. 워필드(Warfield)는 이 질문으로 그리스도의 대속 사역에 대한 논의를 시작했다. 워필드는 인간의 가장 큰 문제가 무지, 불행, 혹은 죄책이라고 생각할 경우 우리는 그것과 짝이 되는 해법을 제시하는 속죄 교리를 향하게 된다고 한다. 그 해법이 각각 계몽이든, 행복이든, 죄 사함이든 말이다.[6]

교회의 사명에 대한 논의에서도 같은 질문을 할 수 있지만, 대조 항목을 약간 다르게 제시해도 좋다. 구속 역사의 이 시점에, 인간은 죄의 법적·영적·관계상 결과로부터 긴급히 구원받아야 하는가, 아니면 죄의 육체적·실리적·직무상 결과 및 다른 물질적 결과로부터 긴급히 구원받아야 하는가?[7] 우리가 어떻게 답하는지에 따라 교회가 무엇을 **하기 위해** 보냄을 받는지에 대한 우리 생각이 달라질 것이다.

요즘 '총체적' 복음에 대해 흔히들 이야기하는 이유는, "하나님이 영혼 구원에 만족하지 않고 몸 또한 구원하기를 바라시고", 마찬가지로 '경제 체계와 사회 구조'도 구원하시고자 하기 때문이다.[8] 천국은

---

[6] B. B. Warfield, "Modern Theories of the Atonement," in *The Works of Benjamin B. Warfield, vol. IX, Studies in Theology* (Grand Rapids: Baker, 2000), p. 283.
[7] 확신컨대, 이 두 측면이 서로 얽혀 있는 것을 완전히 풀기는 어렵다. 이는 영혼과 몸을 서로 분리하기 어려운 것과 마찬가지다. 하지만 사람이 이생에서 하나님과 화해하고도 죽을 수 있다는 사실은 하나님이 지금 하시는 일과 우리 구원의 완성 때 하실 일 사이에 모종의 구별이 있어야 한다는 점을 시사한다. 다른 분들이 더 이해하기 쉬운 말로 이 구별을 명확히 해 주면 좋겠다.
[8] Cornelius Plantinga, *Engaging God's World: A Christian Vision of Faith, Learning, and Living* (Grand Rapids: Eerdmans, 2002), pp. 96-97; pp. 110-111도 보라.

육체 없는 영혼들이 수금을 연주하는 하늘의 구름 같은 곳이 아니라고 이들은 주장한다. 어떤 사람의 표현처럼, 하나님은 모든 것을 새롭게 만드시지, 모든 새로운 것을 만드시지는 않는다. 그뿐 아니라, 우리는 출애굽에 대해서도, 성경에서 볼 수 있는 주목할 만한 구원 광경이요 신약에서 구원을 이해하는 데 필요한 주요 원형 중 하나라고 생각할 수 있다. 사람들은 단지 '영적으로'만 구원받는 게 아니라 구원이라는 말의 모든 의미에서 구원받았다. 육체적으로, 정치적으로, 경제적으로, 사회적으로 구원받은 것이다.

이 총체적인, 혹은 넓은 관점의 구원에서 총체적인, 혹은 넓은 관점의 선교가 뒤따라 나온다는 주장이 있다. 그리스도인들은 창조 세계 모든 영역의 '단 한 평'에 이르기까지 예수께서 왕이 되신다고 믿는다. 그러므로 우리는 어느 분야에 대해 이야기하든 성(聖)과 속(俗)을 나누어서는 안 된다. 하나님이 나무, 건축, 공정한 담보 대출 관행에 관심을 가지신다면 교회도 당연히 그래야 한다. 그리스도의 주재권(Lordship)을 인정하는 그리스도인에게는 모든 것이 신성하다. 이들에게는 속된 것이 없다. 그런 의미에서, 부모가 되고, 법률가가 되고, 배관공이 되고, 운동선수가 되고, 예술가가 되라는 부르심은 목회자나 선교사가 되라는 부르심 못지않게 신성하거나 거룩하다. 이 부르심은 모두 '그리스도께로'(unto Christ) 받은 부르심이고 그분의 거룩한 목적을 위해 이행된다는 점에서 똑같이 신성하다.

어느 날 그리스도인이자 변호사인 친한 친구와 식당에 앉아 나눈 대화가 생각난다. "네가 하는 일이 내가 하는 일보다 더 중요한 일이라고 생각해?" 친구가 내게 물었다. 친구가 그런 질문을 한 것은 내가 전임 사역자로 일하기 때문이었다. 그리고 친구 스스로 "전혀 그렇지 않다"고 대답하고 싶었기 때문이었다. 친구가 하는 일은 당연히 내 일과 다름없이 신성한 일이었다.

어릴 때 즐겨 본 만화 영화 〈톰과 제리〉 말고는 육체 없이 존재하는 천국을 주장하는 사람을 사실상 만나본 적이 없다. 그 만화 영화는 운 나쁜 고양이가 쥐를 잡으려다 번번이 실패하여 하늘에 떠다니는 광경으로 끝나곤 한다. 총체적 구원을 말하는 진영에서 제기하는 비판들이 혹시 허수아비 때리기는 아닐까? 그럼에도 긍정적인 지적은 충분히 타당성이 있다. 하나님은 우리를 죄와 죽음에서, 그리고 다양한 형태로 나타나는 죽음의 모든 현상에서 구하심으로써 궁극적으로 영혼과 몸을 함께 구원하실 것이다. 그래서 우리는 나무에도 신경 써야 하고 세율(稅率)에도 관심을 가져야 한다.

아들들로서 다스리기 – 왕 이야기

앞에서 간략하게 설명한 관점과 마찬가지로, 성경 또한 이 총체적, 혹은 넓은 관점의 구원과 넓은 관점의 선교를 지지하는 왕의(kingly) 이야기를 들려준다. 좁은 관점의 선교만 강조하는 이들은 이를 기억하는 게 좋을 것이다.

창조. 하나님은 하나님을 형상화하기 위해, 혹은 나타내기 위해 아담과 하와를 하나님의 형상으로 창조하셨다. 어떻게 하나님을 나타낸다는 것일까? 하나님을 대신해, 하나님의 성품과 법에 따라 다스림으로써 나타낸다. 아버지처럼 행동하고 아버지의 업을 잇는 아들처럼

(창 5:1 이하; 눅 3:38), 인간 남녀는 원래 하나님의 성품을 나타내고 창조 세계를 다스리게 되어 있었다(창 1:28). 아담과 하와는 하나님의 영광과 존귀로 관을 쓴 '아들들'이자 '왕들'이다(시 8:5).[9]

타락. 아담과 하와는 하나님의 다스림을 거부하고 자기 스스로 다스리는 일을 시작했다. 이에 하나님은 이들을 그의 임재로부터 쫓아내셨고, 뱀과 출산과 땅을 저주하셨으며, 그 결과 온 창조 세계가 저주받았다(롬 8:22-23). 하지만 이는 역설적으로 자비를 베푸는 판결이다. 죽음 자체를 겪기 전에 고통과 좌절과 무익함이라는 죽음의 증상들을 체험하게 해서, 이들과 이들의 자녀에게 회개할 기회를 주기 때문이다. 이들은 여전히 하나님의 다스림을 형상화한다. 하지만 이는 축제장에서 볼 수 있는 요술 거울에 비치는 모습처럼, 하나님의 형상과 다스림을 왜곡된 모습으로 보여 준다. 이들은 이기적 목적을 위해 권한을 활용한다.

이스라엘. 자비로우신 하나님은 창조 세계에 대한 원래의 목적을 위해 일단의 사람들을 구원하시고 이들을 활용할 계획이 있으셨다. 즉, 이들이 하나님을 대신해 창조 세계를 다스리고 하나님의 영광을 나타내게 하시려는 계획이었다. 아담에게 "생육하고 번성하라"고 명령하셨던 곳에서 아브라함과 그 자손에게는 "내가 너를 번성하게 하고 창대하게 하리라"고 약속하셨다. 하나님은 특별한 백성 중에서 자신

---

[9] 나는 이 장 상당 부분에 걸쳐 남자와 여자를 포괄하는 뜻으로 성 중립적인 단어 '자녀' 대신 '아들/아들들'이라는 성경의 표현을 쓸 텐데, 이는 (i) 사랑하시는 그 아들(Son) 및 우리가 그리스도와 공동 상속자로서 그리스도와 연합하는 데서 절정을 이루는 성경의 '아들'(son)이라는 테마를 추적하기 위해서이며 (ii) '아들'이라는 말에서 왕과 왕자 신분, 즉 다스리는 사람이라는 의미가 공명되는 것을 유지하기 위해서인데, '자녀'라는 말에서는 이런 공명이 느껴지지 않는다.

이 모든 사람에게 명하시는 일을 친히 이루실 것이고, 그리하여 그 특별한 백성은 하나님 고유의 성품과 다스림을 나타내 보일 터였다. 이 목적을 위해 아브라함과 그의 자손들은 "여호와의 도를 지켜 의와 공도를 행하[여]"(창 18:19) 모든 민족에게 복이 될 터였다. 하나님은 마침내 이 자손을 '아들'이라고 부르셨고(출 4:22-23), 이들에게 율법을 주셔서 의와 공의의 길을 알 수 있게 하셨다. 또한 하나님은 하나님의 말씀을 다 읽고 그에 따라 다스릴 왕의 계보를 아들에게 주셨으며(신 17:18-20), 그럼으로써 왕의 다스림이 어떠한 모습인지 본을 보이게 하셨다. 기억하라, 아들은 아버지를 닮고 아버지가 다스리는 것은 무엇이든 다스리도록 훈련받는다.

긴 이야기를 짧게 줄여 말하자면, 이스라엘은 물론이고 이스라엘의 왕들도 다른 형상을 쫓다가 하나님 고유의 의와 공의(justice, righteousness에 대해서는 의, 정의, 공의로 옮기되, 하나님이 직간접적으로 관여하신 경우에는 '공의'로 옮김―옮긴이)와 사랑을 나타내지 못했다. 그래서 하나님은 이들을 그의 임재로부터, 또 하나님의 땅에서 쫓아내셨다. 구약의 결말 부분에는 이 질문이 사라지지 않고 계속 남아 있었다. 하나님을 대신해 하나님의 도(way)로 다스릴 하나님의 아들은 정녕 없는가? 아담은 실패했고, 노아도 실패했고, 아브라함과 이스라엘도 실패했다. 그렇다면 누가 있는가?

그리스도. 감사하게도 하나님은 또 다른 아들, 예수를 보내셨다. 하나님은 이 아들이 아담과 똑같이 사탄의 시험을 받게 하셨다. 하지만 대문자로 시작되는 이 아들(Son)은 아담과 이스라엘이 하지 않은 일을 하셨다. 이 아들은 하나님의 말씀에 완벽히 순종하셨고, 그럼으로써 구속 역사를 재현하셨다. 이 아들은 아담에게 주어졌던 "정복하고 다스리라, 번성하고 창조하고 가득 채우라"는 명령을 이행하심으로써 그 역사를 다시 쓰셨다.[10] 이 땅에서 사는 동안 예수께서는 야생 동물 길들이기에서부터 사탄이라는 강한 자를 결박하기에 이르기까지 모든 일을 완전히 지배할 것을 내다보셨다. 죽으실 때 예수께서는 육신의 자녀가 아니라 약속의 '자손'을 남기셨다. 그리고 부활 때 그분은 모든 통치와 모든 권세와 능력을 멸하시고 "나라를 아버지 하나님께 바칠" 날을 내다보는 새 창조의 '첫 열매'가 되셨다(고전 15:23-28). 그리스도는 하나님의 완전한 형상이셨다(골 1:15).

그 아버지에 그 아들이시다. 아담의 비뚤어진 형상화 문제는 해결되었다!

교회. 이스라엘 민족의 실패 후 예수께서는 "그 나라의 본 자손들"(마 8:12; 참조. 3:9)인 이들을 내쫓으시고 다른 무리, 곧 심령이 가난한 사람, 의에 주리고 목마른 사람, 화평하게 하는 사람(마 5:3-10)을 이 이름으로 부르셨다(마 13:38). 이 사람들, 즉 교회는 하나님이 "그 아들의 형상을 본받게 하기 위하여 미리 정하셨으니 이는 그로 많은 형제 중에서 맏아들이 되게 하려 하심"(롬 8:29)이었다. "너희가 아들이므로 하나님이 그 아들의 영을 우리 마음 가운데 보내사 아빠 아버지라 부르게 하셨느니라"(갈 4:6). 이들은 이제 더 이상 종이 아니고 아들의 권리를 전부 갖는다(7절). 이들은 천국 시민이다(엡 2:19; 빌 3:20). 창조 때

---

[10] Gregory K. Beale, *A New Testament Biblical Theology: The Unfolding of the Old Testament in the New* (Grand Rapids: Baker, 2011), pp. 386, 479. 『신약성경신학』(부흥과개혁사).

제정된 왕들의 민주정치가 회복되기 시작한다.

그래서 부활하신 아들께서는 이 많은 아들들에게 사명을 주어 자신의 목적을 위해 모든 민족에게 가라고 하신다(마 28:18-19상). 그곳에서 이들은 이 세상 통치자들을 공경하기는 하지만, "아들들은 세를 면하[기에]"(the sons are free, 마 17:26) 이 통치자들에게 위축되지 않는다.

하나님은 무슨 일을 하라고 교회를 부르시는가? 아들들이 되라고 하신다. 하나님의 회복된 형상이 되라고 하신다. 하나님이 다스리는 것처럼 다스리라고 하신다. 하늘에 계신 아버지와 아들의 성품과 모습과 형상과 영광을 나타내라고 하신다! 아버지가 화평케 하시는 분이므로 교회도 화평케 하는 사람들로 구성되어야 한다. 아버지가 원수를 사랑하시므로 교회도 원수를 사랑해야 한다. 아버지와 예수께서 한 분이시므로 교회도 하나가 되어야 한다. 아버지가 완전하시므로 교회도 완전해야 한다. 아버지가 예수님을 보내셨으므로 예수께서도 교회를 보내신다.

그 아버지에 그 아들, 그리고 그 아들들이다.

영광. 이 아들들은 "흙에 속한 자의 형상을 입은 것같이 또한 하늘에 속한 이의 형상을 입으리라"(고전 15:49; 요일 3:2)는 약속을 받는다. 그뿐 아니라 이들은 영원히 하나님과 함께 다스릴 것이다(딤후 2:12과 계 20:6에 이렇게 나오는데, 문자 그대로의 의미는 "[그분과] 함께 왕으로 있을 것이다").

간단히 말해, 위와 같은 말의 어떤 의미상 하나님은 자신의 교회에게 자신의 시민과 아들이 되는 권한을 주신다. 시민은 권한을 지닌다는 점에서 신민(subjects)과 다르다고 정치학자들은 말한다.[11] 종에 대비되는 아들들도 마찬가지라고 사도 바울은 말한다(갈 4:1-7). 그리고 하나님은 함께 보내시든 흩어서 보내시든 이 시민들과 아들들을 보내셔서, 자신의 지혜롭고 거룩하고 사랑스러운 형상을 온 세상이 볼 수 있도록 나타내면서 자신의 창조 목적을 이루게 하신다. 그리스도처럼 다스리게 하신다. 교회의 일은 형상을 회복하는 일이다. 이는 곧 변화된 인간으로 사는 것이다. 피터 라잇하르트가 다음과 같은 말로 이 점을 잘 포착했다. "교회의 첫 번째 사명은 교회가 **되는** 것, 성령 안에서 함께하는 삶 가운데서 하나님의 공의를 구현하는 것이다."[12]

다르게 말하자면, 왕 이야기는 교회에 넓은 관점의 사명이 있음을 시사한다. 즉, 모든 일에서 하나님의 형상을 나타내야 하고, 바르고 의로운 다스림을 향유하는 왕의 아들들로서 살아가야 한다는 것이다. 그러므로 넓은 관점의 선교를 비판하는 이들이 이따금 그러는 것처럼 "온갖 단체가 정의를 위해 일하고 자비 사역을 후원하므로, 우리는 교회로서 우리만 할 수 있는 일, 즉 제자 삼는 일에 집중해야 한다"고 주장하는 것은 옳지 않다. 사실 하나님은 아담 이래로 모든 인간에게 요구해 오신 의, 정의, 사랑의 모범이 되라는 과제를 교회에게 주신다. 주일 예배는 물론 일주일 내내 우리의 말과 삶은 "하나님이 **여러분에게** 요구하시는 것이 이것이다"라는 것을 세상에 보여 준다. 하나님의

---

11 '신민'과 '시민'의 차이는 정치학 문헌에서 흔히 볼 수 있는데, 나는 *Political Church: The Local Assembly as Embassy of Christ's Rule* (Downers Grove, IL: InterVarsity Press, 2016), pp. 121-126에서 이를 길게 논했다.
12 강조는 필자가 추가. Peter J. Leithart, *Delivered from the Elements of the World: Atonement, Justification, Mission* (Downers Grove, IL: InterVarsity Press, 2016), p. 231.

일반 은총으로 이들은 이미 그 요구를 일부 행하고 있다.

하나님의 심판 중재하기-제사장 이야기

하지만 성경의 구원 이야기는 그보다 복잡하다. 첫째, 또 다른 등장인물인 제사장이 있는데, 제사장의 임무는 사람들이 마땅히 해야 할 일을 하지 않는 경우가 흔하다는 사실을 다루는 것이다. 둘째, 신학교에서 흔히 '시작된 종말론'(inaugurated eschatology)이라고 부르는, 시간 표상의 주름이 하나 있다. 좁은 관점의 사명 옹호자들에게 왕 이야기가 있어야 한다면, 넓은 관점의 사명 옹호자들은 제사장 이야기를 기억할 필요가 있을 것이다. 여섯 가지 동일한 에피소드를 제사장 이야기에서 다시 이야기하면 다음과 같다.

창조. 하나님은 아담과 하와에게 왕의 직무만 주시지 않았다. 하나님은 이들에게 제사장의 직무, 즉 동산을 '경작'하고 '지키는' 일도 하라고 하셨는데, 이 두 가지 활동은 언젠가는 이스라엘의 제사장이 성전에서 하게 될 일이었다(창 2:15; 민 3:7-8; 8:26; 18:5-6).[13] 제사장은 하나님이 거하시는 곳을 하나님 앞에 성결하게 유지하기 위해 일하며, 하나님에게 속한 것은 무엇이고 속하지 않은 것은 무엇인지 선포함으로써 그 일을 행한다. "거룩한 곳은 거룩하게 유지하라, 아담. 거짓말하는 뱀을 조심하라! 그리고 내가 네게 말한 모든 것을 하와에게 가

---

13 Greg Beale, *The Temple and the Church's Mission: A Biblical Theology of the Dwelling Place of God* (Downers Grove, IL: InterVarsity Press: 2004), pp. 66-87. 『성전신학』(새물결플러스).

르치라." 이와 더불어 하나님은 짐승들에게 이름을 지어 주라고 아담에게 말씀하시는데, 이는 훗날 노아라는 제사장이 물려받을 활동이었다. 오직 이 제사장만 어느 짐승을 정결하다 하고 어느 짐승을 부정하다고 할지 정할 것이다.

타락. 노아와 관련해서 말하자면, 제사장 직무는 타락 후 서서히 전개되었다. 하나님은 노아에게 정결한 것과 부정한 것을 나누어서, 거룩하지 못한 세상에서 거룩한 것이 분리되고, 표시되며, 구별되게 하라고 말씀하셨다. 이에 더하여 노아는 야웨께 드리는 '향기로운' 제사를 통해 하나님의 심판을 제정하고 선포했으며, 이로써 적어도 하나님과 노아 그리고 노아의 가족 사이에 모종의 화해가 이뤄졌음을 암시했다.

야웨를 기쁘시게 하는 제사가 왜 필요한가? 이는 하나님의 성격이 고약하기 때문이 아니다. 오히려 하나님이 선하신 분이고, 하나님의 존재와 보좌와 법에 대한 공격을 벌하시는 분이기 때문이다. 이러한 공격은 사람과 하나님 사이는 물론 사람과 사람 사이를 분열시키고, 사람들이 땅을 착취하기 시작함에 따라 사람과 땅 사이도 분열시킨다. 다시 말해 인간의 가장 긴박한 문제는 죽음이 아니고 타락이 낳는 물질적 결과도 아니다. 인간의 가장 긴박한 문제는 반항하는 마음, 죄의 결과로 하나님과 분리되고 서로에게서 분리되었다는 것, 우리가 감당하는 죄책과 수치, 그리고 가장 결정적으로 우리가 초래하는, 하나님의 진노 선고다.

이스라엘. 하나님은 아브라함을 불러서서 아들 이삭을 대신할 제물로 숫양을 마련해 주심으로써 제사의 대속적 본질을 밝히 알려 주셨다. 이집트의 거짓 신들에게 심판을 내리실 때 하나님은 제물이 있으면 심판이 이스라엘 백성을 **건너뛸** 것이라는 사실, 그리고 제물을 출애굽과 연결하심으로써 그 제물이 구원한다는 사실을 알게 하셨다. 하나님은 제물을 속죄제 및 속죄일과 연결하심으로써 제물의 속죄 작용을 조명해 주셨다. 하나님은 이스라엘 민족 전체를 '제사장 나라' (출 19:6)라고 부르시지만, 제사장의 계보를 세우심으로써 제사장 직무의 본질을 강조하시는데, 제사장은 제사를 이행하는 것을 통해, 성전에 있는 하나님 처소의 의례적(儀禮的) 정결을 보호하는 것을 통해, 정결한 것과 부정한 것을 구분하는 것을 통해, 백성에게 하나님의 율법을 가르치는 것을 통해 하나님의 심판을 중재한다.

왕들과 마찬가지로 제사장들도 하나님을 버리고 성전의 거룩함을 더럽혔다. 그러나 이제 수 세기에 걸쳐 매일, 매년 반복해서 피를 뿌리며 드리는 희생제사를 보면 구약의 교훈이 명백해진다. 즉, 인간은 자기 죄를 스스로 속할 수 없고, 우리에게는 완전한 대제사장뿐 아니라 야웨께서 백성의 죄를 그냥 건너뛰실 수 있도록 자기 피를 야웨께 향기로운 제물로 바치는 죄 없는 대속 제물이 필요하다는 것이다.

그리스도. 좋은 소식이 있다. 예수께서 바로 그 구주이자 완전한 대제사장으로 오셔서 하나님의 심판을 선언하고 시행하신다는 것이다. 예수께서는 자기 피를 흘려서 죗값을 치른 유월절 어린양으로도 오셨다. 이 왕은 제사장이자 어린양이 되심으로써 왕으로 다스리신다. 예수께서는 단지 인간이 하나님의 형상 노릇을 잘하지 못하는 문제뿐 아니라 죄책과 수치, 그리고 분리 문제까지 해결하셨다. 십자가에서 그리스도는 "우리를 거스르고 불리하게 하는 법조문으로 쓴 증서를 지우시고 제하여 버리사 십자가에 못 박으[심]"으로써 자기 백성의 허물을 용서하셨다(골 2:13-14). 그뿐 아니라, 그리스도는 죽음의 저주가 되셨고(갈 3:13), 그런 다음 죽은 자 가운데서 살아남으로써 그 저주를 정복하셨다. 그리스도가 이 모든 일을 행하심은 우리가 율법 아래에서 속량받아 "아들의 명분을 얻게" 하기 위해서였다(갈 4:4-5).

교회. 그리스도는 자기 피로 세우신 새 언약을 통해 이 백성을 자신에게 연합시키신다. 이 언약은 백성에게 죄 사함을 준다. 이 언약은 백성에게 성령을 주어서 하나님의 율법에 따라 행할 수 있게 한다. 또 이 언약은 다시 한번 "제사장직을 민주화한다(democratize)"(렘 31:31-34을 보라).[14] 실제로 이 백성, 이 교회는 하나님이 거하시는 '성전'이 될 뿐만 아니라, '제사장 나라'도 된다(고전 3:16; 벧전 2:5, 9). 에덴동산의 아담과 하와, 그리고 성막의 제사장들과 마찬가지로 이 백성은 "그들 중에서 나와서 따로 있고 부정한 것을 만지지 말라 내가 너희를 영접[할 것이다]"(고후 6:17)라고 명령받은 대로, 하나님의 성소인 그들 자신을 야웨 앞에 성결하게 유지해야 한다.

이 목적을 위해 그리스도는 자기 백성이 정복하는 왕처럼 열방으로 갈 수 있게 허락하셨지만, 그 과정에서 제사장으로서 판단을 내릴 수 있는 권한도 주셨다. 하나님의 백성은 예수께서 하늘나라의 열쇠라고 일컬으신 것을 사용하면서(이에 대해서는 나중에 더 논의하게 될 것이다) 거룩한 것과 거룩하지 않은 것 사이에 다시 한번 경계선을 그어야 한다. 이들은 복음을 전파하고 세례와 성찬을 통해 그리스도의 거

---

14 Beale, *A New Testament Biblical Theology*, pp. 733-734, 737-740.

룩한 백성을 구별함으로써 그렇게 한다. 세례와 성찬이라는 이 두 가지 규례(ordinances)는 그리스도의 희생을 묘사하기도 하고 유형적 교회의 구성 요소가 되기도 하여, 누가 성부와 성자와 성령에게 속하는지 공개적으로 명명함으로써 누가 '안에' 있고 누가 '밖에' 있는지를 만방에 보여 준다. 구약 시대 제사장들이 그랬던 것처럼, 제자 삼기라는 이 과제는 그리스도께서 명령하신 모든 것을 가르치는 일도 포함한다.

영광. 언젠가 모든 무릎이 예수 그리스도 앞에 꿇리고 모든 입이 예수 그리스도를 주님으로 고백할 날이 있을 것이다(빌 2:10-11). 그분을 찬양하는 시민으로서든, 정복당한 신민으로서든 말이다. 제사장과 왕의 일이 똑같이 새 하늘과 땅에서 완성될 것이며, 구속받은 인류, 즉 자신의 삶을 찬송의 제사로 바친 사람들은 그곳에서 다시 한번 그리스도를 위해, 그리스도와 함께 다스릴 것이다(롬 12:1; 딤후 2:12; 히 13:15).

간단히 말해, 하나님은 교회에 권한을 주셔서 구원을 선포하는 일을 통해, 그리고 그 모든 죄와 반역에도 불구하고 사람들을 하나님에게로 구별하는 일을 통해 하나님의 심판을 중재할 수 있게 하셨다. 그러므로 좁은 의미로 말하자면, 교회의 사명이란 그 말의 어떤 의미에서는 하나님의 심판을 선포하거나 중재함으로써 제자를 삼는 것이며, 교회는 이 일을 복음 선포, 세례와 성찬, 그리고 가르치는 일을 통해서 행한다.

이 모든 일을 한다는 것은 인간의 죄책과 수치 문제를 다루는 것이며, 사람들을 하나님과 화해시키고(엡 2:1-10), 사람과 사람을 서로 화해시키는 것이다(엡 2:11-20).

종말론적 주름

교회가 넓은 범위에서 왕의 일도 하고 좁은 범위에서 제사장의 일도 한다면, 우리는 왜 이른바 넓은 관점의 선교를 그냥 받아들이지 않는가? 넓은 것에는 좁은 것이 포함되지 않는가?

구속 역사의 시간표에 있는 주름을 근거로 이 두 가지를 구별하는 것이 결정적으로 중요하다. 성경은 하나님이 그리스도 안에서 이루시는 구원 역사를 그리스도의 두 차례 강림에 걸쳐 전개한다. 첫 번째 강림은 구원을 시작하고 두 번째 강림은 구원을 완성한다. 현재 우리는 다음 그림처럼 창조 시대와 새 창조 시대라는 두 시대가 겹치는 영역 안에 살고 있다.

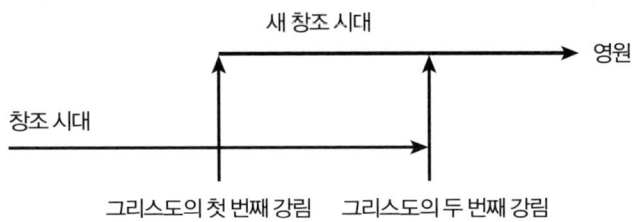

예수께서는 첫 번째 강림 때 제사장이자 왕으로 오셨지만, 예수께서 왕이신 것은 성령 충만한 눈을 가진 사람만 '알아볼' 수 있었다. 칼을 휘두르고 저주를 없애는 왕으로서의 예수님의 정체는 두 번째 강

림에 이르러서야 공개적으로 드러낼 것이다. 한편, 예수께서 첫 번째 강림 때 하신 제사장의 일, 즉 희생 제물이 되신 일은 거듭났든 거듭나지 않았든 모든 사람이 '볼' 수 있었다. 예수께서 하신 제사장의 일은, 그런 의미에서 전면에 부각되었다.[15] 더 나아가, 그리스도는 모든 영역을 구석구석 다스리실 수 있지만, 지금 시점에서는 창세기 3장에 기록된 하나님의 저주가 온 땅 구석구석에 미친다. 만물은 여전히 죽는다. 해 아래 있는 모든 것이 여전히 헛되다. 우리가 하는 모든 일, 정치, 예술, 연애, 엔지니어링 기획 등이 여전히 헛수고다. 시시포스의 바위처럼, 꼭대기로 밀어 올리면 곧 굴러떨어지기를 반복한다. 예수께서는 정말 이곳을 책임지고 계신가? 내 눈에는 그분이 보이지 않는다.

적어도 네 가지 이유에서 이 시간표 상의 주름을 인식하는 것이 중요하다. 첫째, 예수께서 첫 번째 강림 때 자신의 제사장직을 전면에 뚜렷이 내세우셨다는 사실은 인간이 당면한 가장 긴박한 문제가 죄를 사해 주고 순종하는 이에게 능력을 주고 백성을 세우고 새 언약을 주는 제사장이 해결해야 할 문제이지, 저주를 없애고 칼을 휘두르는 왕이 마지막에 해결할 문제가 아니라는 것을 암시한다. 이는 죄가 낳은 법적·영적·관계상 결과가 육체적·실리적·직무상 결과 및 다른 물질적 결과보다 더 절박하고 훨씬 더 심각하다는 점을 암시한다. 조금 더 긴장감 있게 표현하자면, 하나님의 영원한 진노의 위협이 무엇보다 위급한 문제라는 것이다. 예수께서 첫 번째 강림 때 전면에 내세우신 일을 교회도 전면에 내세워야 한다.

---

[15] 이는 예수께서 제사장이 됨으로써 자기를 나타내셨다는 사실(예를 들어, 막 10:37, 42, 45)을 부인하려는 것이 아니며, 모든 사람이 예수님의 죽음을 속죄의 제사로 받아들였다는 말도 아니다.

여기서의 요점은 영혼 대 몸(souls versus bodies)의 문제와는 아무 관련이 없고, 영원 대 현세(eternal versus the temporal) 문제와 전적으로 관련이 있다. 따지고 보면 예수께서는 영혼과 몸을 모두 지옥에 던져 넣으실 분에 관해 경고한다. 숲의 나무나 바다의 고래는 지옥 걱정을 할 필요가 없다. 그래서 요즘 선교나 교회의 사명에 관해 쏟아져 나오는 수많은 책의 찾아보기(index)에 지옥에 대한 언급이 거의 없다는 사실은 놀랍기만 하다. 지옥은 어디로 사라졌는가? 확실히 지옥은 붙잡고 씨름하기 어려운 주제이긴 하다. 하지만 잠시 멈춰서 다음과 같이 스스로에게 솔직하게 질문해 보라고 모든 독자에게 요청함으로써 교회의 사명에 관한 대화를 간결하게 할 수 있다. "나는 지옥을 어떻게 생각하는가? 지옥은 실재하는가? 지옥은 영원한가? 어떤 사람이 지옥에 가는가?"

그러나 영원 문제만 중요한 것이 아니라 하나님도 똑같이 중요하다. 다음과 같은 질문으로 지옥에서 천국으로 시선을 돌려 보자. (존 파이퍼의 표현을 빌리자면) "영원 세상과 관련해 나의 가장 큰 기쁨은 하나님과 함께할 수 있다는 기대인가, 아니면 그 외의 다른 모든 것인가? 하나님 자체가 나의 '복음'인가?" 이 대화에서는 하나님이 중요하다는 데서 특정한 강조점과 우선순위가 나와야 한다. 하나님이 최고선이고, 가장 큰 기쁨이고, 가장 큰 사랑이고, 우리 모든 사랑의 올바른 대상이라면, 그래서 아우구스티누스의 말처럼 하나님에 대한 사랑과 관련하여 준 사랑이 아니라면 이웃에 대한 사랑도 전혀 사랑이 아닐 정도라면,[16] 사람들의 마음과 생각이 하나님을 향하게 하는 것이야말로 교회가 할 수 있는 가장 중요한 일이며, 다른 모든 일이 걸려 있는 유일한 활동이다.

성숙해진다는 것은 점점 더 멀리 보는 안목을 키우는 것이다. 지혜란 결국 어떤 일을 끝까지 따르는 것이다. 그렇다면 성도는 언제나 **영원**으로써 **현재**를 가늠해야 하지 않겠는가? 안타깝게도, 타락한 우리 마음은 영원에 초점을 맞추지 못하며, 잠언은 오히려 우리 마음을 가리켜 어리석다고 한다. 우리는 지금 이 땅에서 천국을 원하면서도, 눈에 보이는 것으로 살아가려고 한다. 광야에서 불평을 늘어놓는 이스라엘 사람들에서 종려주일에 환호하는 군중에 이르기까지, 눈앞의 일은 늘 하나님 백성에게 유혹거리가 되어 왔다. 마찬가지로, 자유주의 기독교는 인간의 보편적 형제애나 가난한 이들의 해방을 약속한다. 자유주의 기독교의 교양 없는 사촌쯤 되는 번영 복음은 아름다운 배우자나 가죽 시트 자동차를 약속한다. "하나님 나라가 임했습니다!"라는 소식으로 사람들의 사기를 북돋우기는 얼마나 쉬운지! 반면에 "여러분은 죄 사함이 필요한 죄인입니다!"라고 말하기는 얼마나 어려운지.

그러나 영원이 정말 그토록 길고 하나님이 정말 그렇게 선한 분이라면, 제자 삼는 일에는 특별한 중요성이 있지 않은가? 나는 우리 딸 넷을 사랑하되 물질적, 사회적, 정서적인 면에서 내가 줄 수 있는 모든 것을 줌으로써 사랑한다. 그러나 내가 딸들을 최고로 사랑하는 방식은 회심이라는 좁은 문과 구원에 이르는 좁은 길을 알려 주는 것이

---

16 예를 들면, Augustine, *On Christian Doctrine*, trans. D. W. Robertson (Indianapolis: The Bobbs-Merrill Company, 1958), 3.10.16; 1.23; Jonathan Leeman, *The Church and the Surprising Offense of God's Love: Reintroducing the Doctrines of Church Membership and Discipline* (Wheaton, IL: Crossway, 2010), pp. 82-84에 실린 논의도 보라.

다. 그렇게 해서 아이들이 하나님을 향해, (조나단 에드워즈의 표현을 빌리자면[17]) 천국이라는 사랑 넘치는 세상을 향해 달려갈 수 있게 하는 것이다. "그리스도인은 모든 고통, 특히 영원한 고통에 신경 쓴다"고 존 파이퍼는 말한다. "그렇지 않다면 마음에 결함이 있거나 지옥 개념에 문제가 있는 것이다."[18] 이 경구(警句)에는 '이것이냐, 저것이냐'가 없다. '특히'만 있을 뿐이다. 이 책 각 장에서 하는 말들이 1만 년 후 우리에게는 어떻게 들릴지 궁금하다. 그런 관점에서 책을 써 내려간다면 어떨까?

둘째, 영원한 '아직'(not yet)에서 우리 시선을 뗄 때 생기는 문제는 이른바 내생(來生)이 위태로워지는 것만은 아니다. 영원한 잣대를 잃어버림으로써 이 세상에서 모든 것의 가치가 줄어드는 문제도 있다. 카뮈의 『이방인』을 읽어 보라. 일반적인 통념과는 반대로, 천국을 향한 마음이 가장 강한 사람이 오히려 이 땅에 가장 실질적인 기여를 하곤 한다. 이 사람은 타인을 위해 자기 자신을 쏟아붓느라 이 세상의 이기적 야망에 매이지 않는다. 로버트 우드베리(Robert Woodberry)의 바텔상(Bartell Prize) 수상 논문 "자유 민주주의의 선교적 뿌리"(The Missionary Roots of Liberal Democracy)는 많은 것을 시사한다.[19] 이 논문은 19세기와 20세기에 회심을 강조하는 개신교 선교사들이 찾은 아프리카 국가들을 로마가톨릭이나 국교회 선교사들이 찾은 국가들

---

[17] "Lecture XVI: Heaven, A World of Charity or Love," in Jonathan Edwards, *Charity and Its Fruits: Christian Love as Manifested in the Heart and Life* (Carlisle, PA: Banner of Truth Trust, 1969), p. 154 이하를 보라.
[18] 엑스(구 트위터), 01/21/2011.
[19] Robert D. Woodberry, in *American Political Science Review* 106 (May 2012): pp. 244-274.

과 비교한다. 우드베리가 자료로 증명하기로는, "회심을 중시하는 개신교도는 신앙의 자유의 발전과 확산, 대중 교육, 대규모 인쇄, 신문, 자원봉사 기관, 가장 주요한 식민지 개혁, 비(非)백인들을 위한 법적 보호 장치의 법제화를 시작하는 결정적 촉매였다."[20] 그뿐 아니라, 이 나라들은 비교적 경제가 탄탄하고, 국민도 건강하고, 유아사망률이 낮았으며, 부패도 덜하고, 교육 수준, 특히 여성들의 교육 수준이 높았다. 확고한 회심 교리는 너그럽고 생산적이고 사랑 넘치는 삶을 사는 데 도움이 된다. 회심 교리를 편협하다고 일컫는 사람들의 말은 신경 쓰지 말라.

셋째, 시간표상의 주름을 인식하면 교회의 사명에 관해 이야기하는 방식이 부드러워진다. 성(聖)과 속(俗)을 나누는 태도는 버리는 게 옳지만, 거듭난 사람과 거듭나지 않은 사람, 혹은 성령께서 회복시키신 사람과 저주 아래 있는 사람에 대한 구분은 버릴 수 없다. 성령만이 사람을 거듭나게 하고 저주의 결과를 없앨 수 있다. 어떤 사람은 창조 세계에서 저주가 점차 물러난다고 주장하고 싶을 수도 있지만(실제로 그렇게 말하는 이들이 있다), 정말로 그런 일이 있지 않은 한 교회가 창조 세계 '구속'과 문화 '변혁'에 관해 이야기해도 종말론적이고 구원론적인 혼란의 씨앗만 뿌릴 뿐이다. 그런 용어가 요즘 인기 있기는 하지만 말이다. 그런 의미에서 전도서를 다시 읽어 볼 만하지 않은가? 교회는 그 무엇도 구속하고 변혁할 수 없다. 교회는 그 일을 하시는 분을 그저 가리킬 수 있을 뿐이다. 하나님의 나라는 생명을 주시는 하

---

[20] 같은 책, pp. 244-245.

나님의 영보다 멀리 가지 못한다. 거듭난 사람은 성령께서 주신 열망으로 집을 지을 수는 있지만, 그 집에 사는 사람은 결국 죽을 것이고, 집은 무너지고 터는 내려앉을 것이며, 모든 것이 잊힐 것이다. P. B. 셸리(Shelley)의 시 "오지만디아스"(Ozymandias)의 강력한 법칙을 기억하라(이 시에는 강력한 지배자도 언젠가는 절망에 몰리고 결국 완전히 잊힐 수밖에 없다는 메시지가 담겨 있다—옮긴이).

넷째, 시간표상의 주름은 교회가, 교회라는 말의 한 가지 의미상 다른 누구도 하지 않는 독특한 일을 한다는 점을 알 수 있게 해 준다. 그리고 이러한 인식 덕분에 우리는 하나님이 누구에게 무슨 일을 할 권한을 주셨느냐는 다음 질문으로 나아갈 수 있다.

우리는 (50쪽 도표상) 아래에 있는 '창조 시대' 선상에서 태어나고, 살고, 일하고, 결혼하고, 자녀를 낳고, 죽는다. 그 선상에서 우리는 자녀를 양육하고, 변호사로 일하고, 건물을 짓고, 농사를 짓고, 그림을 그린다. 하지만 회개와 믿음, 그리고 거듭나게 하시는 성령의 역사를 통해 그리스도인이 되면, 우리는 **동일한 모든 일을** 위쪽에 있는 '새 창조 시대' 선상에서 행한다. 아니, 적어도 바울이 말하는 우리 안의 '새 사람'이 이 모든 일을 하기 시작한다.

지역교회와 그 직분자, 혹은 조직화된 공동체로서의 교회는 어떠한가? 교회가 하는 일은 어떤 면에서는 정확히 어느 선에도 속하지 않는다. 교회의 일은 그리스도의 첫 번째 강림 전에는 가능하지 않았고, 그리스도의 재림 후에도 가능하지 않을 것이다. 그보다 지역교회는 구속 역사의 이 단계에서 '엘리베이터 역할'을 하도록 특별하게 설계되고 세워졌다. 지역교회의 목표는, 교회 자신을 포함해 가능한 한 많은 사람을 아래쪽 '창조' 층에서 위쪽 '새 창조' 층으로 올려 보내는 것이다. 이는 단지 사람들의 신분을 바꾸려는 것이 아니라 삶의 방식 전체를 변화시키려는 것이다. 일주일에 한 번씩의 가르침은 '새 사람'이 '옛' 것과 맞서 싸우는 데 도움이 된다. 앞서 제사장 이야기에서처럼, 교회와 교회 직분자들은 그리스도의 희생을 선포하고 규례와 가르침을 통해 거룩한 것과 거룩하지 않은 것을 구별함으로써 하나님의 심판을 중재하고 제자를 세우는 일을 한다.

교회의 이런 직무는 다음과 같은 도표로 나타낼 수 있을 것이다.

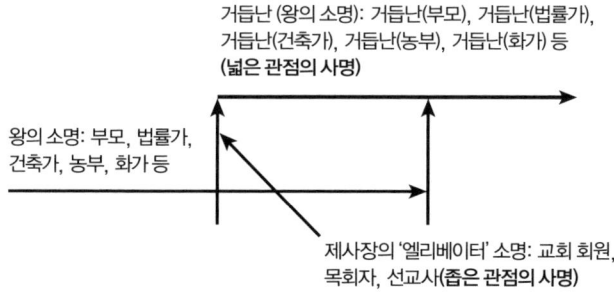

또한 수평선과 수직선이 왕의 서사로 정의된 넓은 관점의 선교(왕 같은 아들들로서 하나님 대신 다스리기)와 제사장의 서사로 정의된 좁은 관점의 선교(제자 삼기)와 각각 어떻게 상응하는지 눈여겨보라.

두 종류의 일, 즉 수직적인 일과 수평적인 일, 제사장의 일과 왕의 일 모두 중요하다. 거듭난 왕으로서 일하는 사람이 없으면 엘리베이터 일을 하는 사람들이 제시할 모범이 없다. 엘리베이터 일을 하는 사람들이 없으면 아무도 위층으로 올라가지 못한다.

더 나아가, 모든 그리스도인이 두 종류의 일을 다 해야 하는 이유는, 제사장의 일과 왕의 일이 절대 완전히 분리될 수 없기 때문이다. 그리스도인은 모두 제사장이자 왕이다. 그러므로 식당에서 내 친구와 나눈 대화로 다시 돌아가 보자. 친구는 변호사 일이나 목회나 그리스도인에게는 모두 거룩하다면은(이 점에는 나도 동의한다) 두 가지 일은 똑같이 중요하다고 주장했다. 천국에서 전임 목회자에게 '가산점'이 전혀 없는 것은 사실이다. 그렇지만, 개리슨 케일러(Garrison Keillor)의 작품에 등장하는 신비한 레이크 워비건(Lake Woebegone) 마을의 "모든 아이들이 평균 이상"인 것처럼, 모든 아이에게 1등 상장을 주어서 기분 좋게 만드는 것에 그쳐서는 안 된다. 그 이상의 무언가를 할 필요가 있다. 변호사 일과 목회, 또는 자녀 양육과 선교 활동은 서로 완전히 다르다는 점을 아는 것이 좋다. 변호사 일과 목회, 자녀 양육과 선교 활동은 그리스도의 나라 및 구속의 경륜에서 서로 다른 역할을 한다. 목회자가 사례비를 받고 목회를 하는 것은 사실이다. 그런 의미에서 목회는 목회자와 그 가족에게 의식주를 제공하는 창조 목적과 왕의 목적에 이바지한다. 이렇게 어떤 면에서 목회는 여느 직업과 비교될 수 있다. 하지만 이 때문에 애매해져서는 안 되는 사실이 있다. 즉, 하나님 나라의 한 관점에서 볼 때 목회와 선교사 일이 다른 직업과 다른 이유는, 사람들이 엘리베이터에 탈 수 있게 돕는 제사장 역할을 하는 것이 이 일의 첫째 목적이기 때문이다.

그렇게 말은 했지만 변호사인 내 친구도 제사장 직분을 갖고 있다. 친구에게 '왕의' 일은 변호사 일이다. 하지만 친구가 비언어적 방식으로 하나님을 증언하는 증인이자 이따금 언어적으로 복음을 전하는 전도자로서 왕의 일을 할 수 있는 것은 한 **지역교회 회원**이라는 제사장 직분을 갖고 있기 때문이다. 세례받은 수찬(受餐) 회원인 덕분에, 친구가 변호사 일을 포함해 일주일 내내 하는 모든 일이 예수를 '전하는' 일이다. 지역교회의 회원이라는 사실은 자동차 범퍼에 붙이는 익투스(물고기 모양) 스티커처럼(물고기는 십자가가 기독교의 상징이 되기 전, 초기 기독교의 상징으로 쓰였다—옮긴이), 어떤 사람이 예수를 나타낸다는 표시다. (내 경우를 말하자면, 그것이 바로 내가 개인적으로 그런 스티커를 절대 붙이지 않는 이유다.) 하지만, 지역교회 회원으로서 모든 그리스도인에게 있는 (혹은 있어야 하는) 제사장의 '소명' 혹은 '부르심'은 삶의 모든 면에서 예수님을 나타내는 왕의 일을 의무화하고 구체화한다.

궁극적으로, 성경의 구원 이야기는 넓은 관점과 좁은 관점의 사명 모두를 요구한다. 하지만 종말론적 주름은 좁은 관점의 사명이 특별히 주목을 받을 만하다는 점을 암시한다. 지역교회와 그 직분자들이 이행하는 좁은 관점의 사명을 경시하거나 축소하는 것은 곧 모든 인간이 그 엘리베이터에 타야 한다는 사실, 즉 구원받고 성화되어야 한다는 사실을 경시하거나 그 중요성을 축소하는 것이다. 이는 우리가 왕으로서 해야 할 일에서 제사장으로서 해야 할 일을 부당하게 덜어 내는 것이기도 하다. 이는 세상과 교회, 저주와 구원 사이의 경계를 모호하게 한다. 이는 거룩하지 못한 것을 거룩하다고 잘못 판정할 위험이 있다. 이는 (일부 해방신학자들이 가르쳤다시피) 창조와 새 창조라는 두 수평선이 마치 그 정도로 분리되지 않은 것처럼, 혹은 모든 사람이 구원받은 것처럼, 불신자도 선행만 하면 하나님 나라의 일에 참여할 수 있는 것처럼 취급한다.

그렇다면 우리는 좁은 관점의 사명에 특별히 어떻게 주목해야 할까?

하나님은 누구에게 무슨 일을 할 권한을 주셨는가?

하나님은 교회 회원 개인에게 주시지 않은 권한을 조직화된 공동체로서의 교회에게 주심으로써 교회의 좁은 관점의 사명을 특별히 강조하신다. 이 권한은 다음과 같은 면에서 제사장의 권한임이 뚜렷이 드러난다. 즉, 이 권한은 하나님의 심판을 중재하는데, 먼저 그리스도의 희생을 선포하는 일을 통해, 그 희생을 그려 보이는 세례와 성찬으로 사람들을 연합시키고, 그렇게 해서 거룩한 것과 거룩하지 않은 것을 구별하는 일을 통해, 그리스도의 법을 가르치는 일을 통해 중재한다.

넘쳐흐르는 개인주의와 소비자 중심주의, 그리고 마케팅에 몰두하는 행태 때문에 교회의 권한 개념을 깊이 생각해 볼 여지가 없는 개신교도가 많다. 하지만 처음 몇 세기 동안은 조직화된 공동체로서의 지역교회가 개별 그리스도인이나 교회 회원이 갖지 못한 권한을 소유한다는 사실을 개신교도들도 아주 잘 알고 있었다. 구체적으로 지역교회들은 복음의 **내용과 대상**, 즉 신앙고백과 신앙고백자에 대해 구속력 있는 판단을 내릴 권한이 있다. 교회들은 신앙 선언문을 작성하고 설교하여 교회 회원들의 양심을 구속할 권한뿐 아니라 교회 회원 명부에 어떤 사람을 추가하거나 삭제할 권한도 있다. 죄를 짓고 회개하지 않은 사람을 교회에서 쫓아내라고 바울이 고린도 교인들에게 말하는 것을 생각해 보라(고전 5:2, 5). 바울은 이렇게 말한다. "교회 안에 있는 사람들이야 너희가 판단하지 아니하랴"(고전 5:12). 또는 갈라디아에 있는 교회들에게 바울 자신이 설파한 복음이 아닌 다른 복음을 전하는 자는 저주받은 자로 대하라고 말하는 것을 생각해 보라(갈 1:6-9).

열쇠의 권한

교회의 공동 권한에 대한 성경의 근거는 마태복음 16, 18, 28장에서 찾아볼 수 있다. 간략히 말해, 예수님이 누구신지에 대해 베드로가 올바른 고백을 한 뒤 예수께서는 하늘에서 매이고 풀린 것을 땅에서 매고 풀 수 있는 천국 열쇠를 베드로를 비롯한 사도들에게 건네주신다(마 16:13-20). 18장에서 예수께서는 교회 치리라는 명확한 목적을 위해 그 열쇠를 교회에게 건네신다(18:17-18).[21] 그래서 마태복음 16장에

---

21 사람들은 치리나 출교 권한의 중요성을 종종 간과한다. 어떤 정치 체제에서 어느 개인을 징계하거나 방출할 권한이 있는 사람에게 그 체제의 최고 혹은 최종적 권한이 있다. 이 권한은 다른 모든 의사결정에 **힘**을 실어 주거나, 재가(裁可) 사항이 확실히 이행될 수 있게 한다. 예를 들어, 국가가 형벌을 통해 어떤 사람을 배제할 수 있는 '칼'의 권력을 갖는다는 사실은(이를테면, 창 9:5-6; 롬 13:1-7) 그 국민의 삶 다른 모든 영역에서 국가의 결정을 일방적으로 법제화할 수 있다는 뜻이다. 국가는 세금을 올릴 수도 있고, 국민을 군대로 징집할 수도 있고, 도로 주행 방향을 어느 쪽으로든 바꿀 수도 있다. 마찬가지로, 회중이나 노회나 감독이 나를 교회 회원에서 제명할 수 있다면, 나를 회원으로 받아들일 수도 있고 거부할 수도 있으며, 교회의 신앙 선언문을 다시 작성할 수도 있고, 그 외 다른 어떤 일도 할 수 있다. 이는 칼이나 열쇠를 누가 지녔든 그 사람도 하나님의 말씀 아래 있다는 것을 부인하려는 말이 아니다. 다만 그 말씀이 이 땅에서 국가나 교회의 결정을 집행할 수 있는 최종적이고 일방적인 권한을 **어떤** 당사자에게 위임한다는 것을 확인하려는 말이다. 말에 담긴 칼이나 열쇠의 권력은 어떤 일을 집행할 수 있는 권력이다. 교회에서 그 권한은 징계를 위해서만 아니라 "무엇이든지 구하[는]"(마 18:19) 것에 대해서도 쓰일 수 있다. 19절의 "무엇이든지"라는 말은 법정 용어다.

서는 그 나라의 열쇠가 **무엇이**(what) 올바른 신앙고백인지를 매거나 푸는 데 쓰인다고 말한다면, 마태복음 18장에서는 **누가**(who) 올바른 신앙고백자인지를 매거나 푸는 데 그 열쇠를 쓴다.

그렇다면 매고 푼다는 것은 무슨 의미인가? 주석가들은 의견이 갈리지만, 랍비들이 모세 율법을 해석하고, 이어서 그 해석을 적용하여 특정 사건을 판단하는 작업을 모두 나타낼 때 '매고 푼다'는 표현을 쓴다는 것을 알면 이 표현의 의미를 이해하는 데 도움이 될 것이다. 예를 들어 이들은 모세가 이혼에 대해 뭐라고 말했는지 논쟁하곤 했다. 그리고 자신들의 해석상 판단에 근거해서 특정한 남자가 아내와 이혼할 수 있는지 여부를 결정했다. 이들은 율법의 의미가 **무엇**(what)이고 그 내용을 **누구**(who)에게 적용할지에 관심이 있었다.

마찬가지로, 누구든 매고 풀 수 있는 그 나라의 열쇠를 가진 사람은 재판관의 권한을 지닌다. 재판관은 무엇이 법인지를 정하는 사람이 아니고, 어떤 사람을 실제로 유죄로 만들지도 않는다. 재판관은 언제나 법 아래 있고, 재판관의 권한은 법에서 나온다. 그렇기는 해도, 재판관에게는 법을 해석한 뒤 '유죄'나 '무죄'라고 의사봉을 "땅땅!" 두드리며 판결을 선언할 권한이 있다. 재판관의 말은 특별한 말이다. 재판관의 말은, 법학 교수의 강의가 정보를 전해 주는 것처럼 일정한 정보를 알려 준다. 하지만 그보다 독특한 것은, 재판관의 말은 매기도 하고 풀기도 한다는 것이다.[22]

마찬가지로, 교회는 복음을 **만들어 낼** 권한이 없다. 교회는 하나님

---

22 바울이 출교와 관련해 고린도전서 5:4, 12에서 법정 용어를 쓰는 것처럼, 예수께서 마태복음 18:16, 19, 20에서 어떤 식으로 법정 용어를 사용하시는지 살펴볼 가치가 있다.

의 복음과 말씀 아래 있다. 그리고 교회는 '행위 그 자체로써'(*ex opere operato*), 즉 교회가 실행한 일로 어떤 사람을 그리스도인으로 만들지는 못한다. 이는 오로지 그 말씀과 성령께서 하실 수 있는 일이다. 그렇지만 예수께서는 교회가 설교와 규례를 통해 성경을 해석하고 하나님의 구속력 있는 심판을 선포할 권한을 주신다. 교회의 설교는 이렇게 말한다. "하나님의 백성 중 한 사람으로 존재하고 행하려면 이것을 믿어야 합니다. 이것은 참 교리이고 저것은 그릇된 교리입니다." 또한 교회가 어떤 사람에게 규례를 허락하거나 허락하지 않는다면 이는 결국 그 사람이 "그리스도의 몸의 지체이다" 혹은 "지체가 아니다"라고 선언하는 것이다.

더 나아가 그런 선언은 특별한 유형의 말이다. 재판관의 말과 마찬가지로, 교회의 말은 양심을 매거나 풀고, 어떤 사람을 지상의 가시적 교회에 포함할지 배제할지를 매거나 푼다. 그런데 말은 오류에 빠질 수 있다. 말이 사람의 양심을 구속하는 것은, 하나님이 세우시고 권한을 주신 인간 중재자의 경우와 마찬가지로 상대적이고, '단견적'(*prima facie*)이다[결코 절대적이거나 '궁극적'(*ultima facie*)이지 않다]. (예를 들어, 자녀는 부모에게 순종해야 한다는 양심의 속박을 느껴야 하지만, 그렇다고 부모가 자녀에게 죄 짓기를 요구할 수 있다는 뜻은 아니다.) 교회의 판결이 하나님의 말씀과 모순된다는 확신이 들면 개개인이 교회를 거부해야 한다. 이런 조건들이 견실히 자리 잡고 있다고 전제하면, 재판관이 정부를 대신해 말하는 것처럼, 말은 하나님 나라나 천국의 다스림을 나타내거나 중재하거나 '대신해서 말한다.'

그런 의미에서, "이것이 복음입니다"라고 말하는 교회는 사실상 변호사인 내 친구가 동료에게 복음을 전하면서 "이것이 복음입니다"라고 말하는 것 그 이상의 무언가를 행하는 것이다. 비록 똑같은 표현을 쓰더라도 말이다. 둘 다 말씀의 권위로, 말씀의 권위 아래 말한다. 둘 다 대사(大使)처럼 말한다(교회 회원은 사실 천국의 여권을 지닌 시민이다). 하지만 교회는 판결을 내릴 권한을 가지고 말하기도 한다. 역시 재판관처럼 말이다.

이렇게 말해도 복잡한 주제를 너무 간략히 소개하는 말에 지나지 않는다는 것을 잘 알고 있다. 이 문제를 더 깊이 파고 들어가고자 하는 독자는 내가 다른 책에서 학자,[23] 교회 지도자,[24] 교회 회원[25]을 대상으로 저술한 내용을 참고하기 바란다.

제자 삼기

이상하게도 그리스도인들은 마태복음 28:18-20을 마태복음 16장, 18장과 별개로 읽을 때가 많다. 마태복음 28:18-20은 본문 자체가 예수께서 열쇠에 관한 자신의 말씀을 염두에 두고 계심을 암시한다. 하늘에서 매고 풀 수 있는 것을 땅에서도 매고 풀 수 있는 권한을 교회에 줄 수 있는 분은 아마도 하늘과 땅의 모든 권세를 모두 지닌 분일

---

[23] Jonathan Leeman, *Political Church*, pp. 168-170, 332-365.
[24] Jonathan Leeman, *Don't Fire Your Church Members: The Case for Congregationalism* (Nashville: B&H Academic, 2016), pp. 19-22, 25-28, 70-81 97-108; *The Church and the Surprising Offense of God's Love*, ch. 4.
[25] Jonathan Leeman, *Understanding the Congregation's Authority* (Nashville: B&H, 2016), pp. 29-41; *Church Membership: How the World Knows who Represents Jesus* (Wheaton, IL: Crossway, 2012), pp. 52-66.

것이다(마 16:19; 18:18). 그리스도의 이름으로 세례를 줄 권한을 지닌 사람은 아마도 그리스도의 이름으로 모이는 사람일 것이다(마 18:20; 28:19). 또한 그리스도께서 늘 함께 거하실 사람은 지금 그리스도께서 함께 거하시는 사람일 것이다(마 18:20; 28:20).

예수께서는 세례를 베풀고 가르쳐서 "제자로 삼으라"고 제자들에게 명하신다. 마태복음 16장과 18장의 맥락으로 볼 때 이 명령은 서로 떨어져 있는 개인에게 주는 명령이 아니라 교회에 주는 명령이다. 각 사람이 개별적으로 '가지만', 대위임령의 일은 기본적으로 교회의 일이다. 세례는 그 열쇠를 사용하는 것을 나타내며, 교회의 규례다. 에디오피아 내시의 경우처럼, 교회가 존재하지 않는 곳에서는 교회 환경 밖에서 세례를 받을 수밖에 없다. 아니면, 세례를 주고 세례를 받기 위해 모인 처음 두 사람이 교회 구성의 시작이라고 말할 수도 있을 것이다(마 18:19-20). 선교지에서의 신앙은 이를 허용해야 한다. 그러나 통상적으로 세례는 교회 규례다. 왜냐하면 세례 때, 세례받는 사람만 그리스도와의 연합을 고백하는 것이 아니라 세례를 베푸는 사람도 그 사람이 그리스도와 연합했음을 공식적으로 확언하기 때문이다. 유아 세례에 관한 의견 차이는 논외로 하고, 우리는 성인의 경우 세례에 두 당사자의 발언이 포함된다는 점에는 최소한 동의할 수 있다. 한쪽은 "나는 그리스도인입니다"라고 말하고, 또 한쪽은 "우리는 당신이 그리스도인임을 믿으며, 나라와 권세들 앞에 당신을 그렇게 부를 수 있어서 기쁩니다"라고 말한다.

더 나아가, 신약에서 세례는 통상적으로 교회 회원 자격을 얻고(행 2:41) 성찬에 참여하는 것으로 이어진다(이번에도 유아 세례는 논외로 한다).²⁶ 성찬은 집에서 친구들을 위해서, 혹은 결혼식에서 부부를 위해 개인적으로 시행하는 규례가 아니다. 성찬은 열쇠의 권한을 사용하는 교회 의례라고 바울은 가르친다. "떡이 하나요 많은 우리가 한 몸이니 이는 우리가 다 한 떡에 참여함이라"(고전 10:17). 떡이 하나라는 것은 우리가 한 몸임을 증명하고 드러낸다. 성찬은 교회를 드러내는 식사다. 성찬은 누가 하나님의 백성인지를 보여 준다. 그래서 바울은 먹기 전에 "몸을 분별하[라]"(고전 11:29)고 성찬 참여자들에게 권면하며, "먹으러 모일 때에 서로 기다리라"(고전 11:33)라고 실제적이기 그지없는 조언을 한다.²⁷

이 땅의 나라들은 할례와 안식일 준수라는 언약의 표지를 통해 누가 이스라엘 왕국에 속한 사람인지를 알 수 있었다. 그리고 마침내는 이스라엘이 한 땅과 동일시되었기 때문에 누가 이스라엘 왕국 백성인지 알게 될 터였다. 그렇다면 이 땅의 나라들은 누가 그리스도의 나라에 속하는지 어떻게 알 수 있는가? 국경선이 없는 나라에서 어떻게 국경 순찰을 할 것인가? 성령이 내주하시는, 눈에 보이지 않는 새 언약의 일원임을 어떻게 가시화하겠는가? 대답은, 지역교회를 통해서라는 것이다. 지역교회는 그리스도의 나라 대사관으로서, 지리적 공간이 아니라 종말론적 시간 전체에 걸쳐 그리스도의 나라를 대표한다. 예수께서는 자신이 "거기에"(마 18:20, 새번역) 계신다고 말씀하시는데, 이는 예수께서 방 안에 신비한 안개처럼 떠도신다는 의미가 아니라 지역교

---

26 Bobby Jamieson, *Going Public: Why Baptism Is Required for Church Membership* (Nashville, TN: B&H Academic, 2015)를 보라.
27 규례에 관한 탁월하고도 기본적인 자료로는 Bobby Jamieson의 *Understanding Baptism* 과 *Understanding the Lord's Supper*를 보라. 두 책 모두 2016년에 B&H에서 발간되었다.

회라는 이 모임이 예수님을 나타내고 대변한다는 뜻이다. 이곳이 바로 그분 나라의 국기가 펄럭이는 곳이다. 또한 교회는 대사관과 마찬가지로 누군가를 시민으로 **만들어 주는** 권한이 아니라, 규례를 통해 마치 여권을 발급하듯이 어떤 사람의 시민 자격을 확인해 주는 권한을 지닌다. 이 그리스도의 나라 백성인 교회는 규례와 복음 설교를 통해 지구라는 땅에서 가시적인 존재가 된다.

시민권 문제를 이렇게 표현하면 이것이 왕이 하는 일로 여겨질 수도 있지만, 고대 이스라엘에서 사람들을 정결하다거나 부정하다, 혹은 거룩하다거나 거룩하지 않다고 선언함으로써 시민 자격을 판결한 사람이 누구였는지 상기하라. 바로 제사장이었다. 제사장은 아담과 마찬가지로 하나님이 거하시는 성소를 보호해야 했다. 그러므로 바울이 이교 신전의 용어를 사용해서 온 교회에게 이렇게 권면한 것은 그리 놀라운 일이 아니다. "하나님의 성전과 우상이 어찌 일치가 되리요 우리는 살아 계신 하나님의 성전이라. 이와 같이 하나님께서 이르시되 내가 그들 가운데 거하며 두루 행하여 나는 그들의 하나님이 되고 그들은 나의 백성이 되리라. 그러므로 너희는 그들 중에서 나와서 따로 있고 부정한 것을 만지지 말라. 내가 너희를 영접하여"(고후 6:16-17).

조직화된 공동체로서의 교회는 화해의 메시지를 선포하고, 회개하는 죄인들이 하나님과 한편이 되게 함으로써 거룩한 것과 거룩하지 않은 것을 구별하고, 이들을 가르칠 권한도 부여받았다. 제자 삼는 일에는 법정과 대사관의 말뿐만 아니라 제사장의 말도 필요하다. (내가 은유를 뒤섞고 있다고 생각된다면, 바울이 교회를 설명하기 위해 얼마나 많은 은유를 사용하는지만 상기하라!) 성경신학적 추론으로서, 나는 조직화된

공동체로서의 교회가 권한을 발휘하는 것은 제사장의 일이라 말할 수 있다고 생각한다.[28]

교회의 사명은 무엇인가?

그렇다면 교회의 사명은 무엇인가? 이 질문에 답하려면 우리가 말하는 '교회'가 무슨 의미인지를 먼저 정의해야 한다. 신학자들은 보편교회와 지역교회, 비가시적 교회와 가시적 교회, 제도 교회와 유기적 교회, 모인 교회와 흩어진 교회 등을 구별한다. 그러나 이 책의 취지를 생각해서, 이러한 구별에 대한 관심은 접어 두고자 한다.

이 책에서 필요한 것은 예로부터 장로교회가 장로의 '공동' 권한과 '개별' 권한을 구별한 것과 비슷한 구별이다. 장로교에서는 장로들이 어떤 문제(예를 들어, 출교)에서는 함께, 혹은 '공동으로' 일할 권한이 있고, 또 어떤 문제(예를 들어, 가르치는 일)에서는 독립적, 혹은 '개별적으로' 일한다고 말한다. 나는 '공동' 대 '개별'이라는 표현을 되살리려는 작정은 아니다. 다만 교회의 사명에 관해 생각해 볼 때는 그런 구별이 필요하다. 내가 앞에서 한 말을 기억해 보라. 교회의 사명이 무엇인지 확인하려면 하나님이 누구에게 무엇을 할 수 있는 권한을 주셨는지 확인해야 한다. '공동'과 '개별'이라는 말을 바꿔서 표현하자면, 내가

---

28 그레고리 빌도 다음과 같이 동의한다. "마태복음 16:18에서 그리스도는 자신이 새 성전에서 권한을 갖는 존재임을 확실히 하시고, 이어서 자신의 제사장적 권한을 제자들에게 주시며, 그래서 제자들도 제사장의 권한을 갖게 된다. 마태복음 18:15-18과 요한복음 20:23에 비춰 볼 때, 마태복음 16:19는 제자들이 죄 사함을 받는 사람은 누구이고 받지 못하는 사람은 누구인지 선언함으로써 자신들의 제사장 과업이 어떻게 나타날 것인지를 표현한다고 말한다"(*The Temple and the Church's Mission*, p. 188).

생각하기에 하나님은 **조직화된 공동체로서의 교회**에게는 어느 한 가지 권한을 주시고 **회원들로서의 교회**에게는 또 다른 권한을 주신다고 말할 수 있다.[29]

넓은 관점에서 그리스도께서는 회원들로서의 교회에 왕의 권한을 주셔서, 모여 있든 각자 흩어져 있든 하나님의 형상인 아들이자 시민으로서 그리스도를 대표하게 하신다. 이는 회원들로서의 교회에 제사장적인 면모 또한 있음을 부인하려는 것이 아니다. 우리는 결국 제사장이자 왕이다. 다만 내 말은, 여기서는 왕으로 다스리는 권한에 강조점을 두자는 것이다.

좁은 관점에서 하나님은 조직화된 공동체로서의 교회에게 독특한 제사장의 권한을 주셔서, 죄인을 공개적으로 세상에서 분리하여 이들에게 새 이름을 붙여 주고 가르침을 주어 하나님 및 하나님의 백성과 화해하게 하신다.

그렇다면 아주 명백하게 말해서 교회의 사명은 무엇인가? 조직화된 공동체로서의 교회가 이행하는 좁은 관점의 사명은 제자와 그리스도의 나라 시민을 **만드는** 것이다. 회원들로서의 교회가 이행하는 넓은 관점의 사명은 그리스도의 나라 제자와 시민이 **되는** 것이다. 좁은 관점의 사명은 공식적 구별, 정체성 확인, 가르침 등의 재판관 같은 용어나 제사장의 말을 쓴다. 넓은 관점의 사명은 모든 말과 행동에서

---

29 그래서 나는 아브라함 카이퍼(Abraham Kuyper)처럼 교회를 제도 교회와 유기적 교회로 구별하지 않는다는 점에 주의하라. 내가 구별하는 교회는 양쪽 모두 권한이나 제도 요소를 갖고 있다. 개별 그리스도인으로서 내가 월요일부터 토요일까지 가정과 일터에서 그리스도를 나타내는 것은 내가 캐피털힐 교회의 세례받은 수찬회원이기 때문이다. 내가 세례와 성찬에 참여하는 덕분에 이른바 제도 교회는 저녁 식탁에서나 사무실에서나 일주일 내내 거기에 나와 함께 있다.

하늘에 계신 아버지를 나타내면서 왕의 아들들로서 다스리며 살아간다. 좁은 관점의 사명은 하나님이 거하시는 성소를 보호하는데, 이는 그분의 성전, 교회를 의미한다. 넓은 관점의 사명은 하나님을 증언하는 말을 새로운 영역으로 밀고 나가, 그분의 통치가 인정되는 곳을 확장한다. 이해하기 쉽게 예를 들자면, 좁은 관점의 사명은 대사관이 되는 것이고, 넓은 관점의 사명은 대사가 되는 것이라고 말할 수 있다.

	조직화된 공동체로서의 교회가 이행하는 좁은 관점의 사명(교회가 공동으로)	회원들로서의 교회가 이행하는 넓은 관점의 사명(교회가 개별적으로)
성경의 주제	제사장(혹은 왕 같은 제사장)	왕(혹은 제사장 같은 왕)
권한	하늘의 판단을 중재한다(매기/풀기)	아들들로서 다스린다
행동	공식적 구별, 정체성 확인, 가르침 등 제사장 같은 말을 한다	말과 행동으로 증인의 삶을 산다
주 영역	그리스도께서 특별히 거하시는 모임	모임과 열방 모두
예시	대사관	대사
요약	제자/시민 만들기	제자/시민 되기

회중주의자의 개념으로는 이 도표의 양면이 어떻게 함께 작용하는지 아주 쉽게 이해할 수 있다. 교회의 모든 회원은, 구원받았다는 사실 덕분에 제사장이자 왕이다. 그러므로 모든 회원은 회집한 교회와 함께 하나님의 심판을 중재하고, 모여서든 흩어져서든 하나님을 대신해 다스리는 일을 한다. 회중교회 회원에게 교회의 사명에 관해 질문

하려면, 그 사람에게 어떤 모자를 씌울 생각인지 구체적으로 명시해야 한다. 함께하는 전체 교회 모자를 씌울 것인가, 아니면 교회 회원 모자를 씌울 것인가? 장로교회나 주교제 교회의 개념에서는 제사장과 왕의 역할이 함께 비슷하게 작동하지만, 전체 교회를 대표하여 행동하는 '좁은 관점의 사명' 세로줄에서 교회 직분자에게 더 큰 자리를 준다. 그래서 앞서 넓은 관점의 사명 옹호자들이 '좁은 관점의 사명'을 설명하는 세로줄 내용을 보고 그것을 직분자의 임무로 여길 수도 있다고 말한 것이다.

교회의 사명을 넓은 관점의 사명과 좁은 관점의 사명으로 나누고 이 구별을 유지하는 것이 중요한 이유는 무엇인가? 첫째, 안 믿을지 모르겠지만, 명료성을 위해서다. 이 구별은 상충하는 우리의 직관을 충족시킨다. 어떤 사람이 "교회의 사명은 무엇입니까?", "창조 세계를 돌보는 것이 교회의 일입니까?", "교회가 하는 일의 중심은 말입니까, 아니면 말과 행동 모두입니까?", 혹은 "교회의 사명은 가난한 이들을 돌보는 것입니까?"라고 물을 때, 이에 대답하려면 이 질문자가 공동 행위자로서의 교회를 말하는 것인지, 아니면 개별 회원으로서의 교회를 말하는 것인지 먼저 알 필요가 있다.

둘째, 조직화된 공동체로서의 교회의 직무는 좁은 관점의 사명이기에 목회적으로나 교회 프로그램 면에서 이 사명에 우선순위를 두어야 하는데, 위와 같은 구별은 이 우선순위를 보호해 준다. 내 친구 몇 명이 운영하는 웹사이트의 어느 페이지에 이런 말이 있다. "기독교회는 섬김을 통해 그 지역에서 정의와 평화를 위해 힘써야 한다." 만약 이 말이 내가 다니는 캐피털힐 침례교회가 정치 참여나 자선 사역을 위해 상근 직원을 '고용해야' 한다는 뜻이라면, 나는 이에 격렬히 반대한다. 이는 성경이 매지 않은 것을 매는 행위일 것이다. 만약 이 말이 캐피털힐 침례교회 회원들은 각자의 소명과 청지기직에 따라 남을 섬김으로써 정의와 평화를 '추구해야' 한다는 뜻이라면, 나는 이에 전적으로 동의한다. 이 글을 쓰고 있는 지금, 나는 '그리스도인과 정부'라는 교회학교 수업을 맡아 가르치고 있는데, 바로 이 내용을 수업에서 가르친다.

셋째, 예수께서 제자들에게 하라고 명령하신 모든 일에 **순종하기** 위해서는 넓은 관점의 사명을 교회가 각자 수행해 나가는 것이 중요하다. 이는 '통합된'(integral, 이 유익한 단어는 크리스토퍼 라이트에게서 배웠다)[30] 그리스도인의 삶을 가꿔 나가고 위선과 유명론(nominalism)을 피하는 데 중요하다. 이는 그리스도인이 성과 속 사이에 그릇된 경계선을 긋지 못하게 막아 준다. 내가 자녀들을 사랑하고, 먹이고, 가르치고, 복음을 전하는 일은 모두 하나로 연결되어 있다.

넷째, 교회가 공동으로 판결하는 말에 초점을 맞춘, 좁은 관점의 사명을 수행해 나가는 것은 성도를 식별하고, 성도를 온전하게 하고, 지역교회의 존재를 유지하고, 교회와 세상 사이의 경계를 유지하는 데 중요하다. 개별 그리스도인이나 교회 회원은 전체 교회가 권한을 부여받은 일을 모두 다 할 권한은 없으며, 개별 그리스도인이 그리스도인으로서 정체성을 확인하고 하나님이 의도하신 그리스도인의 삶을 살기 위해서는 전체 교회가 그 특별히 재가받은 일을 해야 한다.

---

30 Stott and Wright, *Christian Mission*, pp. 47-48, 54.

다섯째, 좁은 관점의 사명에 한쪽 시선을 두면 종말론적으로 정직을 유지할 수 있다. 그리스도께서 오셨으나, 저주는 여전하다. 저주가 제거되지 않은 그 무엇도 '변혁'하거나 '구속'할 수 없다. 최악의 경우, 변혁주의(transformationism)는 환멸의 가망성이 있는 일종의 번영 복음이다. 그렇다, 오늘날 수많은 변혁주의자들이 지적하는 것처럼 이 땅의 왕들은 새 예루살렘에 영광을 가지고 들어갈 것이다(계 21:24). 하지만 이 구절은 징기스칸, 마거릿 대처, 도널드 트럼프에 대해 말하고 있는가, 아니면 그 나라의 본 자손, 성도에 대해 말하고 있는가? 어느 쪽이든, 묵시 문헌의 한 구절에 대해 억측하기보다는 믿음을 칭찬하고 그리스도를 위해 일하는 많은 구절을 통해 그리스도인의 소명을 권면하는 것이 어떨까? 교회의 목표는 세상을 변혁하는 것이 아니라 변혁된 세상으로서 함께 살아가는 것, 그리고 말과 행동을 통해 변혁하시는 분(Transformer)에게로 오라고 나라들을 청하는 것이다.[31]

여섯째, 마찬가지로, 좁은 관점의 사명은 천국이나 지옥이라는 불변의 가능성, 즉 성경에 수많은 근거가 있는 운명에 따라 우리의 광범위한 소명을 모두 조정하라고 일깨운다. 또한 우리가 말과 행동으로 복음을 증언하는 일에 긴박성을 더한다.

일곱째, 교회가 공동으로 이행해야 할 좁은 관점의 사명은 그리스도인의 삶 전체를 구체화하고 특유의 '인상을 남긴다.' 평범한 교회 회원은 이웃에게 복음을 전하는 일이 자기 자녀를 돌보고 집을 견고하게 짓고 정직한 변호사가 되는 일보다 먼저라고 생각하지 말아야 한

---

[31] John C. Nugent, *Endangered Gospel: How Fixing the World Is Killing the Church* (Eugene, OR: Cascade, 2016), pp. 192, 194를 보라.

다. 그렇다고 해서 자녀를 키우고 변호사 일을 하고 집을 짓는 일이 반드시 그리스도를 위한 일이요 그리스도를 증언하는 일이라는 뜻은 아니다. 마치 우리가 하는 모든 일에 물고기 모양 범퍼 스티커라도 붙은 양 말이다.

여덟째, 좁은 관점의 사명과 넓은 관점의 사명 사이 구별을 유지하면 지역교회의 존재가 보존될 뿐만 아니라 한 교회에 개별 그리스도인이 제대로 자리잡을 수 있게 된다. 로스쿨(law school)의 사명과 변호사(lawyer)의 사명의 차이를 모호하게 만들려는 사람은 없을 것이다. 둘은 서로가 서로에게 필요하다. 하지만 오늘날 많은 그리스도인이 지역교회의 역할과 독특한 권한을 과소평가한다. 이들은 개별 그리스도인의 삶이 교회 회원으로서의 삶과 똑같아야 하며 교회의 확증과 감독과 제자도에 순복하며 살아야 한다는 사실을 깨닫지 못한다. 신자가 이런 잘못된 가설을 마음에 품고 있으면, 넓은 관점의 사명은 다른 것을 요구하지 못한다. 제자 삼기에 '우선순위가 매겨져' 있다 하더라도 말이다. 신자가 (골프장이나 헬스장에서 그리스도인 친구들과) 교제할 수 있고, (좋아하는 팟캐스트 설교자를 통해) 유익한 가르침을 받을 수 있고, (운전할 때 기독교 방송을 틀어 놓고 아내와 함께) 찬양을 할 수 있고, (저녁 식사 때 친구와 함께, 혹은 연례 그리스도인 컨퍼런스에서) 성찬을 나눌 수 있고, (동네 무료급식소에서 이따금 자원봉사를 하거나 선거 때 투표권을 행사해서?) 모든 사람에게 선을 행할 수 있는 한, 지역교회의 회원 신분과 별개로 넓은 관점의 사명을 이행할 수도 있다. 하지만 신자들이 실용적 고려 사항을 넘어 순종의 문제로서 지역교회에 공식적으로 가입해야 하는 유일한 이유는, 조직화된 공동체로서의 교회에는 개별 그리스도인에게 없는 권한이 있기 때문이다. 그 독특한 권한과 사명을 제거해 보라, 그러면 지역교회는 기껏해야 가입해도 되고 안 해도 되는 선택의 문제가 될 것이다. 지역교회의 지도를 받으면 '좋지만' 이것이 '필수'는 아니라고 한다면, 지역교회의 존재 자체도 있으면 좋지만 꼭 필요하지는 않다고 말해야 할 것이다. 이 모든 말이 과장으로 들릴까 해서 하는 말인데, 차별화되지 않은 넓은 관점의 사명을 옹호하는 사람들은 면밀하지 못한 미국 '그리스도인' 상당수가 '교회'에 대해 바로 이런 선택적 접근 방식을 채택한다는 사실을 깨달아야 한다.

한편, 오늘날 이른바 그리스도인 중에는 '교회'와 심지어 '기독교'가 일주일에 하루만 신경 쓰면 되는 일이라고 배워 온 사람이 너무 많다. 그래서 유럽의 국교회(state-church)와 미국의 부흥운동 및 구도자 중심 교회에는 명목상의 기독교가 넘쳐난다. 상황이 이러하면, 좁은 의미로 정의하는 사명만 이들에게 더 매력적으로 여겨질 것이다. "나를 내버려 둬요. 난 세례도 받고 기도도 했다고요!"

내가 두 가지 사명 혹은 직무를 계속 구별하려고 하는 것, 그리고 조직화된 공동체로서의 교회와 개별 회원으로서의 교회가 저마다 하나님이 정해 주신 일을 한다고 주장하는 것은 바로 이 모든 상황 때문이다. 우리는 좁은 의미로 정의하는 교회의 사명도 필요하고 넓은 의미로 정의하는 교회의 사명도 필요하다. 그리고 이 두 가지를 별개로 유지할 필요도 있다. 넓은 관점의 정의를 잃으면 그리스도인은 주일을 다른 날들과 분리해서 생각하고 싶어진다. 좁은 관점의 정의를 잃으면 지역교회를 놓아 버리고, 말로 복음을 증언하는 일의 중요성을 경시하며, 거듭난 사람과 거듭나지 않은 사람 사이의 경계를 지워 버리고 싶어진다. 두 가지 오류 모두 그리스도인을 유명론과 윤리적 자족에 빠지게 하며, 결국 지역교회의 소멸로 이어진다.

실제적 요점

교회의 사명에 관한 이 논의에서 교회 회원과 목회자는 어떤 실제적 교훈을 얻을 수 있는가? 다음과 같이 아홉 가지 교훈이 있다.

1. 그리스도인의 삶의 첫 단계는 세례를 받고 한 지역교회의 회원이 되는 것이다. 그리스도인의 삶은 교회 회원의 삶이다. 가족과 함께 식탁에 둘러앉지 않는다면 그 사람이 정말 그 가정의 일원인지 어떻게 알겠는가?
2. 한 지역교회로서 함께 행동할 때 우리는 설교와 가르침, 규례 거행, 그리고 회원을 받아들이고 치리하는 일을 통해 제자 삼기를 목회 면에서나 프로그램 면에서나 우선순위로 삼아야 한다.
3. 지역교회는 교회 회원을 받아들이고 치리하는 일을 세심히 실천해야 한다.
4. 지역교회는 천국과 지옥, 새 창조, 영원한 정죄에 관해 설교해야 한다.
5. 지역교회는 천국과 새 창조에 관해 노래해야 하고 자주 기도해야 한다.
6. 상황화(contextualization)에 관해 중요한 대화가 있어야 하는 것은 확실하지만, 지역교회와 관련해 가장 중요한 것은, 사회가 기독교에

관해 비교적 호의적이든 비호의적이든, 다른 모든 때와 다른 모든 장소에서 지역교회가 다른 모든 교회와 무엇을 공유하느냐는 것이다. 바로 말씀 읽기, 말씀 설교하기, 말씀 노래하기, 말씀 기도하기, 그리고 규례를 통해 말씀을 눈으로 보기를 공유해야 할 것이다[리건 던컨(Ligon Duncan)에게서 차용-].

7. 그리스도인은 주일뿐만 아니라 모든 날을 교회로서 함께 살아야 한다(행 2:42-46). 사람들은 우리의 삶과 서로를 향한 사랑을 보고 우리가 그리스도의 제자인 줄 알 것이다(요 13:34-35). 우리는 하나님의 의와 공의와 사랑이 다스리는 변화된 인류요, 모범적인 통치체로서 열방 앞에 왕이신 예수님을 나타내야 한다.

8. 교회 회원은 복음을 전해야 하고, 회개하고 믿으라고 사람들을 청해야 한다.

9. 교회에 필요한 것은 사명만이 아니다. 선교 활동이 필요하고 경계를 넘나드는 선교사가 필요하다.

조너선 리먼에 대한 논평 크리스토퍼 라이트

조너선 리먼은 교회의 사명에 관한 견해를 논하면서 나를 존 스토트와 연결하는데, 물론 내가 존 스토트를 (스토트가 허락하더라도!) 대변하지는 못하지만, 나는 존 스토트와 내가 리먼의 생각 이상으로 리먼의 입장에 가깝다고 여겨진다. 리먼의 글에는 동의할 만한 내용이 많다. 그가 정의하는 '좁은 관점'의 사명과 '넓은 관점'의 사명에 따른 과제들이 교회의 사명에 대한 자신의 모든 이해에 다 **포함된다**고 주장하는 방식이 특히 그렇다. 리먼은 좁은 관점의 사명과 넓은 관점의 사명을 구별하는 것이 중요하다고 여기는 한편, 주로 말씀에 기반을 둔 복음 전도와 가르침 사역만이 교회의 사명에 정당하게 포함될 수 있다고 범위를 **한정하지** 않는다. 그런 면에서 리먼의 입장은 케빈 드영과 그렉 길버트의 입장과 다르다. 이 두 사람은 사명의 개념을 복음 전도와 가르침 사역으로 한정하려고 하는데, 이 두 가지가 하나님이 교회를 교회로서 세상에 보내서 하게 하신 모든 일이라고 보기 때문이다. 선행은 세상에서 그리스도에게 순종하는 그리스도인 개개인의 책임이자 의무임이 확실하지만 교회의 사명에는 포함되지 않는다고 이들은 단언한다.

리먼은 드영과 길버트와 마찬가지로 회집한 공동체로서의 교회와 세상에서 살아가는 개별 그리스도인을 구별한다. 하지만 리먼은 ('좁다', '넓다'는 말로 표현하는) 교회의 삶의 두 가지 차원을 **모두** 교회의 사명에 포함한다. 전체 교회로서의 우리의 사명은 제자 **되기**(넓은 관점의 정의)요, 제자 **삼기**(좁은 관점의 정의)라는 것이다. 이 미묘한 차이가 드영과 그렉의 입장보다 나아 보이는데, 이들은 대위임령이 전도와 제자 삼기라는 과제를 통해 복음 전도와 가르침만 명령한다고 주장한다. "내가 너희에게 분부한 모든 것을 가르쳐 지키게" 하는 것이 대위임령에 포함된다는 점에 비춰볼 때 나는 이것이 다소 비논리적인 견해라고 생각한다. 타인에게 복음을 전하고 제자로 삼는 이들은 먼저 그 자신이 예수님의 명령에 순종하여, 자신이 가르치는 내용의 모범이 되어야 한다. 대위임령은 말씀 선포와 가르침뿐만 아니라 그리스도의 명령에 대한 순종도 포괄하고 암시한다. 그것이 바로 존 스토트가 1975년에 다음과 같이 말할 수 있었던 이유다.

이는 대위임령에 예수께서 전에 명하신 모든 것을 세례받은 제자들에게 가르칠 의무(마 28:20)만 포함된다는 말이 아니다. 예수께서 명령하신 일 중에는 사회적 책무도 있다. 대위임령의 결과뿐만 아니라 실제 대위임령 자체도 복음을 전할 책임과 함께 사회적 책임도 포함하는 것으로 이해해야 한다는 사실을 이제 나는 더 확실히 깨닫는다. 우리가 예수님의 말씀을 왜곡하는 죄를 짓지 않으려면 말이다.[1]

---

1   John Stott, *Christian Mission in the Modern World*, Christopher J. H. Wright와 함께한 개정증보판 (Downers Grove, IL: InterVarsity Press, 2015), pp. 22-23. Stott는 pp. 23-33에서 이

리먼이 사용한 유익한 표현을 빌려 말하자면, 제자 **되기**와 제자 **삼기**를 우리의 전체 사명에서 빠져서는 안 되는 부분으로서 유지해야 한다. 리먼의 주장처럼 서로 '별개로 유지'할 필요가 있기는 해도 말이다.

둘째, 나는 리먼의 강력한 교회론을 높이 평가한다(복음주의의 선교 사상과 실천에는 교회론이 결여되는 경우가 종종 있다). 어떤 면에서 이는 피터 라잇하르트의 글에서 비슷하게 강조하는 내용을 반영한다. 그리스도의 교회가 지니는 바른 권위와 기능을 교회 고유의 질서와 역할, 그리고 세상과의 관계에 비추어 이렇게 일깨워 주는 목소리가 필요하다.

분명 공동체로서의 교회와 다양한 소명에 따라 세상에 흩어져 있는 회원들로서의 교회 사이에는 아주 뚜렷한 차이가 존재한다. 하지만 리먼이 그 차이를 너무 과하게 해석해서, 성경적으로 지지하기 힘든 이분법을 만들어 내는 것은 아닌가 하는 생각이 든다. 나는 아내를 사랑하라는 명령을 받지만 공동체로서의 교회는 그런 명령을 받지 않는다고 지적하기 쉽다. 하지만 성경은 공동체로서의 교회를 남편들의 아내 사랑(등의 행동)이 **특징인 공동체**로 그린다고 말하는 것이 더 적절하지 않을까? 그래서 (다른 무엇보다도) 아내를 사랑하라는 명령에 순종하는 것이 바로 내가 개인적으로 세상에서 복음을 위해 '부르심'을 받은 그 공동체에 속해 있다는 사실에 걸맞게 '행하는' 방식이라고 말이다. (그 영역을 비롯해 다른 영역의 개인적 순종 면에서) 나의 윤리적

러한 확신을 설명하고 예증하며, 나는 이 주장이 최근 수십 년 간 복음주의 선교학자들 사이에서 어떻게 전개되어 왔는지 pp. 41-54에서 논평했다.

처신은 하나님이 교회로 창조하신 새 사람이 '되는' 데도 필요하고, 거기서 흘러나오는 사명에도 반드시 필요하다. 나는 교회의 공동 사명이 요구하는 삶의 특질에 동참한다고 생각하면서 그 명령들에 개인적으로 순종한다.

내가 생각하기에, **예배를 위해 모이는 교회**와 **세상에 흩어진 교회**의 관계에 집중하는 것이 더 도움이 되지 않을까 한다. 바울 서신에는 바로 그런 대조점이 반영되어 있다. 고린도와 골로새 교회들에 보내는 편지, 디모데와 디도에게 보내는 편지에서 보면, 바울은 확실히 그리스도인들이 예배·찬양·기도·함께 식사하기·성찬 나누기·성경 읽기·덕을 세워 주는 예언의 말 받기·사도의 가르침·상호 훈계·실제적인 공유·재정상 기부를 위해 함께 모이는 것을 상상한다. 하지만 그렇게 함께 모여 살고, 사랑하고, 배우는 데서 나오는 직접적 결과는 가정과 사회라는 더 넓은 공동체에서 변화된 삶을 사는 것이다. 그것이 확실히 골로새서의 흐름이다. 바울은 처음에 골로새 교인들이 "하나님의 뜻을 아는 것으로" 성장하기를, 그리하여 "주께 합당하게 **행하여** 범사에 기쁘시게 하고 모든 **선한 일**에 **열매를** 맺게 하시[기를]" 기도한다(골 1:9-10). 이어서 바울은 교회가 모여서 하는 일을 따뜻하게 묘사한 뒤(골 3:15-17), 곧 아내와 남편, 자녀와 부모, 종과 주인에게 각각 가르침을 주기 시작한다. 특히 종과 주인은 '세상에 흩어져 있는 교회'를 가리키는데, 여기서 종은 비그리스도인 주인에게 속한 종일 것이기 때문이다. 하지만 바울은 이교도의 일터 바로 그곳에서 이들이 '주께 하듯' 일하고 있으며 "너희는 주 그리스도를 섬기[고 있다]"고 말한다. 그렇다면 이는 세상에서의 사명 아닌가? 이는 예배를 위해 모인 교회 내부에서의 삶으로 가르침을 받고 자양분을 공급받은 사명 아닌가?

그래서 이는 '교회에서'(in church) 일어나는 일, 특히 목사-교사의 사역을 통해 진행되는 일에 선교적 차원이 있음을 분명히 보여 준다. 에베소서 4:11-13에 따르면, 목사-교사의 사역은 성도가 **자기 나름의** '봉사의 일'을 할 수 있도록 온전하게 해 주는 것인데, 나는 이것이 교회 안에서의 섬김뿐 아니라 세상에서 행하는 갖가지 형태의 '디아코니아'(*diakonia*)도 의미한다고 생각한다. 선교의 최전선에 있는 이들은 바로 세상 속 성도이며, 이 도전적인 책무를 위해 성도를 온전하게 해 주는 것이 회집한 교회와 목회자들의 한 가지 역할이다. 중요한 것은, 교회 안에서의 섬김과 성숙에 관한 바울의 가르침이 '새 사람'의 삶을 구현하는 실제적인 선교 윤리로 이어진다는 것이다.

이런 식으로, 회집한 교회의 **삶과** 세상에서 신자들이 살아 내는 삶에는 **모두** 선교적 차원이 있다. 회집한 교회는 세상에서 신자들이 그 역할을 하도록 온전하게 해 준다. 바울은 이 두 차원이 어우러지는 것에서 교회 전체가 그리스도 안에 있는 새 사람으로서 "하늘에 있는 통치자들과 권세들에게 하나님의 각종 지혜를"(엡 3:10) 선포하는 모습을 본다. 교회는 그리스도를 통한 하나님의 승리를 보여 주는 우주적 전시장이며, 회집했든 흩어졌든 그 사명의 모든 차원과 의도는 그 목적에 이바지해야 한다.

셋째, 이 세상에서 하나님 백성의 삶과 사역에 왕의 차원과 제사장의 차원이 있다는 리먼의 유익한 논의에 감사를 표한다. 이는 대다수 선교론에서 상당히 간과되는 신학적 개념인데, 이 개념과 연관된 풍성한 성경적 진리가 있다. 리먼이 6막으로 구성된 위대한 성경 드라마를 통해 이 두 가지 주제를 추적해 가는 방식도 매우 고무적이다. 리먼이 '대위임령' 같은 제목이 붙는 유명한 본문 한두 구절이 아니라 성경 전체에서 선교적 신학(missional theology)을 도출해 내는 자세는 나만큼이나 단호하다. 또 세상에서 우리가 일상의 수많은 영역에서 창조 세계에 관여하여, 왕의 역할, 즉 하나님이 권한을 주신 '형상 회복'(image-recovery)이라는 선교적 역할을 한다고 힘차게 단언하는 모습을 보니 아주 만족스럽다. 이는 존 스토트의 강조점이기도 했으나, 슬프게도 복음주의 진영의 많은 이가 이 부분에 대해 귀를 닫았다. 리먼이 이 점을 강조하는 것은 아주 환영할 만하다.

하지만, 리먼이 제사장의 역할을 주로 조직화된 공동체로서의 교회에 부여하고 왕의 역할은 세상에 나가 있는 회원들로서의 교회에 부여한 것은 너무 멀리 나간 것이 아닌가 하는 생각이 다시 한번 든다. 리먼 자신도 이렇게 역할을 선명하게 나누기를 약간 불편해한다. 교회 회원들이 공적 영역에서 왕의 역할을 이행하는 과정에서 그리스도를 증언하면서 제사장의 역할도 하기 때문이다. (리먼은 적시하지 않았지만) 나는 조직화된 공동체로서의 교회는 공적 영역에서 일치된 목소리로 행동하거나 말할 때 확실히 '왕의' 역할을 할 수 있다고 덧붙이겠다(혹은 '선지자의' 역할을 한다고 함으로써 삼중직을 완성할 수도 있겠다). 교회가 (단일한 지역교회로서든, 한 국가나 세계 교회로서든) 불의를 폭로하거나, 인간이 저지르는 악의 피해자(이를테면 전쟁 난민)를 돕거나, 창조 질서가 어지러워지는 것에 대응하는 행동을 취하는 것이 성경적으로 정당화될 때가 있지 않은가? 이는 복음 선포와 제자 삼기를 **대신하는** 일이 아니라, 행동으로 말을 입증함으로써 그 핵심 과제에 통합되는 일이다. 그런 의미에서, 이른바 총체적 선교(holistic mission)는 전체 교회를 위한 일이다. 즉, "공동으로도 하고 따로따로 하기도 하며", 집단으로서도 하고 개인으로서도 하는 일인 것이다.[2]

다시 말하지만, 나는 신약에서 리먼이 옹호하는 뚜렷한 구별을 찾기가 어렵다. 그보다, 하나님 백성의 왕과 제사장 역할을 둘 다 가장 강조하여 말하는 본문인 베드로전서 2:9-12에서는 이 두 역할이 결합된 것으로 보인다. 이 단락에 등장하는 'you'는 모두 복수인 '너희'이다. 베드로는 (출 19:4-6에 나온) 구약 이스라엘의 정체성을, 그리스도 안에서 출애굽 체험을 한 모든 사람에게 부여한다. 물론 이는 공동체적 정체성이지만, 이 정체성은 우리 구속주 하나님을 찬양하는 말을 선포하고 **또한** 세상의 '이방인 중에서' 우리의 증언을 듣고 사람들이 하나님에게 영광을 돌릴 만큼 선한 삶을 살아야 한다는 이 한 쌍의 과제로 이어진다. 그리고 곧이어 베드로는 바울과 마찬가지로 공적 영역과 가정 영역에서의 삶을 위한 중요한 가르침을 제시한다(2:13-3:7).

---

[2] 그런 통합된 선교 활동의 다양한 사례를 빼놓고는 이를 설명하기가 불가능할 것이다. 예를 들어, 레바논에서는 (집단으로서) 지역교회들과 (개인으로서) 많은 신자가 식량과 의류, 그 외 각종 원조 활동으로 무슬림 시리아 난민들에게 자비와 사랑의 '선행'을 펼친다고만 말해 두겠다. 수많은 무슬림 시리아 난민이 그런 교회들에 출석하여 난생처음으로 복음을 들으며, 그중에 많은 이가 믿음을 갖기에 이른다. 뉴비긴의 표현을 빌리자면, 이 교회들 자체가 '복음의 해석'이 되어, 자신들이 나누는 좋은 소식을 말과 행동으로 구체화한다. 드영과 길버트의 주장에 따르면, 이 교회들의 처음 행동은 선교가 아니다. 두 번째 행동만 선교다. 그러나 리먼의 견해에 따르면, 첫 번째 행동은 '넓은 관점의 선교'이고, 두 번째 행동은 '좁은 관점의 선교'다. 내가 생각하기에, 한 마디로 이들의 활동 전체와 그 영향이 다 통합적이고 효과적인 '선교'다. 리먼은 여러 나라에서 펼쳐진 개신교의 회심 중심 선교 활동이 그 나라 문화에 여러 가지 긍정적인 사회 이익으로 이어졌다고 언급한다. 그 선교사들이 회심을 위한 설교에 매진했을 뿐 아니라 교육과 의료 활동을 주도면밀하게 펼치고 부패와 사회악에 맞서는 일에 다양하고 엄청나게 노력했음을 보여 주는 증거도 있다. 이들은 여러 활동이 결합된 이러한 노력을 제사장과 왕의 일로 생각하지 않았을 테지만, 리먼의 정의에 따르면 이들은 분명 그 두 가지 일을 했다.

'공동체적이고 개별적인' 정체성과 책무가 이 구절에서 완전히 통합되는 것 같다.

넷째, 나는 신약이 그리는 하나님 나라의 '이미, 그러나 아직'이라는 본질이 혼란스럽게 무너져서 (리먼의 표현을 빌리자면) "지금은 일부…나중에 더 많이"라는 복음의 약속으로 전락하지 않을까 염려된다. 새 창조에서 궁극적으로 우리에게만 해당되는 것을 **현재** 신자들에게 전부 약속할 수 없다는 데는 동의한다(오래된 자유주의적 '사회복음'뿐 아니라 여러 가지 형태의 번영복음의 가르침이 지닌 주된 신학적 약점).[3] 우리가 세상을 구속하거나 변혁할 수 없다는 점에도 동의한다. 그것은 하나님이 이루실 일이지 우리가 할 일이 아니다. 그렇지만, 세상에서 우리가 행하는 '왕의' 사명이 여전히 부분적이고 임시적이라 해도, 그 사명이 (전도서의 의미에서) "여전히 헛되다"는 리먼의 비관론은 받아들일 수 없다. 바울은 그리스도의 부활 덕분에 우리 수고가 헛되지 않다고 분명히 말하고 있으니 말이다(고전 15:58).

"우리가 하는 모든 일, 정치, 예술, 연애, 엔지니어링 기획 등이 시시포스의 바위처럼 여전히 헛수고"라고 리먼은 말한다. "꼭대기로 바위를 밀어 올리면 곧 굴러떨어지기를 반복한다. 예수께서는 정말 이곳을 책임지고 계시는가? 내 눈에는 그분이 보이지 않는다." 나는 이 말에 동의할 수 없다. 부활과 새 창조의 복음은 모든 것이 궁극적으로 헛되다는 그 그리스 신화를 정확히 전복한다. 지금 우리가 하는 모든

---

[3] 나는 이 점에 관해 *Salvation Belongs to Our God: Celebrating the Bible's Central Story* (Downers Grove, IL: InterVarsity Press, 2008), ch. 6, "Salvation and the Sovereignty of God" 에서 이야기했다.

일이 **부분적**이요 세상의 죄 및 타락상과 뒤섞여 있다는 말은 이 일이 '여전히 헛되다'는 뜻이 아니다. 그보다 우리는 이 세상에 **이미** 임재하는 하나님 나라의 **현실**을 분별하고 거기 참여한다. 비록 예수께서 말씀하신 누룩과 겨자씨처럼, 감춰져 있고 보잘것없으며 아직 완전히 드러나지 않았을지라도 말이다. 죄를 깨끗게 하고 구속하시는 능력을 통해 하나님만 이루실 수 있는 방식으로, 우리의 일은 하나님이 다스리시고 우리도 하나님과 함께 다스리는 새 창조에 기여할 것이다.

"예수께서는 정말 이곳을 책임지고 계시는가?"라는 질문에는 요한계시록 4-7장에 기록된 요한의 말, 에베소서 1:20-21에서 바울이 한 말['이 세상'(in the present age)이라는 말에 주목할 것], 그리고 대위임령 서두에서 예수께서 친히 "확실히 그러하다!"(Assuredly Yes!)라고 하신 말씀으로 답변해야 한다. 그리스도는 (미래뿐 아니라 지금) "땅의 임금들의 머리"(계 1:5)이시다. 우리는 육신의 눈으로는 '그분을 보지' 못하지만, 성경적 신앙의 핵심은 타락하고 저주받은 세상의 현실 한가운데서 '이미 여기' 임한 하나님의 통치를 확언하고 '믿음의 눈으로 보는' 것이고 '먼저 하나님의 나라와 그의 의/공의를 구할' 때 사명을 이루기 위한 우리의 노력을 그러한 분별력과 일치시키는 것임이 분명하다. 그러므로 우리가 이행하는 '왕의' 사명이 부분적이고 모호하고 취약하다고 해서 그것이 이 사명을 부차적인 것으로 여기고 심지어 다소 '헛된' 상태에 있다고 격하할 만한 이유는 못 된다.

다섯째, 복음 전도의 긴급성에 관한 리먼의 말에 박수를 보낸다. 이 부분에는 이의를 제기할 만한 점이 전혀 없다는 것이 내 입장이다 (내 글이 복음의 중심성을 논하는 데 몰두한다는 사실에서 분명히 알 수 있다시피). 다만 이 긴급성은 하나님의 진노와 영원한 멸망이라는 현실(살후 1:8-9) 때문만 아니라(참으로 그렇기는 해도), 복음 전도가 현재와 미래에 하나님이 행하시고 약속하시는 모든 일에 대한 **좋은** 소식을 말해 주기 때문이라고 덧붙이고 싶다. 우리는 우리 죄의 결과**로부터** 구원받을 뿐만 아니라, 이 세상과 새 창조 세계에서 왕과 제사장으로서 섬기는 영광스러운 임무를 **위해서도** 구원받는다.

마지막으로, 짤막한 주의사항이 한 가지 있다. 역사를 개관하면서 리먼은 "이스라엘 민족의 실패 후 예수께서는 '그 나라의 본 자손들'(마 8:12; 참조. 3:9)인 이들을 내쫓으시고 다른 무리를 이 이름으로 부르셨다"고 말한다. 이 말은 단순한 대체주의(supersessionism)나 '대체신학'(replacement theology), 즉 하나님이 단순히 유대인을 교회로 대체하셨다는 피상적인 견해로 들릴 수 있다. 성취와 관련된 성경의 용어를 좀 더 신중하게 표현하자면, 하나님이 이스라엘을 확장하여 (늘 약속하시고 뜻하셨던 대로) 이방인을 포함시키셨고, 그래서 비록 믿지 않는 '가지' 몇 개가 잘려 나갈지라도 '모든 이스라엘'을 위한 하나님의 깰 수 없는 약속과 부르심은 여전하다는 것이다. 여기서 다루기에는 너무 복잡하지만, 이는 신중하게 표현할 필요가 있는 쟁점이다.

조녀선 리먼에 대한 논평 존 프랭키

조녀선 리먼의 글은 조직화된 공동체로서의 교회가 행하는 제자 **삼기**라는 좁은 관점의 사명과 회원으로서의 교회가 행하는 제자 **되기**라는 넓은 관점의 사명을 구별하는 것으로 정리된다. 좁은 관점의 사명은 교회의 제사장적 기능과 연결되는 반면 넓은 관점의 사명은 왕의 기능과 연결된다. 리먼은 교회의 사명에 있는 이 두 측면, 즉 제사장의 측면과 왕의 측면이 절대 완전히 분리될 수 없다는 점을 분명히 한다. 모든 그리스도인은 제사장-왕으로서 이 두 종류의 일에 관여하라고 부름을 받는다는 것이다.

리먼이 교회의 사명의 틀을 이렇게 짠 것에 관해 내가 높이 사는 점은, 교회의 사명에 대한 이 두 가지 접근법이 빈번히 상충한다고 보고 이를 너그럽게 통합하려 한다는 것이다. 리먼은 "나의 목회와 내가 운영하는 프로그램이 좁은 관점의 선교 진영에 공감"하므로 자신을 이 책 필자 중에 '근본주의자'로 분류하는 게 맞다고 말하지만, 그럼에도 교회의 사명에 대한 좁은 관점의 요소와 넓은 관점의 요소 두 가지를 모두 긍정해야 한다고 주장하며, 양쪽 모두의 장점을 인정한다. 이는 신학적이고 교회론적인 차이를 논할 때 환영할 만한 접근

태도다.

이렇게 말은 했지만, 나는 교회의 사명을 리먼이 제안하는 식으로 나누어야 한다고 생각하지는 않는다. 제자 삼기와 제자 되기가 교회의 사명에서 기본적인 부분이라는 데에는 동의하지만, 이것을 사명의 '좁은' 측면과 '넓은' 측면이라고 꼭 집어 말하는 것은 문제가 있다. 내 관점에서 볼 때 이 둘은 떼려야 뗄 수 없이 연결되어 있고, 분리되어서도 안 된다. 한 가지 의미에서 리먼은 이에 반대하지 않는다. 리먼은 교회의 사명에서 이 두 가지가 모두 기능해야 하고 마땅히 구별되어야 한다는 점을 분명히 한다. 하지만 리먼의 글을 읽어가다 보니 그는 좁은 관점의 교회의 사명이라고 이름 붙인 것이 넓은 관점의 교회의 사명보다 우선하며 이는 구속 역사상의 '종말론적 주름'에 대한 자신의 이해로 볼 때 이 좁은 관점의 사명이 더 긴급하기 때문이라는 점 또한 분명히 한다. 리먼은 성경에 기록된 '왕' 이야기와 '제사장' 이야기를 전개하면서 그리스도의 제사장 사역이 "특히 전면에 부각된다"는 점을 분명히 함으로써 이 원리를 일관성 있게 진술한다. 왜냐하면 "성령 충만한 눈"이 있는 사람들만 예수님을 왕으로 알아볼 수 있었던 반면, 예수께서 제사장으로 하신 희생 사역은 거듭났든 거듭나지 않았든 모든 사람이 볼 수 있었기 때문이다.

두 가지 서사와 종말론적 주름을 바탕으로 리먼은 가장 긴박하고 시급한 일은 '죄가 낳은 법적·영적·관계상 결과'에 관한 일이며 이것이 죄의 "육체적·심리적·직업상 결과 및, 다른 물질적 결과보다 더 절박하고 심각하다"고 결론 내린다. 좁은 관점의 교회의 사명이 더 긴급하다고 단정하면, 죄의 '영적'이고 '영원한' 결과가 '육체적'이고 '현세적인' 결과보다 더 먼저 해결해야 할 문제가 된다.

교회 전통에서는 이런 식의 접근법이 일반적이지만, 그러면 성경의 증언에 충실하지 못하다는 어려움을 겪게 된다. 성경이 죄의 영적인 결과를 다루고 있는 것은 확실하지만, 죄의 물질적이고 현세적인 결과보다 우선하지는 않는다. 사실 성경의 기록들은 죄 및 하나님의 길에 대한 불성실이 영원한 미래에 낳는 결과보다는 현재 세상의 삶에 끼치는 당면한 결과에 훨씬 더 초점을 맞춘다. 성경을 대강만 읽어 봐도 이를 확인할 수 있을 것이다. 이는 영적인 일에 대한 관심이 성경에 부재한다는 말이 아니라, 성경 본문에서 영적인 관심이 현세의 관심사보다 우선하지 않는다는 뜻이다.

이제 리먼도 이 점에 의견을 달리하지 않으리라고 생각한다. 리먼은 확실히 성경을 잘 알고 있다. 그래서 성경에는 현재의 현실적인 문제와 관련된 내용이 우위를 차지한다는 것을 인정하리라고 생각한다. 상황이 그런데, 왜 죄의 영적 영향이 더 긴급성이 있다고 보는가? 내가 보기에 그 이유는 리먼이 성경을 엄밀히 적용하기보다는 특정한 방식의 논리적이고 체계적인 본문 읽기를 적용하기 때문인 것 같다. 다양한 본문에 대한 가상의 논리적 추론을 바탕으로 조직신학에 접근하는 특정한 방식이 전개되고, 이어서 이 기본적 접근법이 성경을 해석하는 옳은 방식으로 본문에 적용되는 것이다.

내 관점에서 볼 때, 교회의 사명에 대한 리먼의 이해에서 바로 이런 일이 벌어지고 있다. 리먼은 죄의 영적이고 영원한 결과를 육체적이고 현세적인 결과보다 우선시하여 이 둘을 구별하려 하지만, 성경 본문에서 그런 구별을 직접적으로 찾아볼 수 없음에도 죄의 영적이고 영원한 결과가 교회의 사명에서 '더 시급한' 문제라고 주장한다. 하지만 이는 심히 잘못된 접근법으로서, 그리스도인 공동체가 이웃의 종교적 신념과 상관없이 이웃에게 복음의 좋은 소식이 되어야 할 소명을 온전히 포용하기는커녕 오히려 그 소명에서 더 멀어지게 만든다. 나는 리먼이 '넓은' 관점의 교회의 사명이라고 부르는 것을 포용하는 자세를 높이 사기는 하지만, 그런 만큼 그가 좁은 관점의 사명을 우선시하느라 더 넓은 범위의 사명 실천을 온당치 않게 제한하는 것은 아닐까 염려스럽다.

물론 나는 교회의 사명에 대한 리먼의 접근 방식과 이를 표현하기 위해 그가 사용하는 조직신학적 수단이 교회 안에, 특히 복음주의 교회 공동체 안에 잘 확립되어 있다는 것을 알고 있다. 하지만 나는 이런 사고 방식에 깊은 불만을 품게 되었는데, 특히 조직신학을 두드러지게 중시하는 것 같다는 점, 그리고 조직신학의 상황적이고 잠정적인 성격을 솔직하게 인정하지 않는다는 점에서 그렇다. 본문을 읽는 이런 방식에 관해 성경학자들이 신학적이고 이념적인 스펙트럼을 넘나들며 비판하는 것을 많이 찾아볼 수 있다. 게다가 제3세계 학자 대다수는 본문 읽기와 신학하기에 관한 자신들의 문화적 직관과 잘 맞지 않는다는 이유로 조직신학이라는 분야를 종종 거부한다. 이들이 보기에 조직신학은 자신들의 정황과 특정한 사고 방식에 맞지 않는 특정한 관점과 성경 읽기 체계를 강요하려는 서구 신학의 패권적 식민주의의 한 형태다. 한 복음주의 아프리카인 신학자가 한번은 내게 이런 말을 했다. "우리(아프리카 그리스도인)는 서구의 조직신학과 교리 진술로 우리의 작업을 하고 싶지 않고 그럴 필요도 없습니다. 정경과 우리 민족의 전통만으로 충분합니다." 성경이 성경 되게 하고, 성경의 명백한 다원성을 인정하고, 신학을 강요하려는 충동에 저항하고, 온 교회를 진리로 인도하시는 성령을 신뢰하라.

성경을 읽을 때 신학이 이런 역할을 이행하도록 하는 게 어려운 이유는, 간단히 말해 신학은 보편적 용어가 아니기 때문이다. 신학은 특정 사람들, 특정 공동체의 목표, 바람, 믿음을 반영하는 위치에 있는 용어다. 어떤 신학 진술도 모두를 대변할 수 없다. 역사 전체에 걸쳐 특정 신학이 모든 사람을 위한 보편적 신학이라고 결론 내리면, 타인의 수치와 고통에 대한 무관심과 불공정이라는 결과를 낳는다. 나는 교회의 사명에 충실한 신학을 실천하려면 보편적이고 시대를 초월한 신학이라는 허상을 포기할 것이 우리에게 요구된다고 믿는다. 그렇게 하기를 꺼리면, 우리는 종교와 신학을 가장한 여러 형태의 문화적·민족적·인종적 제국주의를 증식시키고 이런 유형의 제국주의를 신적인 것과 연결하게 된다. 일단 이 연결이 형성되면, 그 결과는 재앙이다. 확실히 하기 위해 말하자면, 나는 리먼이 이런 결과를 의도한다는 말을 하는 게 아니다. 나는 그가 이것을 의도한다고는 생각하지 않는다. 하지만 리먼의 의도가 정반대임에도 불구하고 그의 신학적 접근 방식은 이 방향으로 귀결될 것이다.

물론 이 모든 말을 하면서도 나는 리먼과 나 사이에 두어 가지 중요한 신학적 의견차 덕분에 지금 이 책에서 논의 중인 쟁점에 관해 더 유연하고 열린 자세를 가질 수 있을 것 같다는 점을 인정하지 않을 수 없다. 리먼은 교회의 사명에 관해 요즘 나오는 많은 책에 "지옥에 대한 언급이 거의 없다"는 점에 주목한다. 리먼은 교회의 사명에 관한 논의에서 지옥이 어디로 사라졌는지 궁금하다고 하면서 이렇게 묻는다. "지옥은 실재하는가? 지옥은 영원한가? 어떤 사람이 지옥에 가는가?" 나는 이것이 교회의 사명을 논할 때 당연히 있어야 할 중요한 질문이라는 점에 동의하며, 이에 대해 솔직한 답변을 제공할 수 있어서 기쁘다.

나는 지옥이 실재하며 지옥이 낳는 결과는 영원하다고 믿는다. 하지만 자각할 수 있는 영원한 형벌 개념은 믿지 않는다. 나는 조건부 불멸설 혹은 영혼멸절설 입장을 지지한다. 세상 끝날에 모든 사람이 하나님의 심판에 직면할 것이며, 하나님은 바로잡을 수 없을 만큼 행실이 악한 사람들을 멸하실 것이다. 이들은 더는 존재하지 못할 것이다. 내가 이렇게 믿게 된 것은 성경을 연구한 결과이기도 하고, 필립 휴즈,[1] 존 스토트,[2] 클라크 피녹,[3] 에드워드 퍼지[4] 같은 복음주의 지도자들의 주장 때문이기도 하다. 성경의 권위에 헌신하며 영혼멸절설이 성경 본문에 대한 가장 탁월한 이해를 나타낸다고 믿는 수많은 사람이 이 입장을 견지한다. 따라서 지옥의 결과는 완전히 영원하고, 언제까지나 지속되고 돌이킬 수 없다. 하지만, 지속적이고 끝이 없는 형벌이나 고통이 수반되지는 않는다. 영혼에 내재된 불멸성이라는 헬레니즘의 가설을 배제하고서, 부정적인 신적 심판의 결과를 다루는 신

---

[1] Philip Edgcumbe Hughes, *The True Image: Christ as the Origin and Destiny of Man* (Grand Rapids: Eerdmans, 1989).

[2] David L. Edwards and John Stott, *Evangelical Essentials: A Liberal Evangelical Dialogue* (Downers Grove, IL: InterVarsity Press, 1989).

[3] Clark H. Pinnock, "The Conditional View" in William Crocket, ed. *Four Views on Hell* (Grand Rapids: Zondervan, 1997), pp. 135-166.

[4] Edward William Fudge, *The Fire that Consumes: A Biblical and Historical Study of the Doctrine of Final Punishment*, 3rd ed. (Eugene, OR: Wipf & Stock, 2011).

약 본문을 읽으면, 영혼멸절설 입장이 가장 자연스러운 결론으로 여겨진다.

"어떤 사람이 지옥에 가는가?"라는 리먼의 질문에는 이미 답변했다. 지옥은 바로잡을 수 없을 만큼 악한 사람들, 창조 세계를 위한 하나님의 뜻을 대적하겠다는 결단을 회개하지 않는 사람들을 위해 존재한다. 그렇게 말하면 사람들은 종종 또 묻는다. 바로잡을 수 없을 만큼 악한 사람은 어떤 사람인가? 그리고 특히 이는 일반적으로 그리스도인이 아닌 사람들과 특별히 다른 종교를 가진 사람들에 관한 질문으로 이어진다. 이 점에 관한 내 견해는 레슬리 뉴비긴의 입장을 따르는데, 그는 다음과 같은 노선에 따라 자신의 입장을 명확히 밝혔다. 즉, 예수 그리스도 안에 있는 계시의 유일무이한 진리를 단언한다는 의미에서 배타적이지만, 기독교 신앙 밖에 있는 사람들의 구원 가능성을 부인한다는 의미는 아니다. 하나님의 구원의 은혜를 그리스도인들에게만 한정하기를 거부한다는 의미에서 포용적이지만, 다른 종교에도 구원이 있는 것으로 본다는 의미는 아니다. 하나님의 은혜로운 역사가 모든 인간의 삶 가운데 있다고 시인한다는 의미에서 다원주의이지만, 하나님이 예수 그리스도 안에서 하신 일의 독특하고 결정적인 성격을 부인한다는 의미는 아니다.[5]

하나님 나라의 도래는 모든 사람, 심지어 이를 믿지 않는 사람들에게까지도 좋은 소식이다. 교회의 사명은 하나님의 사랑으로 삶으로써, 그리고 온 창조 세계를 향한 하나님의 뜻에 대한 잠정적 표지와 도구

---

[5] Lesslie Newbigin, *The Gospel in a Pluralist Society* (Grand Rapids: Eerdmans, 1989), pp. 182-183. 『다원주의 사회에서의 복음』(IVP).

와 전조로서의 복음이 됨으로써 이 나라를 증언하는 것이다. '넓은 관점의' 교회의 사명을 단언하려는 리먼의 의지와 바람은 높이 평가하지만, '좁은 관점의' 사명에 대한 해석, 그리고 이 사명을 더 '절박하고 심각하다'고 여겨 우선시하는 태도 때문에 교회가 전체적으로 무엇이 되어야 하고 어떤 일을 해야 하는지, 그 부르심의 본질과 완전함이 훼손될까 염려된다.

조너선 리먼에 대한 논평 피터 라잇하르트

조너선 리먼은 자신이 '좁은 관점의' 사명 이해를 대변하라고 이 책 기고자로 초대되었다고 생각한다. 리먼 자신이 말하다시피, 그것은 리먼의 견해를 정확히 특징짓는 말이 아닐 것이다. 그보다, 앞서 많은 사람처럼 리먼도 교회의 사명을 이중의 틀로 파악한다. 하나는 좁은 관점이라는 틀이고 하나는 넓은 관점이라는 틀이다. 좁은 관점의 사명은 '제자 삼기'라는 '제사장의' 일이고, 넓은 관점의 사명은 세상에서 '제자 되기'라는 '왕의' 일이다. 그리스도인은 왕으로서 흩어지기 위해 제사장으로서 모인다. 리먼은 이를 다음과 같이 표현한다.

넓은 관점에서 그리스도께서는 회원들로서의 교회에게 왕의 권한을 주셔서, 모여 있든 각자 흩어져 있든 하나님을 나타내는 아들이자 시민으로서 그리스도를 대표하게 하신다.…좁은 관점에서 하나님은 조직화된 공동체로서의 교회에게 독특한 제사장의 권한을 주셔서, 죄인을 공개적으로 세상에서 분리하여 이들에게 새 이름을 붙여 주고 가르침을 주어 하나님 및 하나님의 백성과 화해하게 하신다.

리먼은 부분적으로 이러한 구별의 뿌리를 '이미/그러나 아직'이라는 종말론 구도에 두고 있다. '종말론적 주름'이라고 표현된 이 구도에서, 새 창조 시대는 이미 임했으나 아직 완전히 성취되지는 않았다. 그 결과, 교회는 창세기 3장의 저주 아래 세상에서 사명을 이행하는데, 이 저주는 예수께서 다시 오실 때까지 제거되지 않는다. 이 종말론 구도는 제사장-왕 구별을 강조한다. 예수님의 첫 번째 사역은 제사장 사역으로, 십자가에서 희생 제물이 되신 일에서 절정을 이루고, '인간이 당면한 가장 긴박한 문제'를 다룬다. 하지만 예수께서는 최종적으로 오실 때까지는 '칼을 휘두르고 저주를 없애는 왕'으로 모습을 드러내지 않으실 것이다. 예수께서 먼저는 제사장이고 그다음으로 왕이라는 것은 "죄가 낳은 법적·영적·관계상 결과가 죄의 육체적·실리적·직업상 결과 및, 다른 물질적 결과보다 더 절박하고 훨씬 더 심각하다"는 점을 암시한다. 초림과 재림 사이 중간 시기에 예수께서는 회집한 사람들로서 교회를 부르셔서, 구원을 이루는 자신의 죽음을 선포하고 적용하는 제사장의 일을 하게 하시고, 흩어진 교회에게는 세상에서 다스리는 왕의 일을 하게 하신다고 한다.

리먼은 이 구별이 여러 가지 이유에서 반드시 필요하다고 생각한다(그는 여덟 가지 이유를 열거하면서 자신의 글을 끝맺는다). 이 구별은 "목회적으로나 교회 프로그램 면에서 조직화된 공동체로서의 교회에게 있는 우선순위를 보호해" 주고, "저주가 제거되지 않은 그 무엇도 '변혁'하거나 '구속'할 수 없다"는 것을 인식하여 우리가 "종말론적으로 정직과 겸손을 유지"하게 해 준다고 한다.

어느 정도 일반적인 수준에서 볼 때, 리먼의 구별에는 이의를 제기할 만한 부분이 없다. 교회가 모였다가 흩어지는 수축기 리듬에 따라 살아가는 것은 사실이고, 이 두 가지가 동일하지 않다는 것도 사실이다. 제사장은 왕이 아니고, 왕은 제사장이 아니다. 그러나 구체적으로 들어가면, 제사장/왕, 모임/흩어짐이라는 구별이 흐트러지기 시작한다. 놀라운 일도 아니지만, 나는 리먼의 선교론은 예전과 성례라는 양념으로 맛을 돋울 필요가 있다는 주장을 펼칠 것이다. 그 결론에 이르는 과정에서, 리먼의 글에서 내가 보기에 약점으로 여겨지는 것 몇 가지를 강조하겠다.

리먼은 제사장과 왕이 활동과 영역 면에서 구별되는 것이 절대적이지는 않다는 것을 알고 있다. 리먼은 "지역교회 회원으로서 모든 그리스도인에게 있는(혹은 있어야 하는) 제사장 '소명' 혹은 '부르심'은 삶의 모든 면에서 예수님을 나타내는 왕의 일을 의무화하고 구체화한다"는 것을 알고 있으며, "회원들로서의 교회에 제사장적인 면모 또한 있다"고 시인한다. 하지만 리먼은 다른 방향에서 볼 때 이 구별에 허점이 있다는 것을, 즉 회집한 교회에 왕의 측면이 있다는 것을 명시적으로 말하지 않는다. 그의 침묵은 처음에는 당혹스럽고, 다음에는 불안하며, 그다음으로는 불완전한 예전 신학(liturgical theology)을 연상케 한다.

교회가 제사장의 공동체로서 예배를 위해 모이면 어떤 일이 일어나는가? 우리는 찬양의 제사를 드리고, 가르침을 받으며, 기도한다. **무엇을 위해 기도하는가?** 다른 무엇보다도 우리는 왕들을 비롯해 권세 있는 모든 사람을 위해 기도하고, 박해받는 형제자매를 그 상황에서 건져 주시기를 기도한다. 그리고 시편이 우리에게 지도하는 대로 기도

한다면, 하나님이 오만한 압제자의 이와 팔을 부러뜨려 주시기를 구한다. 우리는 아버지께서 자기 왕을 시온 위에 높여 주셔서 열방이 그 아들에게 입 맞출 만큼 지혜로워지기를 청한다. 달리 말해, 우리가 행하는 '제사장의' 일은 상당 부분 외부 세계 '왕들의' 행동에 영향을 끼치는 것을 목표로 한다. 제사장으로서 드리는 예배는 '왕의' 영역에까지 미치고, 우리가 왕으로서 하는 일의 열매는 제사장의 회집으로 흘러 들어간다. 대부분의 역사적인 예전에는 봉헌 순서가 있는데, 이는 교회 회원이 자기 재물을 하나님에게 드려서 교회의 다양한 사역에 분배될 수 있게 하는 것이다. 경제 생활은 교회 문 앞에서 멈추지 않으며, 정치 생활도 마찬가지다. 우리는 이 모든 것을 가지고 가서 주님 앞에 내려놓는다.

우리가 이것을 주님 앞에 내려놓는 것은, 그분이 **왕**이시기 때문이다. 우리는 제사장으로서 모이지만, 어전(御前) 회의를 구성하는 왕의 고문(顧問)들로서 왕 앞에 모인다. 고대 이스라엘에서 성전은 '헤이칼'(*beykal*), 즉 다윗 왕조가 경의를 표하는 높으신 왕의 '궁전'이었다. 성전의 가장 안쪽 방에는 언약궤, 곧 야웨께서 그룹의 날개 위편에 좌정하신 보좌가 있었다. 요한이 천상의 성전에 올라갈 때, 보좌는 전면 한가운데 있다(계 4장). 모여서 드리는 예배는 **정치** 행위, 왕 중의 왕을 인정하는 정치 행위다. 제사장으로서의 행동에 왕다움(kingliness)이 스민다. 바울의 말처럼 교회가 성전이라면, 이는 제사장으로서의 섬김이 왕이신 예수를 향하는 곳이다.

물론 제사장과 왕 사이에는 구별이 있었다. 향단에 향을 피우는 일은 제사장만의 특권인데, 웃시야왕은 이 특권을 탈취하려다가 나병

환자가 되었다(대하 26:16-20).[1] 하지만 구별은 협력과 상호 침투 안에도 존재했다. 리먼이 이 구별을 활용하는 것은 성경 본문에서 생겨 나오는 것이라기보다 교회와 문화의 관계를 좀 더 현대적으로 투사한 것으로 보인다. 한마디로, 리먼은 '목회자'란 '목자'를 뜻하고, 목자는 성경에서 주로 **왕의** 상징이라는 사실을 생각했어야 한다(예를 들어, 렘 23장; 겔 34장).

전통적이기는 하지만, 리먼이 그리스도의 강림과 그것이 저주에 끼치는 영향을 다루는 방식은 몇 가지 면에서 잘못되었다. 예수께서 제사장의 일을 하기 위해서 오셨지 왕의 일을 하려고 오신 것이 **아니라면**, 그분의 메시지가 왜 "회개하라, 하나님의 **나라가** 가까이 왔다"였는가? 시편 2편이 사도들의 설교에 그렇게 두드러지게 나오는 이유는 무엇인가? 시편 110편도 인용 빈도가 시편 2편 못지않은데, 이 시편은 제사장에 관한 시편이다. 하지만 시편 110편의 제사장은 제사장-왕인 멜기세덱, 즉 보좌에 앉은 제사장이다.

리먼은 틀림없이 이 모든 것을 다 인정할 것이다. 그는 예수께서 만물의 왕이시라는 데는 동의하지만, 추측건대 1세기 유대인들이 본 것은 왕이 아니라 제사장이며 칼을 휘두르는 왕의 행위를 본 게 아니라 자기를 희생 제물로 바치는 제사장의 행위를 보았다고 주장할 것이다.

---

1 리먼은 성경에서 제사장과 왕의 구별을 잘못 해석한다. 신약에서 '시민권'(citizenship)이라는 용어를 쓰는 것이 "왕과 관련된 일로 여겨질 수도 있지만", 리먼은 제사장이 거룩한 것과 거룩하지 않은 것, 정결한 것과 불결한 것을 구별함으로써 "고대 이스라엘에서 시민 자격을 판결"했다고 주장함으로써 이 구별을 유지한다. 그러나 사실은 그렇지 않다. 정결과 불결, 거룩한 것과 더러운 것은 시민 자격과는 아무 상관이 없고, 성소 접근권과만 관련 있다. 어떤 경우, 제사장이 사법 절차에 참여하기도 했지만, 왕과 장로들이 시민 자격 판결을 포함해 대부분의 사법 문제를 처리했다(그런 판결 문제가 존재했다면!).

하지만 리먼은 많은 이와 마찬가지로 희생의 단일한 차원에 초점을 맞춘다. 짐승들은 성전에서 그냥 죽임만 당하지 않았다. 짐승들은 야웨에게 올라갈 수 있는 연기로 변하기 위해 죽임을 당한 후 사지가 해체되었다. 노아는 홍수 후 '제사장의' 기능을 하여 희생제사를 바쳤지만 이 제사는 노아가 왕의 지위로 승격되었다는 표시였다. 그러므로 예수님의 희생제사도 대속적 죽음에 그치지 않고 부활과 승천에서 절정을 이룬다. 이는 요한복음에서 가장 뚜렷이 드러나는데, 여기서 예수께서는 십자가로 '들렸고', 예수님의 죽음은 아버지께로 돌아가는 길의 시작이었다. 십자가는 영광, **왕의** 영광의 현현이다. 리먼은 제사장의 희생제사와 왕의 다스림을 구별함으로써 현대의 범주를 또다시 복음에 투사하여 복음의 정치적 영향력을 무력화한다. 신(神)이신 왕께서 **왕으로서** 자기 백성을 위해 자기를 바친다면, 이때 왕권은 우리가 생각한 왕권이 아니다. 십자가를 제사장 직분에 한정하면, 짐승 같은 자와 폭군에게 통행권을 줄 위험이 있다. 물론 우리의 통치자들은 자기를 희생하지 않는다. 이들은 왕이지 제사장이 아니다.

제사장과 왕을 구별하는 것과 마찬가지로, 리먼의 종말론 구도도 어느 정도 일반적인 수준에서 작동한다. 우리가 시대와 시대 사이, 현재 세대라는 '시대'(*saeculum*)를 살고 있는 것은 확실하다. 하지만 리먼은 이미(already)의 영향력을 과소평가한다(아마 예수님의 초림에서 왕의 차원을 과소평가한 탓일 것이다). 물론 출산의 고통, 거친 토양, 가시와 엉겅퀴, 죽음은 여전히 우리와 함께 있다. 하지만, 어떤 의미로든 나라가 정말 이미 임했다면, 이는 저주의 다스림에 어떤 식으로든 영향을 미쳤어야 한다. 토양이 전과 다름없이 거친가? 우리는 원하는 사람에게는 출산의 고통을 줄여 줄 수 있는 방법을 개발하지 않았는가? 기본적인 면에서 저주는 이미 파기되었다. 리먼의 말처럼, 아담과 하와가 범죄한 후 "하나님은 이들을 자기 앞에서 쫓아내셨다." 그 추방은 몇 가지 조건과 함께 옛 언약 시대 내내 계속되었다. 십자가에서 예수께서는 성소와 지성소를 나누는 휘장을 찢으시고 하나님 앞으로 나아갈 길을 여심으로써 그 추방을 극복하셨다. 우리는 이제 더는 에덴 **밖에** 있지 않고, 안으로 초대받는다. 우리가 이렇게 알고 있는 것은 우리가 휘장 없이 모여 예수 그리스도 자체인 생명나무의 열매로 잔치를 벌이기 때문이다.

리먼이 죄의 '법적·영적·관계상' 결과와 '육체적·실리적 직무상 결과 및, 다른 물질적 결과'를 구별하는 것도 문제가 된다. 내가 만약 아편 중독자라면, 이는 죄의 '영적' 결과인가, 아니면 '육체적' 결과인가? 내가 고용주나 고용인과 충돌한다면, 혹은 가족 부양에 어려움을 겪는다면, 이는 관계상의 문제로 분류되는가, 아니면 실리적/직무상 문제로 분류되는가? 과거의 잘못과 실패에 대한 죄책감이 나를 꼼짝하지 못하게 하고, 삶에서 기쁨을 빼앗아 가고, 입 안에 모래를 씹은 것 같은 맛을 남긴다면, 이는 법적인 문제인가, 아니면 물질적인 문제인가? 리먼이 제시한 구분의 양측면은 서로 긴밀하게 얽혀 있어서, 어느 것이 어느 것인지 구별하기 어렵다.

리먼은 교회 생활에서 '규례'의 역할을 유익하게 지적하기는 하지만, 더 강력하고 더 확장성 있는 성례전적 신학이 있어야 그의 입장에 있는 약점을 해결하는 데 도움이 될 것이다.[2] 이와 관련해서는 성찬신학이 특히 유의미하다. 성찬상에서 우리는 그리스도의 몸과 피에 참여하며(고전 10:16-17), 그렇게 해서 그리스도와[2] 좀 더 친밀히 함께한다. 우리가 하나님과 한편이라고 확신할 수 있음은, 하나님이 우리를 자신의 식탁 친구로 초대하시기 때문이다. 하지만 그와 동시에 성찬은 개인을 여러 지체로 이뤄진 하나의 몸으로 엮어 주는 언약의 식사다. "우리가 한 몸임은 빵 한 덩어리를 함께 나누기 때문이다." 이 '영적'이고 제사장적인 식사는 '왕의' 실리적/직무상 노력의 목표와 목적을 나타내 보이는데, 그것은 바로 하나님 앞에서 기쁨과 감사를 나누는 것이다. 성찬 신학은 영적인 것과 육체적인 것을 안이하게 구별하는 것을 허용하지 않는다. (칼뱅의 말처럼) 성찬은 성령으로 말미암아 그리스도를 우리의 양식으로 받는 육체적 식사인 까닭이다.

예전(liturgy)에서의 물질적/영적, 왕/제사장 사역에 주의를 기울이는 선교론은 리먼의 견해에 흠집을 내는 잘못된 이원론에 맞서 더 확실한 예방 접종 효과를 낼 수 있다.

---

2 나는 '더 엄숙한' 성례전적 신학을 뜻하는 게 아니라, 선교론에서 좀 더 두드러진 역할을 하는 성례전적 신학을 말하는 것일 뿐이다.

제2장

참여 선교

성경 이야기에 드러난
하나님 백성의 사명

크리스토퍼 라이트

우리는 누구인가? 우리는 무엇을 위해 여기 있는가?

교회의 사명이 무엇인지 명확히 말하고자 할 때는 이 두 가지 간단한 질문이 좋은 출발점이 될 수 있다. '사명'(mission)은 성경적 단어가 아니라고 흔히들 지적하지만, 그래도 '삼위일체'와 마찬가지로 성경의 핵심적이고 필수적인 가르침을 요약하는 데 꼭 **필요한** 단어다. '사명'이란 표현은 교회가 **무엇을 위해** 존재하는지를 분명히 함으로써 성경이 교회란 **무엇인지를** 정의하는 한 방식이다. 교회가 존재하는 목적(교회의 사명)에 주목하지 않고서는 "교회란 무엇인가?"(교회의 정체성)라는 질문에 성경적으로 답변할 수 없다. 성경에 따르면, 교회가 존재하는 이유는 하나님이 선택·구속·언약에 나타난 주권적 은혜를 통해 이 백성을 부르셔서 자신과 관계를 맺게 하셨기 때문이다. '성경에 따르면'이라는 말은 구약과 신약 전체로서의 성경을 기준으로 한다는 뜻이다. 신약은 구약에서 야웨의 백성인 이스라엘과, 신약에서 메시아 예수를 믿는 믿음을 통해 연합한 유대인과 이방인 신자들의 다국적 공동체 사이에 유기적 연속성이 있음을 분명히 한다.

베드로전서 2:9-12에서 베드로는 철저히 성경적인 표현을 통해 교회의 정체성과 사명을 결합한다. 첫째로, 베드로는 출애굽기 19:6을 인용하는데, 출애굽기의 그 본문이 말하다시피 하나님은 지상의 다른 모든 나라 가운데 이스라엘에게 왕 같은 제사장과 거룩한 나라의 역할을 주셨다. 둘째로, 베드로는 이사야 43:21을 인용하여, 하나님이 이스라엘을 창조하신 목적, 즉 "아름다운 덕을 선포"하는 일을 그리스도인인 자신의 편지 수신인들에게 적용한다.[1] 요컨대, 이들을 "어두운 데서 불러내어 그의 기이한 빛에 들어가게" 하시면서 이들을 위해 출애굽을 재현하신 하나님을 찬양하라는 것이다. 셋째로, 베드로는 호세아 1:9과 2:23을 인용해, 자신의 편지 수신인들은 이방인으로서 전에는 하나님 백성 가운데 자리가 없었으나 이제는 하나님의 백성이 되었다고 말한다(호세아의 이 본문은 바울도 로마서 9:24-26에서 동일한 논지를 펼치기 위해 인용한 본문이다). 마지막으로, 베드로는 "거룩한 나라"가 된다는 것의 의미를 실제적이고 윤리적인 차별성의 관점에서 강조한다. 즉, "이방인 중에서 행실을 선하게 가[지라]"는 것이다.[2] "너희 선한 일을 보고"라는 말은 예수께서 하신 말씀(마 5:16)을 그대로 되풀이하지만, 하나님의 백성이 주변 민족들과 아주 확연하게 달라서 이 민족들이 이를 알아차리리라는 것도 이스라엘에게 가장 먼저 기대된 일이었다(신 4:6-8; 참조. 레 18:1-4; 19:2).

---

1 베드로는 "그[하나님]의 소유가 된"이라는 표현과 '타스 아레타스'(*tas aretas*), 즉 "아름다운 덕"(excellencies)이라는 말을 쓸 때 모두 칠십인역 이사야 43:21을 인용한다. 아름다운 덕을 선포한다는 말은 단지 예배 때 하나님을 찬양하는 행위만 뜻하지 않는다. 이는 공적인 자리에서도 하나님에 관한 놀라운 진리를 선언/선포한다는 뜻이다. 이를 그림처럼 생생하게 묘사한 예로 시편 96:1-3을 보라.
2 '엔 토이스 에트네신'(*en tois ethnesin*). 이 단어[에트노스(*ethnos*)]가 '이교도'나 '이방인'으로 번역되어, 불신자들 가운데서 그리스도인 공동체의 삶이 어떠해야 하는지와 관련해서 쓰이기는 하지만, 구약에서 이 표현의 기원은 '민족'(nations)이다. 즉, 주변 민족들 가운데서 이스라엘은 하나님의 제사장 같은 거룩한 백성으로 살아야 했다.

그리스도를 믿는 신자들에게 정체성과 사명을(이들이 어떤 사람들이고, 그런 사람들인 이유는 무엇이며, 그래서 이들은 어떻게 살아야 하는지를) 일깨워 주려는 구절에서, 구약의 본문과 인유(allusion)가 이렇게 의미심장하게 결합하여 이 책에서 우리의 목적과 관련해 두 가지 일을 한다. 첫째, 베드로가 편지 서두에서 한 것처럼(벧전 1:1-2), 이는 예수 그리스도의 교회를 구약의 이스라엘과 통합한다.[3] 유대인 신자와 이방인 신자는 하나님이 동일한 이유와 목적으로 창조하신 한 백성이다. 둘째, 이는 말과 행동을 통합한다. 하나님이 (구원에 이르게 하는 은혜와 자비를 발휘하셔서) 우리를 불러 하나님의 백성으로 존재하게 하신 목적은, 우리가 하나님이 누구이시고 어떤 일을 이루셨는지에 관한 놀라운 진리("아름다운 덕")를 증언하는 것, **그리고** 우리가 사는 모습을 보고 열방이 우리 하나님에게 영광을 돌리는 것이다. 우리가 말해야 할 것이 있고 행해야 할 일이 있다. 이 통합된 이원성은 구약 이스라엘의 정체성과 역할에 완전히 짜여 들어갔고, 지금은 메시아 예수 안에서 그 기업(inheritance)으로 들어가 "그의 영광의 찬송"(엡 1:12)을 위해 살아야 하는 사람들에게 일종의 특권과 책임으로 부과되었다.

따라서 우리가 교회의 사명을 이해하고자 한다면, 성경 전체를 아우르는 서사를 이해해야 하는데, 교회는 한편으로 그리스도의 초림과 재림 사이에 있는 현시대 하나님의 백성으로서 이 서사에 동참하고,

---

[3] 내가 이스라엘을 교회로 '대체한다'거나 '바꾼다'고 말하지 않았다는 데 주목하라. 교회가 이스라엘을 대신한다는 개념(대체주의)과, 이스라엘 자체가 확장하여(하나님이 늘 의도하신 것처럼) 이방인, 즉 메시아 예수를 믿는 믿음을 통해 하나님의 언약 백성이라는 하나의 감람나무에 접붙여진 열방 출신 사람까지 포함한다는 개념 사이에는 엄청난 차이가 있다. 다시 말해, 성경은 '대체 신학'이 아니라 '성취 신학'을 가르친다.

다른 한편으로 구약 이스라엘과 영적·신학적으로 이어지는 하나님의 백성으로서 동참한다. 간단히 말하자면, 그리스도 안에 있는 사람들로서, 또 그리스도 안에 있기 때문에 아브라함 안에도 있는 사람들로서 동참한다는 것이다.

하나님의 백성은 동서고금을 불문하고 하나님이 그리스도 안에서 자기 소유 백성으로 사랑하시고, 택하시고, 부르시고, 구원하시고, 성화시키셔서 새 창조 세계의 시민으로서 그리스도의 영광을 함께 나누게 하신 사람들이다.

열방에서 부름받은 교회(the Church)는 메시아 예수를 통해 구약의 하나님 백성과 연속선상에 있다. 이들과 더불어 우리는 아브라함을 통해 부름받았고 열방에 복과 빛이 되라는 사명을 부여받았다. 이들과 더불어 우리는 율법과 선지자를 통해 빚어지고 가르침 받아, 죄와 고통의 세상에서 거룩함과 긍휼과 정의의 공동체가 되어야 한다. 우리는 예수 그리스도의 십자가와 부활을 통해 구속받았고, 하나님이 그리스도 안에서 이루신 일을 증언하도록 성령께서 주시는 능력을 받았다.

"케이프타운 서약"(The Cape Town Commitment), I.9와 10.a

성경의 대서사는 '성경 드라마'(the drama of Scripture)로 묘사되어 왔는데,[4] 이는 신구약 시대 하나님 백성의 정체성·역할·사명을 포

---

[4] Craig G. Bartholomew and Michael W. Goheen, *The Drama of Scripture: Finding Our Place in the Biblical Story*, 2nd ed. (Grand Rapids: Baker, 2014)를 보라. 이 책은 Kevin Vanhoozer와 N.T. Wright의 해석학적 관점을 유익하게 대중화했다. 『성경은 드라마다』(IVP).

함해 성경신학의 모든 중요한 주제의 근본 토대다. 성경의 진리를 설명하는 위대한 **직설문**(indicatives, 즉, 창조주이자 구속주이신 하나님에 관해, 창조에 관해, 인간에 관해, 그리고 이 셋의 관계에 관해 성경이 단언하는 진리)과, 성경에 부응하는 삶에 대해 말하는 위대한 **명령문**(imperatives)이 바로 이 서사에서 생긴다. **우리가** 어떻게 살아야 하는지, **우리가** 세상에서 하나님의 백성으로서 무엇을 행하라고 명령받는지는 **하나님**이 어떤 분이며 **하나님**이 어떤 일을 행하셨는가 하는 사실에 늘 뿌리를 둔다. 이는 십계명은 물론 예수께서 율법에서 첫 번째와 두 번째로 중요하다고 말씀하시는 두 계명(이는 야웨에 관한 주장에 근거를 둔다)에도 해당하고, 온 창조 세계에 대한 예수 그리스도의 우주적 주재권을 단언하는 말로 시작하는 대위임령(마 28:16-20)에도 해당한다. 그러므로 대위임령은 그 명령이 알맞게 자리한 이야기의 나머지 부분과 따로 떼어놓는 식으로 분리하거나 격상할 수 없다. 하나님이 구약 이스라엘의 삶 가운데 행하시고 가르치신 것을 모두 돌아보든, 하나님이 그리스도 안에서 온 창조 세계를 위해 하고자 하시는 일을 모두 내다보든 말이다. 바르톨로뮤와 고힌은 '성경 드라마'가 다음과 같이 6막으로 진행된다고 말한다. (1) 창조 (2) 타락 (3) 구속의 시작(구약 이스라엘) (4) (예수 그리스도의 삶·죽음·부활·승천을 통한) 구속의 성취 (5) [오순절에서 '파루시아'(*parousia*, 그리스도의 재림)까지 이어지는] 교회의 사명 (6) (새 창조 안에서의) 구속의 완성. 나는 이것이 내가 생각하는 성경적 선교 신학의 핵심 요소를 '확실히 못 박는' 유용한 개요라고 생각한다.

하나님의 선한 창조, 죄로 손상되다: 성경 이야기 1막과 2막

성경은 창조로 시작한다. 성경을 여는 처음 몇 장은 창조주로서의 하나님, (우리가 살고 있는 더 넓은 창조 세계의 일부로서의) 땅, 인간의 삼각관계를 제시한다. 창조주의 형상을 따라 만들어진 인간은 (창세기 1:28의 '다스리다'라는 동사와 창세기 2:15의 '섬기다'와 '지키다'라는 동사를 연결지어 보면) 하나님의 위임을 받아 땅의 다른 피조물과 자원을 왕으로서 다스리고 제사장으로서 섬겨서 이들의 유익을 도모할 권한을 부여받았다. 창조 세계 안에서 그 위임 통치 명령은 우리의 죄, 죄의 결과로 땅에 내려진 저주, 그리고 아담과 하와가 동산에서 쫓겨난 일로 철저히 영향을 받아 왔다. 하지만 우리 인간의 기본 역할과 사명, 곧 우리가 속한 창조 세계의 경건하고 책임 있는 청지기가 되어 이 세계를 돌보아야 한다는 역할과 사명은 취소되지 않는다. 그리스도인이 되어도 우리가 여전히 인간임을 고려하면(게다가 우리 인간은 하나님의 완전한 형상, 즉 그리스도의 형상으로 회복되는 중이나), 사명에 관한 우리의 책임을 성경적으로 이해하는 범위 안에서, 우리는 창조 세계를 정당하게 돌볼 자리를 발견할 수 있다(이에 대해서는 나중에 더 자세히 알아보겠다).

그러나 창조 이야기(1막)는 큰 반역과 그 결과 이야기(2막)로 신속히 흘러간다. 하나님의 선한 창조 세계에 악과 죄가 침입하여, 인간 삶의 모든 면(인격적인 면, 영적인 면, 지적인 면, 육체적인 면, 사회적인 면)은 물론 더 넓은 창조 세계에 엄청난 붕괴와 균열을 초래했다. 성경 이야기의 이 부분은 우리 앞에 아주 중대한 문제(The Big Problem)를 들이대고, 성경의 나머지 이야기는 이 문제에 대한 하나님의 궁극적 해법을 제공할 것이다.

그 문제의 성격은 무엇이고 범위는 어디까지인가? 분명 인간과 하나님 사이에는 거대한 균열이 존재한다. 불순종과 죄가 배제와 죽음을 낳았다. 이런 일이 일어난 것은 인간이 악한 존재와 공모했기 때문인데, 이 악한 존재는 창세기 3장에서 뱀으로 상징되었으며, 하나님은 이 악이 결국 으깨질 것이라고 약속하신다(창 3:15). 하지만 창세기의 처음 몇 장은 하나님의 구원의 해법을 요구하는 근본적 인간 소외를 중심으로 이 문제의 두 가지 국면을 만들어 낸다. 인간이 하나님으로부터 소외된 것만 문제가 아니다.

첫째 문제는 땅에 임한 저주다. 이 저주가 제거되었으면 하는 염원은 에덴에서 추방된 후의 서사 초반부에 나타난다. (셋의 계보에 있는) 라멕이 아들 이름을 노아라고 짓는데, 이 이름에는 "여호와께서 땅을 저주하시므로 수고롭게 일하는 우리를 이 아들이 안위하리라"(창 5:29)는 소망이 담겨 있다. 노아는 저주를 몰아내지는 못했지만(저주 제거는 전체 성경 이야기의 결말 부분에 나온다—계 22:3), 하나님이 인간뿐만 아니라 땅의 모든 생명에 대해서도 언약에 성실하심으로 말미암아 창조 세계에 새로이 복이 임하는 중심이 된다. 땅은 하나님의 저주 아래 있는 동시에 하나님의 언약의 은혜를 받고 있다. 창조 세계는 하나님에게 중요하다.

문제의 둘째 국면은 바벨탑에서 비롯된 열방의 혼란과 흩어짐이다. 창세기 4장에 기록된 형제간의 적의는 모든 인간 사회의 '부패와 폭력'으로 악화되어 홍수 심판을 재촉했고(창 6장), 마침내 민족들까지 이러한 적의에 휩싸이는데, 이들은 땅에 충만하라는 하나님의 뜻을 거부하는 오만함으로 혼란 가운데 흩어지는 결과를 맞는다(창 11:1-9). 열방의 이런 문제를 배경으로 하여 창세기 12장에 아브라함을 향한 하나님의 부르심과 약속이 등장한다. 노아 이야기의 결과를 감쌌던 축복의 말이 이제 이 백성, 곧 아브라함 자손의 미래를 감싼다. 노아를 향해 하나님은 땅의 모든 생명에게 복을 주겠다 약속하신다. 아브라함을 향해 하나님은 땅의 모든 민족에게 복을 주겠다 약속하신다.

성경의 처음 열두 장은 이렇게 하나님이 죄인인 모든 인간, 분열된 열방, 저주받은 땅을 한데 묶는 아주 중대한 그 문제를 구속적으로 다루시는 광경이 펼쳐질 대서사에 시동을 건다. 아담도, 노아도, 아브라함도, 아브라함의 자손도 이 엄청난 문제를 스스로 해결하지 못한다. 오직 하나님만 마침내 상황을 바로잡으실 수 있으며, 하나님은 그렇게 하실 것이다. 시편 96편은 하나님이 모든 일을 바로잡으러("땅을 심판하러") 오실 때 땅의 무생물들까지 기뻐하는 광경을 그린다. 시편 148편은 천사, 무생물, 피조물, 인간 등 모든 창조 세계를 향해 주 하나님을 찬양하라고 한다. 요한계시록은 만국의 구속받은 백성 무리, 모든 천사, 하늘과 땅과 바다의 모든 피조물이 한데 연합하고 화해하여 예배하는 창조 세계로서 하나님의 어린양에게 구속받고 다스림받는 광경을 묘사한다(계 5장). 성경을 마무리하는 환상은 성경 서두의 서사에 상응한다.[5] 앞으로 살펴보게 되겠지만 1막과 2막에서 6막으로

5   나는 케빈 드영과 그렉 길버트처럼 거룩하신 하나님 앞에서 인간의 죄책을 엄격히 분리된 별개의 문제로 강조하기보다는 문제의 이러한 차원들을 (그리고 그 해법을) 이렇게 통합된 방식으로 보는 편을 더 좋아한다. "한 가지 질문이…성경 이야기의 핵심에 자리잡고 있다. **가망이 없을 만큼 반역적이고 죄인인 사람들이 어떻게 완전히 공의로우시고 의로우신 하나님 앞에서 살 수 있는가?**…성경이 처음 세 장에서 제시하는 근본적인 문제는 인간이 하나님에게서 소외된 것이다.…[다른 문제들, 즉 인간이 서로에게서 소외되고 창조 세계에서 소외되는 것]은 가장 근본적인 문제에서

궁극적 변혁을 성취하는 것이 하나님의 선교(the mission of God)다. 성경은 하나님의 이야기, 곧 하나님이 자기 소유와 목적을 위해 한 백성을 참여시키기로 선택하신 이야기다. 우리가 교회의 사명에 대한 개념의 세부 내용을 어떤 식으로 채워가든, 먼저 그 개념을 이렇게 성경 전체를 아우르는 서사의 틀 안에 두는 것으로 시작해야 한다.

구약 시대 이스라엘의 사명: 성경 이야기 3막

'이스라엘의 사명'을 이야기할 때 우리는 이스라엘이 다른 나라로 선교사들을 보냈는지, 혹은 한 나라로서 자신들이 어떤 방식으로든 "열방으로 가라"는 사명을 받았다고 믿었는지를 묻지 않는다. 이스라엘은 자기들이 그런 일을 하는 것이 하나님의 뜻임을 알고 있어야 했다고 어떤 이들은 주장하지만, 나는 그 말의 (다른 문화권으로 가서 하나님의 메시지를 선포하라고 선교사를 보낸다는) 현대적 의미, 즉 구약 시대라는 역사상 시기에 이스라엘에게 그런 기대가 있었다는 의미에서 '선교사 파송 명령'에 대한 강력한 증거는 없다고 본다.

내가 구약 시대 '이스라엘의 사명'에 관해 묻는다고 할 때, 이는 성경 전체가 하나님의 궁극적 목적으로 보여 주는 것, 즉 그리스도의 십

비롯되는 증상이다"[*What Is the Mission of the Church?: Making Sense of Social Justice, Shalom, and the Great Commission* (Wheaton, IL: Crossway, 2011), pp. 69, 73-74; 강조는 원문에 있음]. 인간의 죄가 근원적 원인이라는 데에는 의심의 여지가 없지만, 창세기 4-12장의 나머지 부분과 이를 반향하는 요한계시록 5장과 21-22장을 생각해 보면, 창조 세계와 열방이 망가지는 것을 그저 '(죄의) 증상들'로 생각하는 것은 적절하지 않다. 하나님의 구원과 하나님의 선교는 세 가지 영역, 즉 인간의 죄책감과 소외, 열방 간의 분쟁과 적의, 창조 세계의 무질서를 모두 다룬다. 그리고 하나님은 그리스도의 십자가와 부활을 통해 이 세 영역 모두에서 구속과 화해를 성취하셨다.

자가와 부활을 통해 해방되고(롬 8:21), 화해하고(골 1:20), 하나가 되고(엡 1:9-10), 나라와 족속과 언어를 불문하고 구속받은 사람들이 거하는(계 7:9-10) 새 창조 세계를 이루는 것과 관련해 하나님이 이스라엘 백성을 창조하신 목적에 대해 성경이 우리에게 무엇을 말해 주는지를 묻는 것이다. 이 원대한 계획에서 구약 이스라엘의 합당한 위치는 어디인가?

하나님은 왜 이스라엘을 창조하셨는가? 이에 대해서는 이사야 43:7-21 같은 본문을 떠올릴 수 있다. 즉, 하나님의 영광을 위해서라는 것이다(7절). 그러려면 계시하시고 구원하시는 야웨 고유의 권능을 열방 가운데 증언해야 한다(8-13절). 그리고 이는 사실상 야웨를 찬양하는 것이다(21절). 이런 역할은 세상 나라들을 위한 유일한 소망과 연관되는데, 즉, 하나님의 심판을 통해서, 그리고 그 심판을 넘어 이 나라들이 결국 야웨께로, 모든 인류가 언젠가는 머리 숙여 절하게 될 하나님이자 구주이신 분에게로 돌아가야 한다는 것이다(사 45:20-25). 그래서 이 유일하고 우주적이신 하나님의 백성으로서 이스라엘의 존재는 야웨의 구원 능력을 경험하는 일을 통해, 열방이 받는 복과 연관된다. 이 본문은 열방을 향한 하나님의 **궁극적** 뜻을, 그리고 열방과 관련해 이스라엘을 **도구로 삼으려는** 하나님의 뜻을 보여 준다.

이는 성경에서 이스라엘이 하나의 민족으로 등장하는 때를 떠올리게 한다. 물론 아직 아브라함에게서 태어나기 전이지만 말이다. 하나님은 아브라함의 후손이 '큰 민족'을 이루어, 아브라함과 더불어 복을 받으며, 설명할 수 없는 어떤 방식으로 땅의 모든 족속에게 하나님의 복이 전달되는 통로가 될 것이라고 약속하신다. 관련 본문 하나는 아브라함을 선택하신 일에 나타난 하나님의 주권적 목적뿐만 아니라 하나님이 아브라함의 자손에게 요구하실 윤리적 삶의 특질까지 이 기대와 연관짓는다. 이스라엘의 사명을 규정하는 하나님의 사명은 다음과 같다.

> 아브라함은 강대한 나라가 되고 천하 만민은 그로 말미암아 복을 받게 될 것이 아니냐. 내가 그로 그 자식과 권속에게 명하여 여호와의 도를 지켜 의와 공도를 행하게 하려고 그를 택하였나니 이는 나 여호와가 아브라함에게 대하여 말한 일을 이루려 함이니라. (창 18:18-19)

18절에 진술된 하나님의 목표는 창세기 12:1-3을 이중의 약속으로 요약한다. 즉, 아브라함이 큰 민족이 되리라는 것, 그리고 아브라함을 통해 땅의 모든 나라가 복을 받으리라는 것이다. 19절 하반절은 애초에 하나님이 아브라함을 왜 택하셨는지 그 이유로서의 약속을 되풀이해서 말한다[19절에서 'so that'이라는 표현을 두 번이나 써서 강한 의도를 강조했다는 것에 주목하라: 개역개정에서는 '(행하게) 하려고', '(이루려) 함이니라'이라고 번역—옮긴이]. 하지만 그 사이에는 아브라함에게서 나올 백성에 대한 하나님의 기대가 드러난다. 이 백성은 어떤 식으로든 열방을 축복하라고 사방으로 파송되지 않았다. 이들이 할 일은 그저 "여호와의 도를 지켜 의와 공도를 행하"는 것으로, 이는 선택(19절상)과 사명(19절하) 사이에 있는 대단히 윤리적인 의제다.

구약 시대 이스라엘의 사명은 민족에게 가는 것이 아니라 하나님이 명하신 그대로의 민족이 되는 것, 야웨의 백성으로 사는 것, 그리고 이들의 **사회적 삶**의 윤리적 특성과 **예배**가 어우러지는 모습으로(신 4:6-8) 야웨를 아직 모르는 민족들 가운데서 이스라엘의 하나님 야웨의 정체성과 성품을 증언하는 것이었다.[6] 이는 이스라엘이 우상숭배(언약을 기반으로 한 예배를 저버리기)와 불의(언약을 기반으로 한 윤리를 저버리기)에 빠졌을 때 결국 가시적 모범('만민의 빛')이 되어야 할 사명을 저버리고 오히려 열방 가운데 추문과 저주가 되어 버렸음을 선지자들이 그토록 분명히 볼 수 있었던 이유를 설명해 준다.

드영과 길버트는 내가 아브라함 언약을 언급하는 것을 비판하는데, 바로 이 지점에서 나는 이들의 비판이 잘못되었다고 생각한다. 마태복음 28:16-20, 곧 대위임령을 이들은 교회의 사명을 올바로 이해하게 하는 핵심 본문으로 강조하려는 마음에서, "때로 교회에게 좀 더 충실하고 다양한 선교 정체성을 제공하는 말씀이라고 강력히 밀어붙이는" 다른 본문 몇 가지를 살피는데, 그런 본문 중 하나로 창세기 12:1-3이 있다. 이들은 내가 창세기 12:1-3을 주해한 내용 및 모든 민족에 복이 되는 것을 강조한 내용을 비판하면서, 이 본문이 아브라함이나 그의 후손에게 나가서 '공동체 축복 프로그램'에 참여하라고 명령하지 않았다고 주장한다. 아브라함의 순종은 친척과 아버지의 집을 뒤로 하고 길을 나선 것, 집안 남자들에게 할례를 행한 것, 이삭을 기꺼이 제물로 바치고자 한 것뿐이며, 따라서 "창세기 12:1-3을 도덕적 의제나[7] 또 하나의 대위임령으로 여겨서는 안 된다"는 것이다. 아브라함

6 　신구약성경에서 사명이 선택·구속·언약과 어떻게 연관되는지를 포함해 사명의 이 윤리적 차원을 상세히 논한 글로는 나의 책 *The Mission of God: Unlocking the Bible's Grand Narrative* (Downers Grove, IL: InterVarsity Press, 2006), 11장을 보라.

7 　이는 창세기 17:1; 18:19에 담긴 강력한 도덕적 의제 및 창세기 26:4-6에서 토라를 내다보는

의 "순종적 떠나감은 아멜렉 족속을 섬기고 이들이 곡물을 재배하고 글자 읽는 법을 익히도록 도우러 간 것이 아니다." 아브라함은 자신이 받은 부르심을 "가서 민족들에게 복이 될 길을 찾으라는 명령으로" 받아들이지 않았다는 것이다.[8]

이에 답변하자면, 이는 성경의 주요 주제를 아주 피상적으로 처리해 버린 것이요 내가 아브라함 언약을 사명과 관련해 다룬 내용을 오독(誤讀)한 것이다.[9] 나는 대위임령의 대안으로 "창세기 12:1-3을 밀어 붙이지" 않으며, 오히려 대위임령은 하나님의 선교에 대한 성경 전체 이야기의 절정에 해당하는 부분으로, 여기서는 예수 자신도 '모든 민족'이라는 아브라함 관련 용어를 쓰신다는 사실을 보여 주고자 한다. 바울이 자신의 사명은 "모든 민족이 믿어 순종"하게 하는 것이라고(롬 1:5; 16:26) 정의한 것처럼 말이다. 아브라함에서 대위임령에 이르기까지, 성경에는 서로 경쟁하는 관계가 아니라 하나로 묶여서 선교 명령을 제공해 주어야 할 방대한 본문과 주제가 있다.

나는 아브라함이나 이스라엘이 '공동체 축복' 사명을 띠고 열방을 향해 가야 했다고 생각한 적이 없다. 그런 개념을 제안한 것은 선교를 "어떤 과제나 프로젝트를 위해 사람들을 보내는 것"이라고 배타적으로 정의하는 데서 비롯되는 것 같다. 나는 구약의 관점에서 복이란 무슨 의미였는지, 그리고 바울이 역설하다시피 복음에서 복이 어떻게 궁극적으로 그리스도 중심적인 것이 되어야 하는지를 광범위하게 연

윤리적 관점에서 하나님이 아브라함의 삶을 보증해 주신 것을 간과하는 논평이다.
8   *What Is the Mission of the Church?*, pp. 30-33.
9   *The Mission of God*, 6-7장에서는 구약과 신약, 즉 성경 전체를 통해 아브라함이라는 주제를 추적한다.

구하여 제시한다. 하지만 내가 창세기 12:3이나 이와 비슷한 본문의 선교론적 중요성을 강조하는 주된 이유는 '복'이라는 요소 때문이라기보다 (복이 죄와 저주가 여전한 상황에서 무게감 있는 요소이긴 하지만) 거듭해서 등장하는 땅의 '모든 족속/민족'의 **보편성** 때문이다. 그것이 실로 아브라함 언약의 선교적 책임이다. 자식이 없던 아브람과 사래를 부르시는 하나님은 이 두 사람을 통해 복이 모든 민족에게, 땅끝까지 미칠 것이라고 약속하신다.[10]

공정하게 말하자면, 드영과 길버트는 창조, 타락, 아브라함, 모세, 출애굽, 율법, 다윗왕을 포함해 구약의 이야기를 비교적 충실하게 연구하여 제시한다. 이들은 오늘날 우리의 사명 이해에 성경 전체가 포함되어야 한다고 올바로 인식하고 있다. 하지만 두 사람이 제시하는 내용 중 두 가지 주안점 때문에 구약에 있었을 수도 있는 선교적 영향력(성경 이야기 3막)이 줄어든다.

첫째, 이들의 끈질긴 주장에 따르면, 죄인인 인간이 거룩하신 하나님과 어떻게 함께 살 수 있느냐는 문제를 들추어내어, 그 문제를 처리해 줄 중보자와 희생 제물이 우리에게 필요하다는 사실을 보여 주고서, 그 역할을 이행할 분을 가리키는 것이 구약의 요점이라는 것이다. 모두 부인할 수 없는 사실이다. 하지만 구약의 줄거리와 메시지를 순전히 그런 식으로만 제시한다면 이는 구약에 가득한 엄청난 가르침·진리·권면·교훈·지혜·예배·경고·격려의 내용을 간과하는 것이다. 예수께서 엠마오로 가던 두 길손을 성경의 각 장으로 데리고 가셔서 자신

---

10 그것이 바로 내가 *The Mission of God*, 14-15장에서 다룬 주제로, 열방을 향한 하나님의 계획은 성경에서 선교론의 근본 주제임이 분명하지만 안타깝게도 성경신학에서는 종종 무시된다.

에 관해 기록된 일을 지적해 주실 수 있었지만, 이 사실은 그 외에 구약이 우리에게 말해 줄 것이 전혀 없다는 의미가 아니다.[11] 바울은 구약에 더 광범위한 기능이 있다는 걸 알고 있었는데(딤후 3:15-17), 선교적 기능도 그중 일부로서, 하나님의 백성이 세상에서 살아야 할 삶을 위해 이들을 빚어 가는 것이다.

둘째, 드영과 길버트가 모세 율법을 다루는 방식이 특히 실망스럽다. 두 사람은 이렇게 말한다. "모세와 율법 수여를 기록한 이야기에서 다루는 중심적 문제는, 죄 많고 반역적인 사람들이 거룩하신 하나님 앞에서 어떻게 살 수 있느냐는 것이다."[12] 하지만 이는 **율법 수여의 배경이 되는 이야기**(그 이야기는 실제로 출애굽이라는 구속적 행위에도 불구하고 끊임없이 죄와 반역을 저지른 이야기였다)를 **율법 수여의 목적**과 혼동하는 것이다. 율법 수여의 목적은 지평이 광범위하다. 이스라엘의 죄악은 정말로 문제여서 하나님의 놀라운 인내와 용서하시는 은혜로, 그리고 희생제사 제도의 시행으로 처리되어야 했다. 하지만 율법에는 희생제사 말고도 많은 것이 더 있다. 율법을 '중심적인 문제를 처리하는' 것으로 제시하면 첫발을 잘못 내디디게 될 듯하다. 율법을 주신 것은 '문제를 해결하기' 위해서가 아니라 백성을 빚어 가기 위해, 그리고 개인적 차원에서 신자의 삶에 복·안전·인도·위로·기쁨을 주기 위

---

11 나는 모든 성경을 그리스도의 빛에 비추어 읽고 구약성경 전체에 대해 그리스도에게서 완결되는(Christotelic) 이해를 채택해야 한다는 해석학 원칙을 전적으로 견지하지만, 그와 동시에 모든 구약 본문에 '예수를 집어넣어 읽으려' 하거나 모든 본문에서 '예수를 끌어내어 읽으려' 함으로써 이 원칙을 왜곡하는 것에는 반대한다. 이 점에 대해서는 *Preaching and Teaching the Old Testament For All It's Worth* (Grand Rapids: Zondervan, 2016), 3-5장에서 논했다. 『구약을 어떻게 설교할 것인가』(성서유니온선교회).

12 *What Is the Mission of the Church?*, p. 83.

해서다(시편 1, 19, 119편을 보라). 희생제사뿐만 아니라 율법 **전체**가 생명을 주는 유익한 목적을 위해 하나님이 은혜로 작정하신 선물이며, 이는 바로 그 시대 하나님의 백성이 구속의 은혜에 부응하여 주변 나라들과 대조되는 삶으로 하나님을 증언하는 온전한 공동체가 되게 하려는 것이었다.

하나님이 시내산에서 주시려는 율법에 언약적 순종으로 화답하라고 처음에 이스라엘이 명령받았을 때, 이들이 그렇게 해야 하는 이유는 유쾌할 만큼 긍정적이고 명시적이다. 만약 순종하면, 이들은 땅의 모든 민족 가운데서 하나님의 '특별한 소유' 역할을 함으로써 하나님을 위해 **대단히 가치 있는 존재**, 즉 하나님의 제사장 나라이자 거룩한 민족이 될 수 있었다(출 19:4-6). 신명기에는 "너희 자신의 유익을 위해" 그 땅에서 장수하게 되고, 출애굽에 나타난 하나님의 구속의 은혜를 항상 기억하게 한다는 것을 포함해서, 율법에 순종해야 하는 동기가 많이 등장한다. 그러나 신명기의 표제인 4장에서 볼 수 있는 의미 있는 동기는, 하나님의 율법에 순종하는 모습은 이스라엘과 이스라엘의 하나님에 대해 **여러 민족 앞에서** 무언가를 보여 준다는 것이다(신 4:6-8). 신명기 28:9-10도 순종에 따르는 복에 대해 말하는데, 여기에서도 비슷하게 보편적인 지평이 등장한다. 그러면 솔로몬이 성전 봉헌식에서 이스라엘이 야웨의 율법을 지키는 일에 전념하기만 한다면 야웨의 이름이 민족들 사이에 널리 퍼질 것이라고 내다보던 광경을 떠올리게 된다(왕상 8:60-61).

달리 말해, 구약 율법이 죄를 폭로하고 죄인들이 복음에 나타난 하나님의 중재 은혜의 필요성을 깨달을 수 있게 하는 것은 틀림없는 사실이지만, 구약 율법에는 아주 긍정적인 목적도 있다. 그것은 바로 구속주 야웨의 성품과 도에 따라 사는 삶으로써 세상에서 하나님 백성의 역할을 할 수 있도록 이들을 빚어 간다는 것이다. 하나님 백성의 사명을 성경에 충실하게 이해하려면, 구약 시대에 자기 백성을 위한 하나님의 목적과 관련해서, 구약 율법의 이러한 선교적 차원이 그 이해에 포함되어야 한다. 나라들 가운데서 야웨를 증언하는 이들이 되기 위해서 이스라엘은 예배를 통해 야웨의 이름·영광·구원·강한 역사를 선포하라고 부르심을 받았을 **뿐만 아니라**, 백성으로서 그분의 길, 그분의 의와 공의에 따라 살라는 부르심**도** 받았다.[13] 성경의 대서사에 대한 나의 이해에 따를 때, 그것이 구약 이스라엘의 사명이었다. 그리고 그 이중의 부르심과 책무는 신약에서 사명이 좀 더 원심력 있는 '파송'의 차원을 갖게 되었다고 해서 취소되는 게 아니라, 이 장 서두에서 베드로전서 2:9-12을 살필 때 분명히 드러났다시피 오히려 그 차원 안에 포함된다.

하나님의 선교가 완수되다: 성경 이야기 4막

물론 이스라엘은 실패했다. **하나님이 이미 알고 계셨던 것처럼 말이다!** 신명기는 하나님의 구속의 은혜를 강조하고 하나님의 율법에 순종함으로써 하나님의 사랑에 부응하라고 진심으로 동기를 부여하지

---

[13] 이스라엘과 그들의 땅이 열방과 세상을 위한 하나님의 목적 안에서 모범적으로 지니는 선교적 정체성과 역할을 다차원적으로 탐구하는 것이 내 연구와 집필 작업의 주요 관심사였으며, 이는 *Old Testament Ethics for the People of God* (Downers Grove, IL: InterVarsity Press, 2002), 『현대를 위한 구약윤리』(IVP)와 *The Mission of God*에 담겨 있다.

만, 그럼에도 실패로 시작하여 실패로 끝나는 책이다. 신명기는 출애굽 세대가 두려움과 불신앙 때문에 약속의 땅을 취하는 데 실패하는 것으로 시작한다. 그리고 신랄한 결론 부분에서는(29-32장), 구원하시고 회복시키시는 하나님의 은혜가 다시 한번 임하지 않으면 다음 세대도 실패해서 그동안 이들을 위협했던 저주가 현실이 되어 이 민족을 사실상 멸망으로 몰고 갈 것이라는 전망을 보여 준다.

그러므로 요점은, 하나님의 아들을 보내신 것이 일종의 차선책이었다고 생각해서는 안 된다는 것이다. 이스라엘의 실패는 하나님을 놀라게 하지도 않았고 하나님의 계획이 틀어지게 하지도 않았다. 오히려, 바울이 경건한 경이와 통찰력으로 신명기 32장의 핵심을 이해했듯, 하나님은 이스라엘의 실패를 이스라엘을 비롯한 모든 민족을 위한 구속 계획 안에 포함시키셨다!

실제로 하나님은 이스라엘의 역설적 **이중의** 중요성을 통해 자신의 사명을 완수하셨다. 즉, 한편으로 이스라엘은 모든 민족을 구원하시려는 계획을 위해 하나님이 택하신 도구였다. 그리고 또 한편으로 이스라엘은 다른 민족과 다름없이 타락하고 죄 많은 민족이었고 여러 면에서 에덴 이후 인류의 모든 죄를 되풀이하고 확대했다. 선지자들이 분명히 간파했다시피 말이다.

이스라엘의 정체성의 첫 번째 차원에 걸맞게, 예수께서는 이스라엘의 사명을 완수하고 모든 민족에 축복의 문을 열어 주기 위해 이스라엘의 메시아, 이들의 대표이자 왕, 참으로 신실하고 순종적인 한 이스라엘인으로 오셨다. 그리고 두 번째 차원에 걸맞게, 경험 많은 이스라엘은 하나님의 아들 자체를 거부함으로써 인간이 늘 하나님을 향해 보여 온 반역적 태도를 구현했다. 그러나 하나님의 주권적 뜻의 신비 안에서, 이스라엘의 메시아를 이스라엘이 거부한 일은 이스라엘의 사명과 하나님의 사명 둘 모두를 실제로 성취했다.

하나님이 그리스도의 십자가와 부활을 통해 성취하신 일의 전체 범위는 어떻게 되는가?[14] 그리고 이는 우리의 사명과 관련해 어떤 의미를 지니는가? 십자가와 부활이 성취한 일은 성경에서 하나님이 이루시고자 하신 사명으로 계시된 모든 일의 범위 안에서 보아야 한다. 그러므로 우리는 하나님의 선교 중심의 십자가 신학(God's-mission-centered theology of the cross)과 십자가 중심의 우리의 사명 신학(cross-centered theology of our mission) 둘 다 필요하다.

선교 중심의 십자가 신학은 십자가를 언급하는 핵심 본문에 초점이 있으며, 적어도 하나님의 선교의 다음과 같은 차원을 강조한다. 인간의 죄책 다루기(벧전 2:24; 사 53:6), 악의 권세 물리치기(골 2:15), 죽음 멸하기(히 2:14), 유대인과 이방인 사이의 적의와 불화의 장벽 제거하기(엡 2:14-16), 하나님의 창조 세계 전체를 치유하고 화해시키기(골 1:20, 하나님의 우주적 선교). 하나님의 구속적 선교의 이 모든 엄청난 차원이 성경을 통해 우리 앞에 펼쳐지고 십자가에 연결된다. 하나님의 선교는,

- 죄가 벌을 받고 죄인들이 용서받는 것이었다.
- 악이 패퇴하고 인간이 해방되는 것이었다.

---

14 십자가와 부활을 늘 함께 생각하는 것이 중요하다는 점에 관해서는 Ross Clifford and Philip Johnson, *The Cross Is Not Enough: Living as Witnesses to the Resurrection* (Grand Rapids: Baker, 2012)을 보라.

- 죽음을 소멸하고 생명과 불멸을 드러내는 것이었다.
- 원수들이 서로 화해하고 하나님과 화해하는 것이었다.
- 창조 세계 자체가 회복되고 창조주와 화해하는 것이었다.

이 모든 것이 함께 하나님의 선교를 구성한다. **그리고 이 모든 것이 그리스도의 십자가와 부활로 귀결되었다.** 예수께서 겟세마네에서 고뇌 중에 "나의 원대로 마시옵고 아버지의 원대로 하옵소서"라고 친히 받아들이셨다시피, 십자가는 하나님의 총체적 사명에 대한, 하나님의 뜻이 이루어지는 데 대한 피할 수 없는 대가였다. 이는 이어서 십자가를 **우리의** 사명의 피할 수 없는 중심이자 **하나님의** 선교의 피할 수 없는 대가로도 보여 주는, 십자가 중심의 사명 신학으로 이어진다. 그리스도인의 모든 사명은 십자가에서 흘러나오며, 십자가는 사명의 근원이자 능력, 사명의 범위를 규정하는 것으로 서 있다. 우리가 십자가를 총체적이고 성경적인 선교의 모든 측면의 핵심으로 보는 것이 중요하며, 모든 일을 십자가에 달려 죽으시고 부활하신 예수님의 이름으로 행하는 것이 중요하다.

따라서 복음 전도가 마땅히 십자가 중심이어야 하되(물론 당연히 그래야 한다!) 우리의 사회 참여와 다양한 형태의 실제적 선교와 섬김의 일에 무언가 대안적인 신학적 토대나 발판이 있어야 한다는 말은 근본적으로 잘못된 말이다. 그보다, 그리스도인이 그리스도의 이름으로 행하는 모든 형태의 사명에서, 우리는 악의 권세와 사탄의 나라와 그 속박, 그리고 인간 삶의 모든 차원에 미치는 그 영향에 맞서고 있다. 무슨 권한으로? 어떤 능력으로? 예수 그리스도의 십자가와 부활의 능력을 통해서만 그렇게 할 수 있다.

죄와 악이 지구상의 모든 생명 영역에 나쁜 소식이 되는 것은 사실이다. 그리스도의 십자가를 통한 하나님의 구속 사역은 이 땅의 모든 생명 영역, 구석구석 죄에 오염된 그 영역에 좋은 소식이다. 직설적으로 말하면, 세상이 총체적(holistic) 혼란에 빠져 있기 때문에 우리에게는 총체적 복음이 필요하다. 그리고 하나님의 엄청난 은혜로, 우리에게는 죄와 악이 침략하여 망쳐 놓은 모든 것을 구속할 수 있을 만큼 큰 복음이 있다. 또한 그 좋은 소식이 모든 차원에서 좋은 소식인 이유는 오로지 십자가에서 흘린 그리스도의 피 덕분이다.

궁극적으로, 구속받은 새 창조 세계에 존재할 모든 것은 십자가와 부활 덕분에 거기에 존재할 것이다. 역으로, 새 창조 세계에 존재하지 않는 모든 것(고통, 눈물, 죄, 사탄, 질병, 압제, 타락, 부패, 죽음)은 십자가와 부활에 패하고 멸했기에 거기에 부재할 것이다. 이는 대단히 좋은 소식이요, 우리의 사명 전체의 토대다.

그래서 총체적 사명에는 십자가와 부활의 총체적 신학이 있어야 한다고 나는 열정적으로 확신한다. 십자가가 복음 전도의 중심이 되어야 하는 만큼 우리의 사회 참여의 중심이기도 해야 한다고 확신한다.[15]

---

15 이런 이유로 나는 드영과 길버트가 신약성경의 '복음'(gospel)에 대한 더 폭넓은 인식과 더 좁은 인식에 붙이는 이름표에 동의하지 않는다. 이들은 '복음'(gospel)이라는 단어가 개인적·사회적·우주적 차원과 함께 도래한 하나님의 다스림이라는 좋은 소식('큰 이야기')을 가리키는 데도 쓰이고 죄 사함 및 각 신자에게 따라오는 확신이라는 좀 더 개인적이고 영적인 면에서의 좋은 소식을 가리키는 데도 쓰인다고 올바로 지적한다. 하지만 첫 번째 좋은 소식을 '그 나라의 복음'(the gospel of the kingdom)이라 부르고 두 번째 좋은 소식을 '십자가의 복음'이라고 부르는 것은 잘못이다. 이들은 그 나라의 복음이 십자가의 복음을 포괄할 때에야 우리가 그 나라의 복음을 소유할 수 있다고, 복음은 오직 하나라고 올바르게 주장한다. 따라서 두 가지 별개의 표현을 쓰면 그릇된 이분법에 빠지게 되고 십자가를 오직 하나님의 구원 사역의 개인적이고 영적인 차원하고만 연관하

십자가에 달려 죽으시고 부활하신 예수 그리스도 아닌 다른 어떤 권세, 다른 어떤 자원, 다른 어떤 이름을 통해서도 우리는 전인(whole person)과 온 세상에 온전한 복음을 제시할 수 없다.[16]

하나님의 선교가 완성되다: 성경 이야기 6막[17]

예수님의 십자가와 부활이 성취한 큰 일 다섯 가지 모두 즉 예수 그리스도가 영광 중에 '나타나시는' 파루시아 때 궁극적 완성에 이를 것이다. 하나님의 선교의 그 모든 차원이 영광스러운 현실이 되어 영원할 것이다. 요한이 보는 절정의 환상이 그 모든 장면을 그린다. 헤아릴 수 없이 많은 사람이 각 나라에서 오는데 이들은 죽임당하신 어린양의 피로 구속받고 죄가 씻길 것이다. 모든 악한 권세, 사탄, 그리고 짐승이 상징하는 모든 것은 패배하여 영원히 멸망할 것이다. 죽음 자체가 음부로 내던져져서 "다시는 사망이 없[을]" 것이다. 요한계시록에 따르면, 전에 압제와 폭력과 박해를 일삼으며 미쳐 날뛰던 땅의 민족들과 왕들이 하나님의 영광과 어린양의 등불의 "빛 가운데로 다니고", 이제 우상숭배의 도성 바빌론이 아니라 깨끗해지고 정결해져서 하나님의 도성이 된 곳으로 자기 "영광"을 가지고 들어갈 것이다. 땅자체는 새로워진 창조 세계의 하늘과 연합할 것이고, 그곳에 임마누

는 경향으로 이어지는데, 위의 본문은 이와 상충한다. 그 나라의 모든 사역, 그리고 우리가 사명으로 행하는 모든 일은 그 중심에 '십자가의 복음'이 있어야 한다.
16 앞선 단락에 대한 좀 더 충실한 설명은 *Mission of God*, pp. 312-316에서 볼 수 있다.
17 성경 이야기를 통과해 나가는 우리 여정의 이 지점에서, 5막에 이르기 전 6막의 개요를 간략히 설명하겠다. 말하자면 이는 5막에서 종말 직전 우리에게 주어진 선교 명령에 초점을 맞추기에 앞서, 성경에서 말하는 복음의 외적 구조를 '시작부터 결말까지' 살펴보기 위해서다.

엘 하나님이 구속받은 인류와 영원히 함께 거하실 것이며, "다시 저주가 없[을]" 것이다. 이것이 바로 창세기 1장에서부터 시작된 성경 이야기의 위대한 결말이자 새로운 시작이다. 이것이 '성취된 사명'의 절정이다.

우리의 사명이 위임되다: 성경 이야기 5막

그때가 시대의 종말이겠지만, 우리는 지금 여기에 있다. 그렇다면, 그리스도의 승천과 재림 사이에 하나님 백성의 사명은 무엇인가? 그것은 위대한 성경 이야기의 끝에서 두 번째 막으로, 사도행전에서 시작되어 우리 세대를 포함해서 여러 세대에 걸쳐 계속되는, 오순절과 파루시아 사이에 있는, 종말 직전의 시대다. 이는 은혜의 날 혹은 사명의 날로 알려져 있다. 하나님은 자기 백성을 부르시고 세상으로 보내셔서, 1-4막에서 행하신 모든 일로써 이끄시고, 인도하시고, 동기를 부여하시며, 성경 이야기의 6막에서 이루실 모든 일로써 소망을 가지고 앞으로 나아가게 하신다. 우리는 성경 자체의 이야기 안에 살면서, 거대하게 펼쳐지는 그 드라마에 참여해야 한다. 사명이란 단순히 (예를 들어, 대위임령처럼 지극히 중요한) 하나님의 명령에 순종하는 문제가 아니라, 우리가 참여한 이야기를 알고 그에 따라 살아가며 하나님의 (과거와 미래의) 능하신 행적을 이스라엘이 들은 대로, 그리고 예수께서 제자들에게 거듭 말씀하신 대로 증언하는 문제다.[18]

---

[18] 예수께서는 야웨가 이사야 43:10-12에서 이스라엘에게 주신 것과 동일한 역할, 즉 야웨/예수의 정체성과 행위를 증언하는 과제를 제자들에게 맡기시는데, 누가가 이 이야기로 자신의 복음서를

기독교가 처음부터 선교적 신앙이 된 이유는 무엇인가? 예수님의 첫 제자들이 그토록 열정적이고 담대하게, 그리고 멈출 줄 모르고 예수님을 세상에 알리는 데 전념할 수 있었던 이유는 무엇인가? 이는 단지 예수께서 이들에게 세상으로 가라고 **명령하셨기** 때문이 아니라, 이들이 이때까지 진행된 성경 이야기를 알고 있었고, 그 이야기가 나사렛 예수 안에서 이제 막 결정적 순간에 이르렀다는 것을 미루어 알았으며, 앞으로의 이야기가 자신들에게 무엇을 요구하는지 알고 있었기 때문이다.[19]

선교의 명령은 "앞으로의 이야기가 요구하는 것"에 담겨 있다. 물론 선교는 예수님의 명령에 순종하는 문제이기는 하지만(그리고 나는 그 명령을 경시하는 말을 하거나 글을 쓴 적이 없지만), 여기서 요점은 그 명령이 **원칙적으로** 새롭고 전례 없는 것이 아니었다는 점이다(그 명령은 하나님이 이스라엘과 함께하신 성경 이야기의 논리적 결론이었다). 하지만 그 명령은 **범위와 방향** 면에서 근본적으로 새로웠다. 아브라함에게 하신 약속이자 이제는 그리스도 예수의 죽음과 부활을 통해서 가능해진 그 약속은 하나님의 선교적 백성(**열방 가운데서** 하나님의 목적에 이바지하는 것이 존재 이유인 사람들)에게 (**열방으로** 파송하고 파송받는) 선교하는 백성도 되라고 요구했다.[20]

사도 바울은 정경 복음서가 대위임령을 문자 기록으로 제공하기

마치고(눅 24:48) 사도행전을 시작한다는 것(1:8)은 분명히 의미심장한 사실이다. 차이점이라면 이제 실제로 열방으로, 땅끝까지 나가는 것이 그 역할에 포함된다는 것이다.
19 *Mission of God's People*, pp. 35-36.
20 의미심장하게도, 구약 이야기가 **메시아로** 성취되고 그 결과 모든 민족이 복을 받으리라는 구약의 약속이 **선교로** 성취되어야 한다고 주장하는 이가 다름 아닌 부활하신 예수시다(눅 24:45-48).

전에 나라들을 향해 선교 사역에 나섰다. 그런데 바울이 자신의 사도적 사명을 요약하여 로마서의 서두와 결말에 강조하듯 배치한 내용은, 다소의 사울이 사도의 수에 더해지기 전에 예수께서 다른 사도들에게 하신 명령과 완전히 일치한다. 즉 "그의 이름을 위하여 모든 민족 중에서 믿음의 순종이 일어나게 하는 것"(롬 1:5 ESV; 참조. 16:26)이다.

바울이 자신의 사명을 그렇게 정의한 것은 적어도 두 가지 면에서 철저히 아브라함과 연관된다. 먼저, '모든 민족'(all nations)을 언급한 데서 그 연관성이 가장 뚜렷이 나타나고, 믿음과 순종을 (이 둘을 하나로 통합된 목격적으로 묶는) 속격으로 결합한 데서도 나타나는데, 이는 아브라함이 믿음과 순종의 모범이기 때문이다. "믿음으로 아브라함은…순종하여"(히 11:8). 바울은 구원에 이르는 믿음에는 선한 행위로 입증된 실제적 순종이 반드시 뒤따른다고 단언했다. 복음은 믿어야 하는 메시지였고 순종해야 할 의미가 담겨 있었다.[21]

바울이 지닌 선교사 의식의 그 두 가지 측면 모두 대위임령의 핵심 요소를 반영한다. '믿음의 순종'이라는 바울의 표현은 예수님의 가르침에 담긴 두 가지 노선을 요약한다. "세례를 베풀고…"는 사람들이 회개하고 **믿어서** 좋은 소식에 화답했다는 것을 전제로 한다.[22] "내가 너희에게 분부한 모든 것을 가르쳐 지키게 하라"는 말은, "가서…제자로 삼[은]" 사람들 자신이 예수님에게 실제적으로 **순종하여** 자기 믿음을 삶으로 구현하고, 그런 다음 자신들이 믿음으로 인도한 사람들도 그

---

21 롬 15:18; 16:19; 엡 2:8-10; 살전 1:3; 살후 1:8.
22 세례 요한, 예수님, 베드로의 설교에서 그랬던 것처럼(마 3:2; 막 1:15; 행 2:38).

와 똑같이 행하여 제자 됨을 삶으로 나타내도록 가르친다는 것을 전제로 한다. 믿음과 순종은 바울의 선교론에서와 마찬가지로 대위임령에서도 빠뜨릴 수 없는 구성요소다.

대위임령은 다른 면에서도 구약에 뿌리를 두고 있음을 드러낸다. 대위임령은 창조와 언약의 하나님으로 시작하고 끝난다. 온 창조 세계에 대한 그리스도의 주재권을 단언하는 것으로 시작해서(이는 신명기 4:35, 39을 반향) 역사의 종말까지 그리스도가 함께하시리라는 약속으로 끝나는데, 이는 하나님이 족장들, 모세, 여호수아, 그리고 이스라엘 전체에게 하신 언약의 말씀(사 43:1-2)을 반향한다. 우리의 모든 사명은 그리스도가 주님이신 창조 세계 안에서, 그리고 그리스도의 언약적 임재가 영원히 우리와 함께하시는 역사 속에서 이뤄진다. 더 나아가, 신명기의 반향은 "**내가 너희에게 분부한 모든 것을 가르쳐 지키게 하라**"는 예수님의 명령에서 계속 이어지는데, 이는 신명기에서 하나님이나 모세가 거듭해서 한 말로, 하나님의 언약 백성의 속성인 윤리 명령에 주의를 환기시킨다. 앞에서 말했다시피 여기 신약에는 선교의 원심적 동력 면에서 확실히 새로운 점이 있다. 즉, 모든 민족을 제자로 삼기 위해 **밖으로 나가야** 한다는 것이다.[23] 그러나 이스라엘의 메시아가 십자가에 달려 죽으시고 부활하셔서 구속 사역을 이루신 뒤 제자들에게 하시는 명령은 다름 아니라 땅의 창조주, 이스라엘의 언약의 주님, 그 민족의 소망이신 분의 선교에 동참하라는 것이다. 대위임령

---

[23] 하지만 이 또한 구약에서 예견된다는 점에 주목해야 한다. 구약은 야웨의 이름·구원·영광이 땅끝까지 퍼져나가는 것에 대해서뿐만 아니라, 이를 성취하기 위해 하나님이 자기 사자(使者)를 종말론적으로 파송하시는 것에 대해서도(사 66:19) 시적(詩的)으로 이야기한다.

을 성경 전체의 이러한 맥락에 비춰서 보면, 직접적으로 명령하든, 성경으로 암시하든 이 명령은 광범위한 내용을 담고 있다. 이는 성경 드라마 전체의 갖가지 주장, 가정, 요구로 가득한 명령이다.

그렇다면 우리는 교회의 사명을 어떻게 정의할 수 있는가? 1984년 세계성공회협의회(Anglican Consultative Council)에서 도움이 될 만한 한 가지 제안을 내놓았다. 전 세계 성공회 교회를 위한 사명 선언으로 여겨지는 이 제안을 1988년 람베스 주교회의(Lambeth Conference of bishops)가 '사명(선교)의 다섯 가지 표지'(Five Marks of Mission)로 채택했는데, 이는 총체적/통합적 사명을 이해하는 데 큰 도움이 된다. 내용은 다음과 같다.

교회의 사명은 그리스도의 사명이다.

1. 하나님 나라의 좋은 소식 선포하기
2. 새신자를 가르치고 세례를 베풀고 양육하기
3. 사랑의 섬김으로 인간의 필요에 부응하기
4. 정의롭지 못한 사회 구조를 바꾸기 위해 노력하기
5. 창조 세계의 본래 모습을 지키고 지구의 생명을 유지하는 일에 힘쓰기[24]

이러한 표지는 복음 전도, 가르침, 긍휼, 정의, 창조 세계 돌봄이라는 몇 단어로 요약될 수 있을 것이다. 이는 성경 전체에 깊이 뿌리 내린 매우 포괄적인 목록으로, 이 목록을 바탕으로 추가적인 연구 보고

---

[24] Bonds of Affection-1984, ACC-6, p. 49; Mission in a Broken World-1990 ACC-8, p. 101. http://www.anglicancommunion.org/ministry/mission/fivemarks.cfm을 보라.

서들이 나왔다.[25] 다섯 가지 '사명(선교)의 표지' 모두 (직접적으로든 간접적으로든) 대위임령과 연결되며, 대위임령을 중심으로 통합된다. 만약 (이는 지극히 중요한 '만약'이다) 대위임령 서두에서 단언하는 사실, 즉 모든 창조 세계에 대한 그리스도의 주재권을 이 모든 표지의 중심에 두기만 한다면 말이다.

사명의 이 다섯 가지 차원은 모두 다음과 같은 방식으로 드러나는 그리스도의 주재권을 기반으로 한다.

- 복음을 전하는 일에서―우리는 예수 그리스도가 주님이요 왕이시며 구주시라는 좋은 소식을 선포한다.
- 가르치는 일에서―우리는 주님이신 그리스도께 복종하여 신앙이 성숙하고 제자가 되는 길로 사람들을 인도한다.
- 긍휼을 행하는 일에서―우리는 "두루 다니시며 선한 일을 행하[신]" 주 예수님의 모범을 따른다.
- 정의를 추구하는 일에서―우리는 주 예수 그리스도가 온 땅의 재판장이시며 모든 정의는 궁극적으로 그분의 보좌에서 흘러나온다는 사실을 기억한다.
- 창조 세계를 이용하고 돌보는 일에서―우리는 창조와 구속의 권리로써 주 예수 그리스도의 소유인 것을 사용하고 있다.

내가 생각하기에는 다음과 같이 세 가지의 더 큰 영역을 만들어서

---

25 예를 들어, Andrew Walls and Cathy Ross, eds., *Mission in the Twenty-First Century: Exploring the Five Marks of Global Mission* (Maryknoll, NY: Orbis, 2008).

이 다섯 가지 차원을 분류하면 더 간단하다.

1. 복음전도와 가르침을 통해, 사람들이 회개와 믿음에 이르고, 예수 그리스도의 제자로서 성숙하도록 그리스도와 함께 수고함으로써 **교회를 세워 간다**.
2. 긍휼과 정의를 통해, 섬기고, 소금과 빛이 되고, '선을 행하는 자'가 되어 예수님의 명령과 모범에 부응함으로써 **사회에 참여한다**.
3. 생태계에 대한 관심 및 행동과 아울러 경제 활동에서 창조 세계 자원을 경건히 이용함으로써 **창조 세계를 돌본다**.

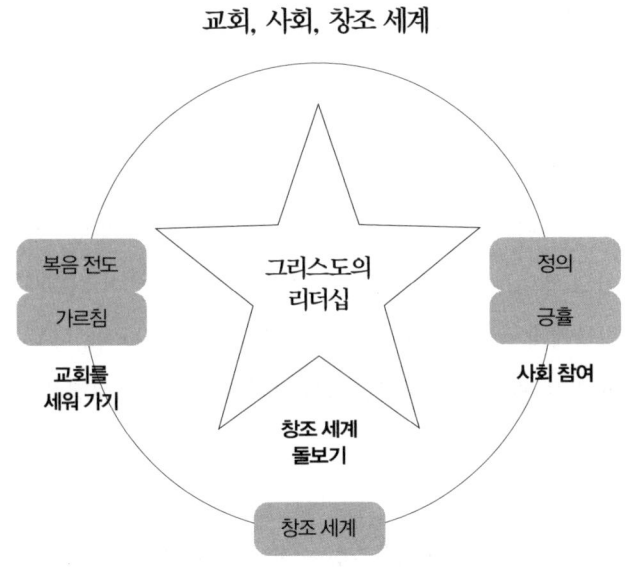

교회, 사회, 창조 세계

사명의 이 세 가지 영역은 전적으로 성경적이다. "케이프타운 서약"

은 이 세 영역 모두 사명에 대한 참으로 총체론적이고 통합된 이해로 결합되어야 한다는 사실을 인식하고 있다.

> 통합적 사명이란 복음이 예수 그리스도의 십자가와 부활로 말미암아 개인에게, **그리고** 사회에게, **그리고** 창조 세계에게도 하나님의 좋은 소식이라고 하는 성경의 진리를 분별하고, 선포하고, 삶으로 구현한다는 뜻이다. 개인과 사회와 창조 세계 셋 모두 죄 때문에 망가져서 고통당하고 있다. 셋 모두 하나님의 구속하시는 사랑과 사명에 포함된다. 셋 모두 하나님 백성의 포괄적 사명의 일부가 되어야 한다.[26]

교회를 세워 가기(복음 전도와 가르침)

"제자로 삼아…세례를 베풀고…가르[치라]."

이 명령은 그리스도의 주재권에서 즉각적으로, 직접적으로 흘러나온다. 나사렛 예수가 정말로 주님이요 하나님이라면, 우리는 회개와 믿음으로 그분에게 순복함으로써 제자가 **되라고** 부름받으며, 다른 사람들도 그와 같은 관계를 맺게 만들어서 제자로 **삼으라고** 보냄받는다.

1. 복음 전도

전통적으로 복음주의자들은 '복음 전도의 우선성'에 대해 이야기해

---

26 *The Cape Town Commitment*, I.7a (강조는 원문).

왔다. 복음 전도가 인간의 가장 큰 문제를 다룬다는 것이 이들의 주장이기 때문이다. 나는 그 사실을 부인하지는 않는다. 하지만 이 같은 주장은 그 문제를 인간 중심적 관점에서 보게 한다. 그래서 나는 '복음의 중심성'에 대해 말하는 편을 선호한다. 이 표현은 본질적으로 복음이 인간이 목격한 역사적 사건 속에서 **하나님이 세상을 구원하기 위해 행하신 일**에 대한 좋은 소식이며, 바로 그 이야기를 들려주는 것이 복음 전도라는 사실을 상기시킨다. 우리는 사명과 관련된 여러 가지 부르심의 범위 안에서 수많은 일을 아주 합법적으로 행할 수 있지만, 그 모든 일을 통합하는 핵심이자 초점은 하나님이 중심이고, 하나님이 일으키시고, 하나님이 뜻하시는 복음의 현실이다. 또한 우리는 '그 복음'(the gospel)이 단지 천국행을 확신할 수 있는 개인 보험 설계나 공식이 아니라고 주장해야 한다. 신약에서 이 단어가 어떻게 쓰이는지를 보면, 복음은 역사 속에서 일어난 사건들에 대한 선언이다. 즉, 복음은 온 창조 세계를 위한 하나님의 구속 목적을 담은 우주적 이야기로서, 구약에서 약속되었고 예수 그리스도의 죽음과 부활로 성취되었다는 것이다. 우리가 **그 이야기를 전하는** 것이 바로 복음 전도다. 그리고 바로 그 이야기, 즉 복음의 핵심인 그 좋은 소식으로부터 우리의 모든 사명은 시작된다.

그래서 내가 복음의 중심성에 대해 말하고, 그 좋은 소식을 전달하는 복음 전도의 과제를 이야기할 때, 이는 다른 것을 전부 주변적인 것으로 만드는 중심, 즉 나머지는 저기 바깥으로 밀어내, 소외되고 부차적인 것으로 만드는 그런 중심을 말하는 게 아니다. 그보다 내가 말하는 중심이란 바퀴통이 바퀴의 중심인 것처럼 주변의 다른 모든 것을 연결하고 통합하는 것이다. 바퀴는 도로와 접촉하는 외륜(外輪)이나 타이어와 더불어 통합적으로 작동하는 물체다. 하지만 외륜은 바퀴살을 통해 매순간 전체가 바퀴통과 연결되어야 한다. 그런 의미에서 바퀴통은 바퀴가 존재하며 행하는 모든 것을 통합하는 중심이다. 그리고 바퀴통은 엔진과 연결되어 '타이어가 도로에 닿는 부분'에 엔진의 동력을 전달한다.

통합된 사명을 나타내는 이 비유에서, 엔진은 성경에서 말하는 복음("구원을 주시는 하나님의 능력", **세상을 구원하기 위해 하나님이 그리스도 안에서 하신 일**)의 역동적 힘이다. 바퀴통은 우리가 그 좋은 소식을 나누는 것을 말한다. 외륜/타이어는 우리의 삶과 우리가 하는 일, 그리고 상황과 문화(도로)에 참여하는 모든 활동을 통해 세상에서 복음을 구체화하는 것을 말한다. 통합적 사명에 참여하기 위해서는 복음의 **역사적 사실**, 전도에서 그 복음을 **선포**하는 일, 삶의 정황 속에서 사회와 창조 세계에 참여함으로써 복음을 **구현**하는 행동을 통합할 필요가 있다.

"케이프타운 서약"은 다음과 같은 선언으로 사명에 대한 이 통합적 이해를 정확히 담아낸다.

우리 사명의 통합성. 우리의 모든 사명의 **원천**은, 성경에 드러나 있는 대로 온 세상을 구속하기 위해 하나님이 그리스도 안에서 행하신 일이다. 복음 전도와 관련해 우리의 과제는 그 좋은 소식이 모든 나라에 알려지게 하는 것이다. 우리 사명의 **배경**은 우리가 살고 있는 세상, 곧 죄·고통·불의의 세상이요 창조 질서가 무너진 세상이며, 하나님은 바로 이 세상으로 우리를 보내셔서 그리스도를 위해 사랑하고 섬기게 하신다. 그러므로 우리의 모든 사명은 복음을 전하는 일과 세상에 대한 헌신적인 참여가 통합된 모습을 반영해야 하며, 이 두 가지 모두 하나님의 복음에 대한 성경의 전체 계시에 의해 정해지고 주도된다.[27]

2. 가르침

"내가 너희에게 분부한 모든 것을 가르쳐 지키게 하라."

교회는 복음 전도를 통해 개척되어야(planted) 할 뿐만 아니라 가르침을 통해 물을 공급받아야(watered) 한다. 두 가지 모두 대위임령의 요구들이다. 하나님은 사람들이 그리스도를 믿게 하실 뿐 아니라, 이들 안에 계신 성령의 역사를 통해, 그분의 은사와 능력과 그들 삶에 맺히는 열매로 그리스도 안에서 성숙하게도 하신다. 교회에서 사람들을 가르치는 일은 하나님이 친히 완전한 성숙과 그리스도를 닮은 형상으로 사람들을 인도하시는 과정에 참여하는 것이다. 이는 우리가 하나님의 선교에 동참하는 또 하나의 방식이다.

바울을 보면, 선교하는 교회 개척자로서의 그의 삶 전체에 가르침이 반드시 있어야 했음을 알 수 있다. 바울은 에베소에 거의 3년 동안 머물렀다. 에베소에 머무는 동안 바울은 에베소 신자들에게 유익한 모든 것뿐만 아니라 "하나님의 뜻을 다" 가르쳤다고 하는데, 이는

---

27 *The Cape Town Commitment*, I.10b.

하나님의 큰 계획과 목적에 관한 성경의 계시 전체를 뜻하는 것이 거의 확실하다(행 20:20, 27; 참조. 엡 1:9-10). 자신이 직접 가르칠 수 없는 경우 바울은 디모데나 디도 같은 선교팀 일원이 대신 가르치게 했다. 그리고 (아프리카 출신인) 아볼로도 있었는데, 아볼로는 성경을 많이 깨우친 능력 있는 교사였으며 (아시아에 있는) 브리스길라와 아굴라의 집에서 신학 교육을 더 받은 후 (유럽에 있는) 고린도로 가서 구약 해석학과 기독론과 일종의 변증학(복음을 공개적으로 토론하고 옹호하기; 행 18:24-28)을 포함해서 가르치는 일에 체계적으로 참여했다. 나중에 고린도 그리스도인들이 바울파와 아볼로파로 나뉘어 각각 충성을 뽐냈을 때 바울은 이를 허용하려 하지 않았다. 그렇다, 바울은 복음을 전하는 교회 개척자였다. 맞다, 아볼로는 신학자 유형의 교회 교사였다. 하지만 이 두 사람에게는 **공동의 사명**이 있었다. 바울은 복음 전도자(심는 사람)와 교사(물 주는 사람)에게는 '한 가지 목적', 즉 단일한 사명(그리스어로는 "그들은 하나다"; 고전 3:5-9)이 있다고 역설한다.

그러므로 오늘날 우리가 신학 교육이라고 부르는 것을 포함해서 교회 안에서 시행하는 갖가지 형식의 가르침은 본질적으로 사명의 일부다. 이는 단순히 '실제 사명'에 부수되는 일이 아니다. 가르침은 대위임령에 대한 우리의 순종에 없어서는 안 되는 부분이다. "케이프타운 서약"은 이 점을 다시 한번 강조한다.

이 땅에서 교회의 사명은 하나님의 선교에 이바지하는 것이며, 신학 교육의 사명은 교회의 사명을 강화하고 이 사명과 동행하는 것이다. 신학 교육은 **첫째로** 교회 지도자들이 목회자-교사로서 하나님 말씀의 진리를 충실하고 시의적절하고 명료하게 가르칠 수 있는 소양을 키우도록 이들을 훈련하는 일에 이바지하고, **둘째로** 하나님의 모든 백성이 모든 문화적 정황에서 하나님의 진리를 이해하고 적절히 전달하는 선교적 과제를 이행할 수 있도록 구비시키는 일에 이바지한다. 신학 교육은 "모든 이론을 파하며 하나님 아는 것을 대적하여 높아진 것을 다 파하고 모든 생각을 사로잡아 그리스도에게 복종케"(고후 10:5) 하면서 영적 전쟁에 참여한다. 교회와 선교기관을 이끄는 사람들은 신학 교육이 **본질적으로** 선교의 성질을 띤다는 것을 알아야 한다. 신학 교육을 제공하는 사람들은 이 교육이 **의도적으로** 선교의 성질을 띨 수 있게 해야 하는데, 학교에서 이뤄지는 신학 교육은 그 자체가 목적이 아니라 세상에서 교회의 사명에 이바지하려는 목적이 있기 때문이다.[28]

(자비로운 섬김과 정의를 통한) 사회 참여

사회 참여는 대위임령 어디에서 찾아볼 수 있는가? 이런 질문이 있을 수도 있다.[29] 나는 예수께서 18절에서 하시는 말씀에 사회 참여가 명백히 암시되어 있다고 본다. "**내가 너희에게 분부한 모든 것을 가르쳐**

---

28 *The Cape Town Commitment*, IIF.4
29 이 질문을 이런 식으로 함으로써 나는 이 단 하나의 본문(대위임령)을 우리 사명의 내용을 뒷받침하는 유일하고도 더없이 충분한 성경 본문으로 격상하는 견해에 동의하지 않는다는 점을 분명히 하고자 한다. 그보다 나는 성경 전체를 바탕으로 하나님 백성의 정체성과 사명을 이해해야 한다고, 그래서 사회참여가 대위임령에서 본격적으로 드러나거나 암시되지 않는다 해도, 사회참여가 성경적인 선교 신학에 포괄된다는 사실이 무효가 되지는 않는다고 주장한다. 개인적으로 내 말의 요점은, **설령** 대위임령을 선교에 대해 가장 영향을 주는 본문으로 받아들인다 해도, 사실상 이는 예수께서 가르치신 모든 것에 대한 순종을 **실제로** 요구하며, 거기에는 사랑·긍휼·정의에 관한 가르침도 분명 포함된다는 것이다.

지키게 하라." 예수께서는 긍휼과 정의에 관해 제자들에게 하실 말씀이 많았던 것이 분명하다. 예수님의 바로 그 말씀이 신명기 내용을 반향하고 있다는 데서 떠올릴 수 있다시피, 예수님의 가르침은 하나님이 궁핍한 상태의 이스라엘에게 하신 것처럼 이스라엘도 가난하고 궁핍한 사람들, 집도 없고 가족도 없고 땅도 없는 사람들에게 긍휼을 보이고 정의를 추구함으로써 하나님을 닮아야 한다는 구약의 한결같은 명령을 바탕으로 했다. 마찬가지로, 그리고 내가 생각하기에 아마 똑같은 어조로 예수께서는 제자들에게 말씀하신다. "너희의 사명은 제자를 세워서 내가 너희에게 명령한 것을 가르쳐 지키게 하는 것이니, 이는 하나님이 처음부터 자기 백성에게 명령하신 모든 내용과 일치한다."

마태복음을 쭉 살펴보기만 해도 이런 분위기를 거듭 확인할 수 있다(예를 들어, 마 5:6; 6:33). 예수께서는 율법에서 정말 중대한 문제는 "의와 긍휼과 믿음"(마 23:23)이라고 말씀하신다. 예수께서는 미가 6:8에서 볼 수 있는 비슷한 세 가지 덕목을 염두에 두고 계신 듯하다. "여호와께서 네게 구하시는 것은 오직 정의를 행하며 인자를 사랑하며 겸손하게 네 하나님과 함께 행하는 것이 아니냐." 아니면 스가랴 7:9을 생각하신 것일 수도 있다. "너희는 진실한 재판을 행하며 서로 인애와 긍휼을 베풀며."

이렇게 상응하는 성경 말씀을 배경으로 예수께서 제자들에게 "너희는 세상의 빛이라"고 놀라운 말씀을 하신다(마 5:14-16). 제자들이 무지와 죄의 어둠 속에 있는 사람들에게 빛을 안겨 줄 복음의 진리를 전하는 사람이 되리라는 뜻이었을까? 바울이 고린도후서 4:4-6에서 비슷한 은유를 사용해서 말하는 것처럼, 예수께서는 사도적 사명의 전반적 과제에 틀림없이 그런 일도 포함시키셨을 것이다. 그러나 '빛'이 무슨 의미인지 설명하실 때 실제로 강조하신 것은, "너희 빛이 사람 앞에 비취게 하여 그들로 **너희 착한 행실**을 보고 하늘에 계신 너희 아버지께 영광을 돌리게 하라"는 것이다. 제자들에게는 전해야 할 메시지가 있었고, 물론 이들은 그 메시지를 전했다. 하나님 나라의 좋은 소식이 전해져야 했다. 하지만 '빛'에 관해 말씀하실 때 예수께서는 선함·자비·사랑·긍휼·정의로 충만하여 사람들의 마음을 끌 수 있는[30] 삶에 관해 말씀하시는 것이다.

다시 한번 예수께서는 구약의 강력한 전통에 의지하신다. 하나님은 이스라엘을 부르셔서 '열방의 빛'이 되라고 하셨는데, 빛이 되는 일에는 한 공동체로서 이들의 삶의 질이 포함되었다. '빛'에는 강력한 윤리적·사회적 의미가 있었으며, 이사야서에서는 '빛'이 '의로움'과 결합한다(사 58:6-8, 10). 빛은 긍휼과 정의에 몰두하는 사람들에게서 반짝인다. 또한 이사야가 계속해서 말하다시피, 그런 빛은 백성 가운데서 하나님 자신의 임재와 영광의 빛을 반사하기 때문에 뭇 나라를 끌어들인다. 이 빛은 선교적인 면에서 사람들의 마음을 끈다(사 60:1-3). 이 빛은 살아 계신 하나님을 영화롭게 하는 길로 사람들을 인도할 것이며, 예수께서 말씀하신 것이 바로 이것이다.

그래서 구약에서 하나님은 자신이 긍휼과 공의에 매진하신 것을 반영하고 구현하는 방식으로 긍휼과 공의를 실제적이고 현실적으로

---

[30] '선하다'(good)고 번역된 단어는 '칼로스'(kalos)로, 단순히 도덕적으로 고결하다는 의미만이 아니라 '아름다운'이라는 의미이기도 하다.

실천하는 백성이 되라고 이스라엘에게 명령하셨다. 예수께서는 제자들을 위해 그 명령을 확인해 주셨고(또한 이 명령을 철저히 심화하셨고), 이어서 대위임령에서는 새로이 세우게 될 제자들에게 이 명령을 전달하라고 지시하셨다("내가 너희에게 명령한 것을 가르쳐 지키게 하[라]"). 제자 공동체로서의 삶은 물론, 제자를 세우는 사명에서도 이들은 빈궁한 사람들을 돌보시고 과부와 고아의 복지를 옹호하시는 하나님의 성품을 반영해야 한다.

이들은 실제로 그렇게 했다.

물론 초대교회가 복음 전도와 교회 개척을 통해 사방으로 퍼져나간 흥미진진한 선교 이야기를 우리는 잘 알고 있다. 하지만 사도들을 비롯해 맨처음 소규모 신자 공동체가 사회경제적 궁휼과 정의에 관해 예수께서 친히 가르치신 내용에 순종함으로써 대위임령의 이 또 다른 차원에 얼마나 강한 헌신을 보여 주었는지를 간과해서는 안 된다.

누가는 예루살렘에서 예수님을 따르는 이들의 가장 초기 공동체는 경제적으로 상호 의존하는 관계를 통해 자신들의 영적 하나 됨이 실제적으로 드러나게 하려 했다고 말한다(행 2:44-45; 4:32-38). 이들은 빈궁한 사람들의 존재에 관해 무언가를 할 수 있는 능력이 있는데도 자신들 가운데 빈궁한 사람이 여전히 있다면 하나 됨은 빈말일 뿐이라고 믿었다. 의식적으로든 무의식적으로든 이들은 신명기에 기록된 하나님의 말씀을 하나 더 실행하고 있었다(사도행전 4:34은 신명기 15:4의 그리스어 역본과 단어 하나하나까지 똑같다).

바울이 처음으로 바나바와 동행하여 선교 여정에 나선 때는 사실 안디옥 교회의 파송을 받아 소아시아에 복음을 설교하러 간 때가 아니라(행 13장), 그보다 앞서 역시 안디옥 교회의 파송을 받아 예루살렘의 가난한 신자들을 기근에서 구제하러 간 때였다(행 11:27-30). 바울이 그리스의 이방인 교회 사이에서 유대 땅의 가난한 사람들을 도울 기금을 모으려고 부단히 노력한 것은 분명 이 기억 때문이기도 했을 것이다. 바울은 새로 제자가 된 그 사람들에게 그런 책임을 가르친 것이 분명하며, 그래서 이들은 심지어 그 책임을 나눠질 수 있는 특권을 달라고 간청하기까지 했다(고후 8-9장). 사실, 바울의 선교 이력에서 가장 의미 있는 순간, 즉 그가 설교하는 복음 메시지 덕분에 예루살렘 사도들에게 받아들여지던 순간('친교의 악수'를 하던 순간), 바울은 다음과 같이 뜻깊은 말로 가난한 사람들을 돌보는 일이 자신의 선교 사역에서 빼놓을 수 없는 부분임을 보여 준다.

> 다만 우리에게 가난한 자들을 기억하도록 부탁하였으니 이것은 나도 본래부터 힘써 행하여 왔노라. (갈 2:10)

사회적·경제적 긍휼 실천을 이렇게 강조하는 것은 성경 다른 곳에서도 되풀이된다. 디모데전서 6:17-19, 야고보서 2:14-17, 요한1서 3:17-18 같은 구절들은 이런 유형의 순종의 중요성을 분명히 하고 있으며 이에 대해 우리에게 전혀 의심의 여지를 남기지 않는다. 예수님과 사도들은 잠언 29:7의 단순한 단언에 모두 동의할 것이다. "의인은 가난한 사람의 사정을 잘 알지만, 악인은 가난한 사람의 사정쯤은 못 본 체한다"(새번역). 우리는 믿음과 행위, 말과 행동, 복음 선포와 증명을 통합하라고 명령받는다.

창조 세계 돌보기

우리는 창조 세계에서부터 시작할 수 있다. 예수님의 대위임령도 창조 세계에서부터 시작되기 때문이다. "하늘과 땅의 모든 권세를 내게 주셨으니." '하늘과 땅'이라는 이 조합은 성경이 창조 세계를 가리키는 데 전형적으로 쓰이는 표현이다. 하늘과 땅은 예수께서 시작하시는 곳일 뿐만 아니라 성경이 시작하는 곳이기도 하며(창 1:1), 새 하늘과 새 땅, 즉 요한계시록 21-22장에서 말하는 새 창조와 더불어 성경이 끝나는 곳이다. 성경 이야기에서 하나님의 선교 전체가 창조에서 발원하여 새 창조로 흘러들어 가며, 예수께서는 그 모든 것의 주님이라고 주장하면서 그 중심에 서 계신다. 예수께서는 그저 '하늘 높이' 계시지 않는다. 예수님은 하늘**과 땅**의 주님이시다.

대위임령에 다양한 방식으로 순종할 때 우리의 사명에 무엇이 포함되든, 이는 예수께서 창조 세계의 주님이시라는 것, 땅은 예수님의 소유라는 것, 예수께서는 지주(地主)이시고 우리는 그 땅에 거주하는 사람들이라는 것을 전제로 한다. 땅은 예수님의 재산이고, 우리는 그 땅의 청지기로서, 그 땅을 가지고 우리가 하는 모든 일에 대해 예수님에게 책임을 진다. 땅의 나라들 가운데 어디를 가든 우리는 그리스도의 권한 아래 있는 그리스도의 소유지를 걸어 다닌다.

바울은 자신의 글 중 손꼽히게 놀라운 구절에서 그리스도에 관한 이 우주론적·창조론적 진리를 상세히 설명한다. 바로 골로새서 1:15-20이다. 바울이 이 구절에서 '하늘과 땅'이나 '만물'을 몇 번이나 언급하는지 주목하라. 이는 유대인들이 온 창조 세계를 가리키는 또 하나의 표현이다. 우리가 살고 있는 지구를 포함해 온 우주는 그리스도께서, 그리스도를 위해 창조하셨고, 그리스도에 의해 존재를 유지하며, 그리스도의 기업으로서 그분에게 속해 있고, 십자가를 통해 그리스도에 의해 하나님과 화해했다. 그리고 하나님은 땅과 하늘이 하나님의 영광과 우리의 영광을 위해 새로워지게 하실 생각이다(계 21-22장).

그러므로 우리가 살고 있는 땅이 창조와 구속의 권리에 의해 예수께 속한 예수님의 재산이라면, 우리가 주님이신 예수께 드리는 인격적 순종은 우리가 땅에 관해 생각하는 방식 및 땅에서 행동하는 방식과 별개일 수 없다. 땅에서 나는 자원을 경건하게 활용하면서 세심히 청지기 역할을 하는 것은 생태 환경 보호를 위한 구체적 활동과 더불어 그리스도인의 사명의 정당한 차원이다. 그리스도인의 사명은 인간의 가장 중요한 사명, 즉 창조 세계를 섬기고 지킴으로써 창조 세계를 경건히 통치해야 하는 사명을 배제할 수 없다(창 1:26-28; 아울러 창 2:15). "케이프타운 서약"은 이 점을 다음과 같이 설명한다.

땅은 그리스도에 의해 창조되고, 유지되고, 구속된다[골 1:15-20; 히 1:2-3]. 우리는 창조·구속·상속의 권리로써 그리스도에게 속한 것을 함부로 사용하면서 하나님을 사랑한다고 주장할 수 없다. [그리스도인으로서] 우리는 세속 세상의 이론적 논리에 따라서가 아니라 주님을 위해서 땅을 돌보고 그 풍성한 자원을 책임감 있게 사용한다. 예수께서 온 땅의 주님이시라면, 우리와 그리스도와의 관계를, 우리가 땅과 관련하여 행동하는 방식과 분리할 수 없다. 그리스도의 주재권은 온 창조 세계에 미치기에, '예수는 주님'이시라고 말하는 복음을 선포한다는 것은 곧 땅을 포괄하는 복음을 선포하는 것이기 때문이다. 따라서 창조 세계를 돌본다는 것은 그리스도의 주재권 안에 있는 복음적 문제이다.

하나님의 창조 세계에 대한 그런 사랑은 우리가 땅의 자원이 파괴되고 낭비되고 오염되는 데 일조한 것과 소비자 중심주의라는 중독성 있는 우상숭배에 공모한 것을 회개하기를 요구한다. 그리하여 우리는 긴박하고 선지자적인 책임감으로 생태 환경을 보호하기로 다짐한다. 우리는 특별한 선교적 부르심을 받고 환경보호 활동에 임하는 그리스도인들 및 책임 있게 지배권과 청지기 직분을 행사함으로써 인간의 복지에 힘쓰고 필요를 채우라는 명령을 경건히 이행하는 데 헌신한 그리스도인들을 지지한다.[31]

(안타깝게도 특히) 복음주의자를 자처하는 사람들을 포함해서 그리스도인 중에 창조 세계를 돌보거나 생태학에 관심을 기울이고 활동하는 이 일을 설득력이 없다고 여기거나 소홀히 여기는 사람이, 심지어 적대적인 편견으로 거부하기까지 하는 사람이 그렇게 많다는 것을 나로서는 이해하기 힘들다. 내가 보기에 그 이유는, 현대 복음주의자들의 창조 신학에 매우 결함이 많기 때문인 것 같다. 거칠게 말하자면, 어떤 사람들은 처음 두 페이지와 마지막 두 페이지가 불가사의하게 찢겨 나가 훼손된 성경책을 갖고 있는 것 같다. 이 사람들의 성경은 창세기 3장에서 시작한다. 이들은 죄에 대해 모르는 것이 없기 때문이다. 그리고 이 사람들의 성경은 요한계시록 20장에서 끝난다. 이들은 심판 날에 대해 모든 것을 다 알기 때문이다. 그리고 이 사람들

---

31 *The Cape Town Commitment*, I.7.a.

은 예수님의 죽음과 부활로 말미암아 죄 문제에 대한 개인적 해결책과 심판 날 필요한 개인적 안전책을 제공받았다. 하나님께 감사하게도 나 역시 그 모든 것을 다 믿는다. 하지만 성경에는 창세기 1-2장에서부터 요한계시록 21-22장에 이르는 더욱 광범위한 이야기, 즉 창조 세계 전체에 관한 이야기가 있으며, 우리의 개인적 구원은 그 이야기에 안에 딱 들어맞는다. 그리고 그리스도의 주재권은 그 이야기 전체에 미친다. 그래서 나는 그리스도를 내 영적 구원의 주님으로 볼 뿐만 아니라 내 물리적 환경의 주님으로도 여겨야 하며, 이 두 가지 모두와 관련해 선교적으로 그분에게 순종하는 제자로 행동할 필요가 있다. 이것이 바로 창조 세계를 돌보는 일이 그리스도인의 사명의 전체 스펙트럼에서 필수적인 특징으로 드러나는 이유다.[32]

결론

하나님 백성의 사명은 성경의 가장 중요한 서사 전체에 드러난 대로 하나님의 선교와 상관관계가 있다. '하나님의 백성'에는 구약 이스라엘과 신약 및 오늘날의 그리스도의 교회 모두가 포함된다. 사명의 성격은 (앞에서 개략적으로 살펴보았다시피, 3막과 5막 사이에서) 달라졌지만, 하나님의 백성으로서 우리 존재의 근본적 이유는 달라지지 않았다. 하나님은 땅의 모든 민족 한가운데 한 백성이 존재하게 하셔서, 세

---

[32] *The Mission of God*, ch. 12; *Old Testament Ethics for the People of God*, ch. 4과 *The Mission of God's People* (Grand Rapids: Zondervan, 2010), ch. 3을 보라. 또 Colin Bell and Robert S. White, eds., *Creation Care and the Gospel: Reconsidering the Mission of the Church* (Peabody, MA: Hendrickson, 2016)도 보라.

상을 위한 하나님의 목적에 자신과 함께 참여하게 하셨다. 바울의 표현을 빌리자면 '하나님의 동역자'가 되게 하신 것이다. 이는 우리가 하나님이 하시는 일을 모두 한다는 뜻이 아니다. 하나님은 하나님이지만 우리는 하나님이 아니다. 다만 이는 사명에 대한 우리의 이해와 실천이 불완전하고 임시적이더라도 성경에 계시된 하나님의 행동·관심·명령·약속·의도의 포괄성을 어떤 식으로든 반영해야 한다는 의미다.

교회는 하나님의 선교를 위해서 존재한다.[33] 교회를 위해 하나님의 선교가 있다기보다는(통상적으로 교회에서 사례비를 받는 소수의 전문가들이 이행하는 선교), 하나님의 선교를 위해 교회가 있다는 것이 사실이다. 이 경우, 교회가 그 정의상 선교적인(missional) 이유는, 교회 전체가 하나님의 선교에 참여하도록 부름받기 때문이다.

이 점과 관련해 레슬리 뉴비긴은 교회 생활의 선교적 **차원**(missional dimension)과 선교적 **의도**(missional intention)를 매우 유익하게 구별했다. 교회가 하나님의 선교를 위해 존재하기 때문에, 교회 생활 전체(예배·교제·목회적 돌봄·가르침·전도 등)에 선교적 차원이 있다. 왜냐하면 그것이 원래 교회가 존재하는 이유이자 존재 방식이기 때문이다. 교회의 존재와 행동은 애초에 하나님 백성으로서의 우리의 존재 이유 자체와 어떤 식으로든 모두 연관되어야 하며, 우리의 존재 이유는 하나님의 궁극적 영광을 위해 하나님의 선교에 이바지하는 것이다.

---

[33] 나는 교회 생활이 이 타락한 세상 및 역사에 나타난 하나님의 구속 사역 안에 있다는 맥락에서 이 말을 한 것이다. 영원의 관점에서 교회는 새 창조 세계 안에 계속 존재하면서 하나님을 예배하고 영화롭게 할 것이며, 창조 세계 안에서 인간 왕과 제사장의 권한을 영원히 행사할 것이다. 교회의 '존재론'의 그 관계적 현실이 여기서 간과되지는 않는다. 그러나 역사 안에서의 우리의 사명이라는 관점에서, 나는 성경이 교회의 사명에 대해 여기서 확언된 견해를 지지한다고 믿는다.

교회의 활동들은 교회가 무엇을 위해 존재하느냐는 관점에서 평가되어야 한다. 흔히들 말하듯이, 그러한 활동이 "목적에 부합하는가?" 그것이 모든 교회 생활의 선교적 차원이다.

그러나 교회는 선교적 의도를 가지고 행동하기도 한다. 교회는 신중한 의도로 계획되고 자원을 제공받고 이행되는 구체적 행동과 사업에 참여하는데, 그 신중한 의도란 하나님 나라의 좋은 소식을 말과 행동으로 증언하는 것, 대위임령에서 볼 수 있고 성경 이야기 전체를 통해 상세히 설명되는 헌신의 의무들을 이행하는 것이다. 이는 '사명(선교)의 다섯 가지 표지'로 요약되기는 하지만 이 표지들만 가지고는 **빠짐없이** 자세히 설명될 수 없다.

뉴비긴이 선교적 차원과 선교적 의도를 구별한 덕분에 "모든 것이 선교라면 그 무엇도 선교가 아니다"라는, 자주 오용되는 슬로건의 오류를 극복하는 데 도움이 된다. 이 슬로건은, 만약 교회가 하는 모든 일을 '선교'로 **간주한다면** 복음 전도나 교회 개척을 위해 선교사를 파송하는 일을 위한 특별한 범주가 남지 않는다는 염려에서 생겨난 말이다. 이 슬로건에 내재하는 가설은, **그것**(즉, 복음화를 위해 선교사 파송하기)이 바로 '진짜' 선교라는 것이다. 앞에서 복음의 중심성 및 이를 선포할 때 타협할 수 없는 전도 책임에 대해 말했는데, 이를 통해 내가 복음 전도와 타문화권 선교사의 교회 개척의 중요성에 전적으로 몰두하고 있다는 점이 분명히 드러났기를 바란다. 그러나 내가 생각하기에 성경이 교회의 선교에 포함시키는 것은 그것이 **전부**가 아니다. 그보다 성경은 '선교'라는 말을, 하나님이 교회를 존재하게 하신 모든 목적과 교회를 세상에 보내셔서 하게 하신 모든 일이라는 의미에서 쓰고 있다. "(우리는 하나님의 선교를 위해서 있는 하나님의 백성이므로) 모든 일이 선교이기에, 맞다, (교회 생활과 교회가 하는 일의 모든 차원과 의도라는 관점에서) **모든 일**이 선교다"라고 하는 게 성경적으로 더 정확할 것이다.[34]

---

[34] 예를 들어 설명하자면, 교회가 하는 모든 일에는 섬김의 **차원**이 있다. 우리는 다양한 방식으로 그리스도를 섬기고 서로를 섬기고 사회를 섬기는 일에 참여하기 때문이다. 하지만 그리스도인이 교회 안팎에서 행하는 섬김의 구체적인 형태, 소명, 은사 및 질서에 관한 섬김의 **의도**도 있다. 섬김의 차원을 인정한다고 해서 섬김의 의도를 부인하는 것은 아니다. 다시 말해, "모든 것이 섬김이라면 그 어떤 것도 섬김이 아니다"라는 것도 마찬가지로 말이 안 된다는 것이다.

크리스토퍼 라이트에 대한 논평 조녀선 리먼

교회학교 성경 신학 수업 때였다. 구약 시대 율법이 신약 시대 신자들에게 어떻게 타당성을 갖는지 가르치면서 나는 전날 밤 생각해 두었던 아주 근사한 비유를 사용했다. 그때 어떤 학생이 손을 들고 질문을 하나 했다. 그리고 그 질문으로 내 비유는 그다지 근사한 비유가 아니었다는 게 입증되고 말았다. 학생의 질문은 성경의 언약들 간의 연속성을 강조하는 질문이었는데, 나는 내가 사용한 비유가 언약의 불연속성 쪽으로 너무 심하게 방향을 틀었다는 것을 깨달았다.

성경이라는 여러 색깔로 짠 천을 올바로 해석하는 데에는 그런 난제가 있다. 어떤 이야기를 충실하게 다시 풀어서 전하려면 올바른 자료뿐만 아니라 올바른 강조점도 요구된다.

크리스토퍼 라이트는 성경 전체의 줄거리를 통해 교회의 사명을 가장 잘 분별할 수 있다고 올바로 주장한다. 이 책 필진 네 사람 모두 바로 그런 시도를 했다. 하지만 증거본문 찾기(proof-texting)라는 전통적 방식을 쓰는 설교자들을 가리켜 "큰 그림을 놓치고 있다"고 하며 지난 수십 년 동안 꾸준히 무시해 온 성경신학자들에게 속지 말라. 성경신학자들의 성경 해석 이야기도 불균형, 편견, 의제의 영향을 받는다. 증거본문 찾기라는 오래된 방식을 탁월하게 활용하는 사람들이 고학력 이야기꾼들보다 어떤 일의 비교 경중(輕重)을 더 잘 판단하기도 한다. 예의 그 율법전문가가 예수님에게 가장 큰 계명에 관해 물었을 때, 예수께서는 올바른 증거본문을 가지고 본문 검증을 하셨다.

나는 라이트가 성경의 줄거리를 다시 풀어 설명해 주는 이야기가 마음에 든다. 이는 많은 내용을 정리해 준다. 하지만 나는 그 각 내용이 얼마나 '비중이 있는지'에 관한 그의 판단에 전부 동의하지는 않는다. 다른 모든 사람과 마찬가지로, 라이트가 다시 풀어 설명해 주는 내용은 어느 한쪽으로 기울어져 있고, 음영이 있으며, 일정한 해석을 한다. 최선의 경우, 라이트의 글은 교회 회원들이 삶 가운데서 말과 행동을 통합해야 한다는 막중한 책임감을 느끼는 데 도움을 줄 수 있다. 그리고 최악의 경우, 회심이나 지역교회, 더 나아가 지옥 같은 주제가 심각하게 빈약해 보일 수 있다.

좀 더 솔직하게 표현하자면, 라이트의 글은 죄인이 하나님의 진노와 영원한 어둠에서 구원받는 문제에 별 관심을 보이지 않는다.

창조(1막)

라이트가 하나님의 형상 및 창조 세계에서 우리가 이행하는 왕과 제사장 역할을 강조하는 것은 나와 일치한다. 그리고 타락 후에도 하나님은 이런 목적을 결코 폐지하지 않으신다.

이어서 교회 항목으로 빠르게 진전해 가면서 나는 라이트가 교회의 사명은 어머니가 자녀를 믿음으로 양육하는 일이든, 기계공이 렌치를 휘두르는 일이든, 삶의 모든 면에서 하나님의 형상과 의로운 다스림을 증명하는 것으로 구성된다고 말하기를 기대했다. 프랭키의 글은 이를 제대로 해낸다. 또한 나는 대위임령이 "창세기 1:26-28에서 아담에게 주어진 명령을 갱신한 것"이라고 하는 그레고리 빌의 의견도 좋아한다.[1] 하지만 내가 놀란 것은, 교회를 위해 아담이 명령받은 일을 라이트가 참으로 편협하게 만든다는 점이다. 그는 우리가 삶 전체에서 그리스도를 형상화한다는 개념을 버리고, 대신 성공회 주교들의 어느 선언을 세 가지로 요약한 것을 채택한다. 즉, 교회의 사명은 교회를 세워 나가고, 창조 세계를 돌보며, 긍휼 어린 정의와 섬김을 통해 사회에 참여하는 것이라고 한다. 교회 회원이 이 세 가지 모두에 관심을 가져야 한다는 데에는 나도 의견이 다르지 않다. 하지만 인간으로 존재한다는 것의 의미는 대체 무엇인가? 자녀를 먹이고, 렌치를 돌리고, 그림을 그리고, 이를 닦는, 이 믿음 충만한 행위가 있을 자리는 어디인가? 창조 세계를 돌보고 정의를 행하는 게 왜 특권인가? 내가 편협한 것일 수도 있지만 이는 중도 좌파 기독교 정치의 강조점처럼 들린다. 라이트는 '모든 일이 선교다'라고 말하지만, '모든 일'이 정말로 모든 일을 뜻하지는 않는 듯하다.

타락과 이스라엘(2막과 3막)

타락과 이스라엘에 대한 논의로 넘어가 보자. 이번에도 라이트가 한

---

[1] G. K. Beale, *A New Testament Theology: The Unfolding of the Old Testament in the New* (Grand Rapids: Baker Academic, 2011), p. 423; pp. 57, 390-391도 보라.

말 대부분이 마음에 든다. 맞다, 아담과 하와의 죄는 하나님, 타인, 창조 세계와 관계 단절을 초래했다. 그리고 도덕법으로 형성된 이스라엘의 전체 삶, 즉 윤리는 이들의 예배와 증언에 절대적으로 중요했다(신 4:6-8). 통합주의자 라이트는 이 논의 전반에 걸쳐 독자에게 유익을 끼친다.

그렇게 말은 했지만, 라이트가 강조하고자 하거나 중요성을 깎아내리고자 하는 것 몇 가지 때문에 나는 혼란스럽다. 예를 들어, 라이트는 죄 문제가 "성경 이야기의 핵심에 자리 잡고 있다"는 케빈 드영과 그렉 길버트의 주장에 반대한다. 라이트는 죄가 근원적 원인일 수 있다며 양보하지만, "창조 세계와 나라들이 망가지는 것을 그저 '(죄의) 증상들'로 생각하는 건 적절하지 않다"고 말한다. 라이트는 우리가 세 가지를 모두 똑같은 비중으로 생각하기를 원한다. 솔직히 말하면 나는 이 논리가 이해되지 않는다. 죄가 '근원적 원인'이라면, 창조 세계와 나라들이 망가지는 것을 '(죄의) 증상'으로 보는 게 왜 '적절하지 않다'는 것일까? 그것이 원인과 결과가 작동하는 방식 아닌가? 하나님이 땅을 저주하심은 인류가 스스로 하나님의 자리에 섰기 **때문이다**. 가인이 아벨을 죽이는 이유는 가인이 스스로 하나님의 자리에 섰기 **때문이다**. 모든 죄는 근본적으로 하나님을 거스르는 것이다(시 51:4).

내가 보기에 여기서는 라이트의 해석도 문제다. 라이트는 언약의 연속성은 올바로 평가하지만, 불연속성에 대해서는 조금 어설픈 인식을 보인다. 계시의 점진적 성격이란, 어떤 문제에 대해서는 후대의 성경 기자들이 그 전의 기자들에 비해 더 명확히 규명해 줄 것이라는 뜻이기도 하다. 이들은 조도(照度)를 올릴 것이고, 그러면 다른 강조점들이 전면에 드러날 것이다. 예를 들어 모세오경을 보면, 라이트는 이스라엘의 사명이 "[야웨의] 이름, 영광, 구원을 선포하고…그의 길로 행하는 것 **두 가지 모두**"라고 주장한다. 드영과 길버트는 율법이 죄를 드러내는 역할을 한다고 강조하는데, 라이트는 두 사람의 주장에 위와 같이 응답하면서 이 주장이 "특히 실망스럽다"고 한다. 모세오경만 보면 확실히 라이트의 말이 옳다. 하지만 훗날의 성경 기자들이 특히 이스라엘의 사명이 실패했다는 사실에 비추어 조도를 높이면 어떻게 하겠는가? 예를 들어 바울은 율법이 더해진 것이 '범법' 때문이요, 이스라엘이 '매인 바' 되게 하기 위해서였다고 말한다(갈 3:19, 23). 또 다른 곳에서 바울은 율법이 온 것은 "범죄를 더하게 하려 함"(롬 5:20)이라고 말한다. 그렇다, 구약에서 모세 율법의 직접적 목적은 이스라엘이 어떻게 살아야 하는지를 구체적으로 제시하는 것이었지만, 정경에서의 궁극적 목적은 이스라엘을 스스로에게 (그리고 더 나아가 우리를 우리 자신에게) 폭로하는 것이었다.

"모세의 율법과 선지자의 글과 시편"에 대고 조도를 높이셨을 때 예수께서는 무엇을 강조하셨는가? 자신의 죽음, 부활, 그리고 죄 사함과 회개가 전파된다는 것이었다(눅 24:44-47).

라이트는 시력이 아주 좋은 사람처럼 구약의 수많은 세부 내용을 올바로 파악한다. 하지만 강조점을 올바로 파악하는 이는 드영과 길버트이다. 깊이를 지각하는 눈은 이 두 사람이 더 좋다.

그리스도(4막)

십자가와 그리스도의 사역에 대한 라이트의 논의는 훌륭하다. 우리는 구약에 비추어서만 그리스도 사건을 이해할 수 있는데, 이는 우리에게 대체 신학이 아니라 성취 신학이 필요하다는 의미다. 그래서 우리는 구약을 바탕으로 그리스도가 죄를 사하고, 악을 물리치고, 죽음을 멸하고, 원수지간을 화해시키고, 창조 세계를 회복하려고 오셨다는 것을 알 수 있다. 그리스도의 죽음과 부활이 우리 사명의 중심에 있어야 한다.

라이트의 전체론은 이 부분에서 본격적으로 모습을 드러낸다. '총체적 혼란'에는 '총체적 복음'이 필요하며, 이어서 '십자가와 부활의 총체적 신학' 위에 구축된 '총체적 사명'이 요구된다. 나는 기본적으로 이에 동의한다. 하지만 사람들이 총체적 사명을 이야기할 때마다 미세한 의미 차이에 대한 설명이 부족하다는 점이 염려된다. 다시 말하지만, 구속사의 불연속성, 특히 우리 구원의 '이미/아직'이라는 성격을 덮어 가려서는 안 된다. 복음이 결국 모든 것을 다 성취할 테지만, 바로 지금 모든 것을 다 성취하지는 않는다. 라이트는 시대가 종말에 이를 때까지는 이 구원이 완성되지 않으리라는 것을 인정하지만, 그럼에도 그의 글에는 철저한 변혁주의(transformationalism)를 구체적으로 단념시키는 내용이 전혀 없다.

하지만 사탄이 예수님을 어떻게 시험했는지 생각해 보라. 사탄은 빵을 가지고, 대중들 앞에 펼쳐질 장관(壯觀)을 가지고, 즉각적인 왕권을 가지고 예수님을 유혹했다. 바로 지난 주일에 우리 교회 목사님은 로마에 점령당한 유대 민족이 극성스럽게 요구하던 것이 바로 그것이라고 말했다. 사탄은 흔히 즉각적이고 가시적인 것을 가지고 우리를 유혹한다.

내 글에서 주장했다시피, 우리는 성/속 구분은 버렸지만, 거듭난 사람/거듭나지 않은 사람 혹은 성령께서 회복시킨 사람/저주 아래 있는 사람의 구분은 버릴 수 없다. 그렇다, 우리 사랑으로 선을 행하자. 그러나 오직 성령만이 거듭나게 하실 수 있고 저주의 결과를 없애 주실 수 있다. 교회는 그 무엇도 속량하여 변혁하지 못한다. 교회는 속량하여 변혁할 수 있는 분을 가리킬 뿐이다.

내 마음 한구석에서는 라이트가 너무 오랫동안 오른쪽의 근본주의자들과 싸우는 데만 몰두한 나머지 왼쪽의 변혁주의적 유토피아주의를 경계시키기를 잊지는 않았나 하는 의구심이 든다.

완성(6막)

라이트는 곧장 만물의 종말로 건너뛰어, 새로워진 창조 세계에서 땅과 하늘이 하나가 되는 영광스러운 비전(glorious vision)을 보여 준다. 이제 저주는 없다. 지옥이 깜짝 등장하기는 하지만, 내가 생각하기에 라이트의 지옥 논의는 단지 짧기만 한 게 아니라 좀 추상적이고 비인격적이다. 악한 권세, 사탄, 짐승은 영원히 멸망할 것이라고 라이트는 말한다. 하지만 그곳에 사람들이 있을까? 라이트의 이 글 또는 하나님이나 교회의 선교에 관한 라이트의 책에서는 그게 완전히 명확하지 않다. 심판을 논의할 때 라이트는 정화(淨化)하고 정결하게 하는 요소를 강조한다. 로마가톨릭의 연옥 개념처럼 말이다.

    라이트의 글 이 항목에서 가장 놀라운 부분은 아마 "압제와 폭력과 박해를 일삼으며 미쳐 날뛰던" 바로 그 민족들과 왕들이 이제 하늘의 구속받은 사람들 사이로 다니리라는 주장일 것이다. 추측건대, 라이트는 회개하고 믿게 된 사람들을 뜻하는 것일까? 아닌가?

교회(5막)

라이트의 글 마지막 항목인 교회의 사명 부분에서도 앞에서 언급한 것과 동일한 강조점과 기조가 계속된다. 예를 들어 라이트는 교회의 복음 전도와 다른 모든 것 사이의 비중을 재배분하고자 한다. 복음은 "단지 개인 보험 설계"가 아니다. 복음은 "온 창조 세계를 위한 하나님의 구속 목적을 담은 우주적 이야기"라고 말이다.

    물론 맞는 말이다. 하지만 정경에 대한 이런 유형의 인식에는 구속 역사, 특히 (다시 말하지만) 지금(now)과 아직(not yet) 사이의 불연속성에 대한 관례적 감수성이 뒤따라야 한다. 라이트가 사용한 보험 은유를 잠시 이어가자면, 불난 집 안에 있는 사람에게 보험 설계사가 "좋은 소식입니다! 고객님이 드신 보험은 화재 피해를 보상해 줍니다. 완전히 새로 집을 지어 드릴게요!"라고 말한다고 생각해 보라. 좋다. 이는 반가운 소식이다. 그러나 집 안에 있는 그 사람에게 지금 당장 가장 절박하게 필요한 것은 밖으로 나가는 문이 어디인지 알려 주는 소식이다. 라이트가 보험의 보장 내용을 처음부터 끝까지, 심지어 불리한 계약 조건까지 꼼꼼히 읽은 데 대해서는 높은 점수를 받을 만하다. 하지만 가장 중요한 조항이 무엇인지 찾아내는 능력에 대해서는 어떤 점수를 주어야 할까? 대부분의 보험 계약서에는 새 집을 지을 보험금을 받기 위해서는 먼저 불길에서 살아남아야 한다고 적혀 있을 것이다.

라이트는 복음을 선포하는 일을 바퀴통에 비유하고 우리가 그 복음에 순종하고 삶으로 구현하는 것은 바퀴테에 비유하는 유익한 은유로 제자 삼기 역할을 강조한다. 이 은유는 훌륭하다. 그리고 우리가 하나님에게 저지르는 죄가 우리 문제의 '핵심'(즉, 바퀴통)이라는 드영과 길버트의 지적을 수긍하는 듯하다. 그러나 '바퀴통'과 '바퀴테'의 통합적이되 비대칭적인 역할과 관련해 아무런 구체적인 일을 하지 않거나 프로그램도 만들지 않고 이를 그저 신학적 개념의 영역과 책 속에만 남겨 둔다면 그의 은유는 전혀 훌륭하지 않다. 말씀 사역은 '실생활'에서 어떻게 **바퀴통** 역할을 할까? 그리고 행동으로 섬기는 사역은 어떻게 **바퀴테** 구실을 할까?

나는 프로그램과 관련해 성경이 주는 답변은 아주 단순하다고 생각한다. 지역교회를 세우고, 설교와 규례 시행을 통해 제자를 세우는 좁은 관점의 사명을 주는 것이다. **조직화된 공동체로서** 지역교회의 존재는 라이트의 비유에 등장하는 바퀴통의 역할을 아주 구체화한다. 그리고 좁은 의미에서 제자 삼기 사명은 '지금'의 긴박성 대(對) '아직'의 소망을 중점적으로 다룬다. 설교하고, 세례를 베풀고, 성찬을 받는 지역교회가 라이트의 글에는 기이하게도 전혀 등장하지 않는다. 실제로 라이트는 '교회'와 '하나님의 백성'을 제도상으로 구분하지 않는다. 이 모든 내용은 라이트의 선교론에서 전혀 전개되지 않은 것 같다. 라이트가 선교를 세 가지 큰 영역(교회를 세워 가기, 사회 참여, 창조 세계 돌보기)으로 좁혀나갈 때 염두에 둔 것이 **조직화된 공동체로서의** 지역교회일 수도 있다. 하지만 라이트가 헌금을 정치 컨설턴트나 수목 전문가를 고용하는 데 써야 한다고 말할 것 같지는 않다. 어느 쪽이든, 라이트가 말하는 이 세 가지 큰 영역은 내가 보기에 너무 범위가 좁기도 하고(앞에서 내가 이미 말했다시피), 그와 동시에 너무 넓기도 하다.

라이트가 지역교회를 자신의 논의에 포함시키고, 내가 상세히 논한 좁은 관점에서의 제자 삼기를 지역교회에서 우선적으로 해야 할 일로 지정한다면, 그의 바퀴 은유는 더할 나위 없이 멋지게 작동할 것이다.

크리스토퍼 라이트에 대한 논평 존 프랭키

크리스토퍼 라이트의 글은 그가 다른 책에서 상당히 길게 쓴 내용을 감탄할 만하게 요약하여 진술한다. 라이트의 저작은 복음주의 선교와 선교 해석학 개념의 표준이 되었으며, 하나님의 선교와 하나님 백성의 사명을 상세하고 설득력 있게 설명한다.[1] 라이트의 연구에, 특히 교회의 사명의 총체적 성격을 강조하고 창조 세계 돌보기를 그 사명의 필수 요소로 단언하는 것에 감사한다. 나는 복음 전도·가르침·긍휼·정의·창조 세계 돌보기를 교회의 사명의 기본 구성요소로 정리하는 라이트의 견해에 큰 이견(異見)이 없지만, 신학과 인식론에는 몇 가지 의미 있는 의견차가 있지 않나 한다. 그러나 나는 큰 그림에서는 대체적으로 라이트의 생각에 동의한다.

그 점에 비추어서 나는 라이트가 해설하는 성경 이야기와 관련해 해석학과 신학 문제에 초점을 맞춰 보고자 한다. 레슬리 뉴비긴은 복음, 문화, 교회 간의 지속적 상호 작용에서 생겨나오는 선교형 신학

---

[1] Christopher J. H. Wright, *The Mission of God: Unlocking the Bible's Grand Narrative* (InterVarsity Press, 2006)와 *The Mission of God's People: A Biblical Theology of the Church's Mission* (Grand Rapids: Zondervan, 2010)을 보라.

(mission-shaped theology)을 구상했다. 뉴비긴에게 이 상호작용의 역동적이고 상황적인 성격은 모든 신학·복음 선포·성경 이야기의 상황적·지역적 특성을 지속적으로 일깨우는 역할을 했다. 뉴비긴은 기독교 신학자는 궁극적으로 성경 이야기에 전념하기는 하지만 신학자를 자처하는 모든 이는 특정한 사회적 상황의 참여자이기도 해서, 이 상황이 이들의 관점과 사고를 의식적으로나 무의식적으로 형성한다고 말한다. 그는 계속해서 말하기를, 이러한 문화 유형을 절대화하면 성경 서사의 가르침과 함축적 의미를 분별하는 능력이 손상될 수밖에 없는데, 우리는 문화의 내재성에 심히 영향을 받기 때문에 사회적으로 구성된 문화적 가정(假定)을 여러 가지 면에서 당연시하고 절대화하면서도 이를 깨달을 능력이 없다고 한다.

이에 대한 대응으로 뉴비긴은 그리스도인이 특정한 문화 모형에 휘둘리지 않으면서 그 모형을 활용하는 성경 이야기를 표현할 방법을 찾아야 한다고 주장한다(이 모형들은 그런 식으로 해서 이해가 될 것이다). 뉴비긴은 "다른 문화권에서 동일한 유형의 신학을 실천하고자 하는 그리스도인의 증언에 계속 마음을 열어야"만 이것이 가능하다고 결론 내린다.[2] 뉴비긴의 관점은 해석의 과정을 독자와 성경 본문 간의 상호작용으로 보는 복음주의 해석학의 표준적 개념에 의미 있는 수정이 이뤄져야 한다고 말한다. 뉴비긴의 말에 따르면, 해석학은 제3의 대담자 집단, 즉 성경 본문을 다른 식으로 읽고 활용하는 타문화권 그리스도인들을 참여시켜야 한다. 이러한 상호문화 접근법을 채택하면 해

---

2 Lesslie Newbigin, "Theological Education in a World Perspective," *Churchman* 93 (1979): pp. 114-115.

석 과정의 형태뿐 아니라 그 과정에 등장하는 선교학과 신학의 윤곽도 의미 있게 달라진다.[3]

성경 해석과 신학 구축에 대한 상황적, 상호문화적, 다원론적 접근법의 통찰에 따라, 세상에서 하나님의 선교와 교회의 사명의 핵심이라고 생각되는 선교적 신학(missional theology)의 세 가지 특징을 나는 다음과 같이 제안한다. 선교적 신학은 (1) 타인에게 열려 있고 타인에게 헌신해야 한다. 달리 말해, 타인에게 각도를 맞춰야 한다. (2) 토대(foundations)를 넘어서야 한다. (3) 총체성에 맞서야 한다. 이제 각 항목에 관해 짧게 논평해 보겠다.[4]

타인의 다원성과 차이에 열려 있으려면 자신의 관점과 경험의 한계를 인식해야 한다. 또한 우리 자신의 공상이라는 감옥에서 벗어나 예수 그리스도 안에서 하나님이 알려 주신 실재의 어떤 면을 경험하기 시작할 수 있는 수단으로서 타인을 위한 삶을 살아야 한다. 이 실재는 우리의 특정 언어·사고 형태·경험을 뛰어넘지만, 기독교의 성경적 전통의 관점에서 볼 때 길과 진리와 생명의 구현체이신 예수 그리스도라는 존재를 통해 우리에게 가까이 다가온다. 타인을 향해 열려있고 타인에게 헌신하며, 그에 상응하여 그리스도인으로서 충실한 증언을 위해 다원성에 헌신하는 자세는 교회의 사명에 이바지하는 신학

---

3 최근의 상호문화 해석학에 관한 논의로는 Henning Wrogemann, *Intercultural Theology: Intercultural Hermeneutics*, trans. Karl E. Böhmer, Missiological Engagements (Downers Grove, IL: InterVarsity Press, 2016)를 보라.

4 이에 대한 좀 더 본격적인 논의로는 John R. Franke, "Intercultural Hermeneutics and the Shape of Missional Theology," in Michael W. Goheen, ed., *Reading the Bible Missionally*, the Gospel and Our Culture Series (Grand Rapids: Eerdmans, 2016), pp. 86-103를 보라. 『선교적 성경해석학』(IVP).

의 긍정적 의제를 형성한다. 또한 밀접하게 연관된 두 가지 공식적 관심사도 선교적 신학을 형성하는데, 이 관심사는 복음을 위해 그리고 세상을 위해 참으로 열린 자세로 타인에게 헌신하는 공동체가 번영할 공간을 확보하는 기능을 한다. 그 두 가지 관심사는 토대를 초월하기와 총체성을 거스르기다.

타자성, 상황성, 다원성에 대한 헌신에 발맞추어, 선교적 신학은 계몽주의적 토대주의(foundationalism) 및 인식론적 확실성을 추구하는 자세에 대한 신학적·철학적 비판을 지지한다. 이 신학은 보편적인 것, 일반적인 것, 이론적인 것보다 지역적인 것, 특정한 것, 실제적인 것에 강조점을 둔다. 토대를 초월하는 신학은 인간의 모든 사상의 상황성에 적절하고도 긍정적으로 대응하고자 하며, 그리하여 원칙에 의거한 신학적 다원주의를 포용하기를 추구한다. 또한 이 신학은 교회의 궁극적 권위는 예수 그리스도 안에 계시된 살아 계신 하나님뿐이라고 확언하려고 한다. 이는 인간이 하나님과의 인식론적 관계 면에서 늘 의존하는 위치에 있고 은혜가 필요하다는 의미다. 이 관계에서 인간이 주도권을 잡으려는 시도가 교회 역사 내내 너무 흔하게 나타나며, 의도가 아무리 좋더라도 이는 필연적으로 갖가지 개념적 우상숭배와 압제로 귀결된다. 선교적 신학은 인간 지식의 지역적이고 상황적인 특성에 따라 개방적이고 유연한 접근 방식을 육성하고자 한다.

토대주의에 저항하는 데 매진하면 총체성을 거스르는 자세로 이어진다. 선교적 신학은 서로 다른 문화 속에서 성경을 해석할 때, 그 문화의 배경을 철저히 반영해야 한다는 입장이어서, 어떤 특정한 신학이나 성경 해석이 모든 시대와 장소에 보편적으로 적용된다는 주장에 반대한다. 우리는 언어적·사회적으로 구성된 세상에 살고 있으며, 우리의 개인 정체성은 그런 세상에 복잡하게 얽혀 있다. 이러한 세상 구성은 개인 정체성 형성과 마찬가지로 지속적이고 역동적이고 유동적인 과정으로서, 공통의 문화적 의미가 형성되고 재형성되는 것이 이 과정에서 중요한 역할을 한다. 인간으로 존재한다는 것은 문화에 뿌리를 내리는 것이며, 끊임없이 변화하는 맥락을 형성하는 수많은 교류를 통해 타인과 공유하는 문화적 상징을 성찰하고 내면화하면서 해석과 의미 창출 과정에 참여하는 것이다. 우리가 살고 있는 문화적 정황은 흔히 보편적이고 객관적인 현실로 보일 수도 있지만, 이 현실들은 사실 특정한 사회적 구성의 산물이다. 이는 뉴비긴의 우려와 직결된다. 즉 모든 신학 및 복음 선포는 특정한 문화의 영향을 받아 형성되며, 따라서 어떤 특정한 신학과 복음 선포 형식을 절대화하면 그것에 영향을 주는 문화적 틀 또한 절대화하게 된다는 것이다. 이런 일이 일어나게 허용하면, 선교는 곧 식민지를 건설하는 일이 되고 만다.

명민한 독자라면 내가 여기서 포스트모던 성향을 거듭해서 드러내고 있다는 것을 곧 알아차릴 것이다. 그리고 내가 정리하는 내용이 특히 복음주의적 정황에서 문제가 된다고 생각하는 이들도 많을 것이다. 신뢰할 만한 과거의 경험으로 보건대, 대부분의 경우 이는 내가 말한 내용이 복음의 진리에 대한 우리의 인식론적 확신을 손상한다는 느낌 때문일 것이다. 나는 그렇게 생각하지 않지만, 그렇다고 해서 복음에 대한 우리의 믿음이 확신에 바탕을 두어야 한다고 생각하지도 않는다. 나는 레슬리 뉴비긴의 말에 동의한다. 즉, 그리스도인에게 타당한 신념적 확신은 "입증 가능하고 의심의 여지가 없는 지식을 소유

했다고 주장하는 사람의 확신이 아니다. 만물이 하나님으로 말미암아 하나님을 위해 창조되었으니, 바로 그 하나님의 '나를 따르라'는 부르심을 듣고 화답하는 사람의 확신이다."[5]

포스트모던 사상에 대한 내 관심은, 이 사상이 지식의 윤리를 탐구하여 지배적 문화 집단의 관점과 가설을 공유하지 않는 사람들에게 좀 더 호의적인 대안을 제시하는 방식과 연결된다. 제임스 올트위스(James Olthuis)는 이 관심사를 다음과 같이 간명하게 포착한다. "윤리적으로, 포스트모던 담론은 다원성에 대한 각성과 타자(他者)를 위해 깨어 있는 태도를 공유한다. 모더니스트의 합리적 윤리는 순수 이성에 점점 더 통제되는 세계를 꿈꾸는 계몽주의 이상(理想) 속에서, 타자이자 지배 담론 외부에 있는 사람들에 대해 무지하고 무관심할 뿐만 아니라 이들에게 폭력적이고 압제적이라는 사실을 스스로 입증해 왔다."[6]

이 관점을 바탕으로 라이트의 성경 이야기 서술과 관련해 두어 가지 우려를 제기해 보겠다. 내가 보기에 라이트의 서술은 성경 이야기가 비교적 깔끔하고 일관성 있는 양식으로 요약될 수 있다고 암시하는 특정 신학 개념에 크게 영향을 받은 것 같은데, 이 양식은 여섯 막으로 뚜렷이 나뉘는 직선 모양으로 전개된다. 이것, 혹은 이와 아주 유사한 어떤 것이 복음주의 진영의 표준이 되었다. 하지만 모든 사람

---

[5] Lesslie Newbigin, *Proper Confidence: Faith, Doubt, and Certainty in Christian Discipleship* (Grand Rapids: Eerdmans, 1995), p. 105.
[6] James Olthuis, "Face-to-Face: Ethical Asymmetry or the Symmetry of Mutuality?" in James Olthuis, ed., *Knowing Otherwise: Philosophy at the Threshold of Spirituality* (New York: Fordham University Press, 1997), p. 135.

이 성경 본문을 이런 식으로 읽지는 않는다. 나는 성경이 하나님의 영감을 받았다고 믿기는 하지만, 상이한 관점에서 상이한 이야기를 하는 상당한 다원성이 특징인 일련의 다양한 본문들을 본다. 이러한 정경 본문들을 보면 법규, 연대기, 윤리적 주장, 신학적 주장, 역사 기록이 다양하게 담겨 있다. 가장 눈에 띄는 것은 성경에 네 개의 상이한 복음서가 있다는 점이다. 그러므로, 이런 본문들을 만들어 낸 공동체들에 다원적인 특징이 있고, 그 본문들에 대한 묵상에서 다원적인 공동체 및 신학적 관점이 등장한 것은 놀라운 일이 아니다. 나는 다양한 상황이라는 이 다원성을 세상에서 하나님의 선교에 없어서는 안 되는 측면으로 본다. 그러면 라이트에 대해 두 가지 의문이 생긴다. 첫째, 교회의 사명에 관한 라이트의 생각에는 상이한 해석과 그에 상응하는 신학 및 실천 표현의 다원성이 존재할 공간이 있는가? 둘째, 라이트는 성경 본문 자체에서, 그리고 교회의 사명을 위해 그 본문을 해석할 때 상황의 중요성을 어떻게 이해하고 있는가?

마지막으로, 라이트가 성경 이야기를 해석할 때의 일관성에도 의문이 생기는데, 라이트는 이 일관성을 하나님 백성의 정체성·역할·사명의 본질적 토대라고 설명한다. 이러한 단언은 "케이프타운 서약"을 인용한 뒤에 등장하는데, 이 서약은 열방의 교회가 "나라들에 복과 빛이"되고 "죄와 고통의 세상에서 거룩함과 긍휼과 정의의" 공동체가 되라고 부름받은 구약 시대 하나님 백성과의 연속선상에 서 있다고 진술한다. 나는 이 단언에 전적으로 동의하기는 하지만, 이것이 라이트가 자신의 글에서 암시하는 것처럼 이른바 단일한 성경 이야기의 결론으로 정당화될 수 있는지 의문스럽다. 구체적으로, 라이트는 하나님 백성의 사명에 관한 자신의 결론과 관련해 가나안 족속 학살이라는 성경 서사를 어떻게 이해하는가? 라이트는 가나안 족속을 멸절시키는 것이 하나님의 선교의 한 부분이었다고 생각하는 것일까? 이 이야기가 하나님의 선교에 충실히 참여하는 것을 나타내는가? 만약 그렇다면, 사명에 대한 현대의 설명은 이를 어떻게 고려해야 할까? 내가 보기에, 하나님 백성의 사명이 성경 전체 이야기에 나타난다고 하는 라이트의 이해를 고려할 때 이는 라이트가 다소 상세히 다룰 필요가 있는 질문이다.

크리스토퍼 라이트에 대한 논평 피터 라잇하르트

크리스토퍼 라이트의 글은 겨냥하는 대상이 있다. 하지만 그 대상이 나는 아니다. 라이트는 사명을 좁게 해석하는 것, 특히 케빈 드영과 그렉 길버트가 『교회의 선교란 무엇인가』에서 전개한 해석을 겨냥하고 있는데, 이 해석은 나 또한 내 글에서 비판했다. 라이트는 '십자가와 부활의 총체적 신학'에서 생겨나오는 '총체적 사명'을 옹호한다. 사명에서의 '총체론'에는 복음 전도와 가르침을 통해 교회를 세워 나가고, 정의와 긍휼을 추구함으로써 사회에 참여하고, 창조 세계를 돌보는 일이 포함된다. 라이트가 사명을 광범위하게 이해하는 것은 그가 신구약성경을 풍성하게 선교적으로 해석하는 데 따르는 자연스러운, 다시 말해 **서사적인** 결론이다.

나는 그가 말한 모든 내용에 동의한다. 내가 우려하는 것은 라이트가 하는 말이 아니라 하지 못한 말이다. 라이트의 말에 무엇이 부재하는지를 지적하는 데 내 답변 대부분을 할애하도록 하겠다.

비판 내용은 내 글에서 이미 말했다. 라이트가 교회의 삶과 사명에서 성례전과 예전 차원을 완전히 무시한다고 말이다. 1988년 람베스 주교회의에서 채택한 '사명(선교)의 다섯 가지 표지' 중 두 번째는 '새

신자를 가르치고 세례를 베풀고 양육하기'인데, "가르치는 일에서—우리는 주님이신 그리스도께 복종하여 신앙이 성숙하고 제자가 되는 길로 사람들을 인도한다"라는 라이트의 글에서는 세례 항목이 사라졌다. 나중에 라이트는 대위임령을 인용하면서 가르침의 필요성은 강조하지만 세례를 베풀라는 예수님의 명령은 소홀히 한다. 라이트는 다음과 같이 세례를 연상시키는 비유적 표현을 (아마도 무심코) 쓰기는 한다. "교회들은 복음 전도를 통해 개척되어야 할 뿐만 아니라 가르침을 통해 물을 공급받아야 한다." 하지만 라이트가 말하는 물 주기에는 수분(水分)이 **전혀 없다**.

라이트의 선교론에서 세례의 부재는 예배와 예전(liturgy)의 부재라는 더 큰 부재의 징후이며, 이 부재는 라이트의 구상에 의미심장한 결과를 낳는다. 그리하여 라이트는 구약 시대 이스라엘의 '사명'을 다소 왜곡하여 해석한다. 구약에서 신약으로의 전환은 이스라엘의 구심적인 소명에서 교회의 원심적인 사명으로의 이동이라는 주장에는 동의할 수 있지만, 이스라엘의 예전(liturgy) 생활에 주목해 보면 중요한 복합적 문제가 등장한다. 토라의 상당 부분은 예배의 법령과 양식을 서술하는 데 할애되며, 다윗 왕조가 세워졌는데도 성소는 여전히 이스라엘의 삶과 소명의 중심이다. 성전에서 솔로몬이 드린 봉헌 기도는 성전이 애초부터 "만인이 기도하는 집"이 되게 할 작정이었음을 보여 준다. 고난 중에 있는 이스라엘 사람뿐만 아니라 **이방인**도 야웨께서 자기 이름과 눈길과 마음을 두신 집을 향해 기도하라고 청함받는다(왕상 8:41-43; 9:3). 이방인도 성전 건축에 의미 있는 역할을 했기 때문에 이는 매우 공평하다. 이집트는 성막에 귀중품을 제공했지만, 대부분

강압에 못 이겨 그렇게 했다. 연이은 재앙에 시달렸기에 이집트는 이스라엘이 떠나가게 하려고 선뜻 약탈품을 넘겨주었다. 두로의 히람은 자원하여 자재를 내주고 운송까지 하고 전문가도 보냈다(왕상 5:1-12). 모세 시대와 다윗 시대 사이에 이방인들은 이스라엘의 제사장 직무에 더욱 본격적으로 섞여 들어갔다.

이 모든 일은 포로로 잡혀가는 재난으로 다 종결되지만, 야웨는 세겜 사건(창 34장) 후 레위 집안이 흩어진 일과 마찬가지로 이 재난을 이스라엘과 이방인을 위한 복으로 바꾸신다. 이스라엘은 마치 씨앗처럼 그 땅에서 흩어지고, 씨앗은 열매를 맺는다. 바빌론과 페르시아 왕들은 다니엘·느헤미야·모르드개 같은 유대인들에게 호의를 보이고, 이스라엘은 강제로 끌려와 살고 있던 도성에서 그 성의 평화를 추구한다. 포로 생활이 끝나자, 새롭고 더 부유한 히람 같은 고레스가 이스라엘 성전 재건을 감독한다. 확실히 이스라엘은 **강제로** 원심성을 갖게 되지만, 사실 초기 그리스도인들도 그러했다. 이들도 오순절 후 스데반의 순교 때까지 예루살렘에 남아 있다가 결국 다수가 사마리아와 안디옥, 그리고 마침내는 땅끝까지 몸을 피하기에 이른다(행 7-8장).

이스라엘의 사명을 이렇게 다른 형식으로 이야기하는 것은, 라이트가 제시한 구심성/원심성이라는 다소 극명한 대조를 단순히 수정하는 것 이상의 의미가 있다. 라이트는 이스라엘의 소명은 '가는 것'(to 'go')이 아니라 '존재하는 것'(to 'be'), 즉 "야웨의 백성으로 사는 것, 그리고 이들의 **사회적 삶**의 윤리적 특성과 **예배**가 어우러지는 모습으로…나라들 가운데서 야웨…의 정체성과 성품을 증언하는 것"이었다고 주장한다. 이스라엘의 성소와 예전에 주의를 기울여 보면, 원심성 사명의 뿌리가 이미 성전 설계와 예전의 변화에 내재함을 실감할 수 있다.

마찬가지로, 교회로 '존재하기'가 새 이스라엘의 원심적 사명의 본질적 요소다. 라이트는 예배와 순종이라는 이스라엘의 사명이 "좀 더 원심력 있는 '파송' 차원 때문에 취소되는 게 아니라…그 차원 안에 포함된다"고 이해한다. 하나님의 성전 건축은 이스라엘의 사명의 중심이었고, 이는 새 언약에서도 마찬가지다. 사도들은 성전 도시인 영광스러운 새 예루살렘의 기초석이며(엡 2:20), 바울은 적어도 '지혜로운 건축자'이다(고전 3:10-15). 브살렐처럼 영의 은사를 받은 교회의 모든 회원은 성령의 전(temple)인 교회의 "덕을 세우라"(edify)는, 즉 교회를 건축하라는 명령을 받는다. 성전은 예배를 위한 곳인데, 이는 온전히 성경적인 선교적 신학은 예전 신학(liturgical theology)까지도 포함해야 한다는 의미다. 아담에게는 창조 세계를 다스릴 임무가 주어졌지만, 그는 동산의 성소, 즉 세상으로 흘러나가는 신선한 물의 근원에서 그 임무를 시작했다. 라이트도 이 사실에 대부분 동의하지 않을까 생각하는데, 그의 글에는 이에 대한 설명이 거의 혹은 전혀 없다.

다른 각도에서도 동일한 지적을 할 수 있다. 이 책에서 존 프랭키는 그리스도인의 사명의 삼위일체적 기반을 강조해서 도움을 준다. 교회의 사명은 하나님의 성품 및 본질과 무관하지 않다. '외부로부터' 사명에 참여하라고 하나님이 교회에 명하시지는 않는다. 그보다 하나님은 그 자신이 선교사이시며, 보내심받은 성자 및 보내심받은 성령과 함께 일하시는, 보내시는 성부이시다. 그 성령에 의해 우리는 성자와 연합되고 하나님의 선교에 동참하게 된다. 라이트는 다음과 같이 동의한다.

예수께서 "제자들에게 하시는 명령은 다름 아니라 땅의 창조주…의 선교에 참여하라는 것이다."

그런데 우리는 구체적으로 어떻게 그 사명에 동참하는가? 우리는 보내심받은 성령에 의해 보내심받은 성자와 어떻게 연합되는가? 신약은 이 연합을 세례와 연관 짓는다. 우리는 새 생명으로 행하기 위해, 우리 몸의 지체를 하나님의 공의에 바치기 위해, 세례의 물로 옛것에 대해 죽는다(롬 6:1-14). 우리는 하나님의 식탁에서 선교사 하나님과 교제하며, "살아 계신 하나님을 사랑하고 섬기기" 위해 보내심받는다. 가르침을 강조하면서 다른 한편으로 세례를 경시한다면 펠라기우스적 선교론의 위험을 무릅쓰는 것인데, 이 선교론은 교회의 사명을 하나님의 명령에 부응하려는 인간의 노력으로 취급하곤 했다. 삼위일체적이고 예전적인 사명의 틀은 그런 가능성을 배제한다. "가라, 네가 보내심받았다"는 것이 세례에 의해 하나님의 선교에 연합된 사람, 보내심받은 분의 몸과 피에 참여한 사람에게 늘 선포되는 말이기 때문이다.

라이트의 글은 교회를 기능적인 관점에서 정의할 위험도 있다. 라이트는 자신의 글 서두에서 "교회가 존재하는 목적(교회의 사명)에 주목하지 않고서는 '교회란 무엇인가?'(교회의 정체성)라는 질문에 성경적으로 답변할 수 없다"고 말한다. 라이트는 다른 곳에서도 비슷한 표현을 쓴다. "하나님이 이스라엘을 창조하신 목적"을 묻고 "열방과 관련해 이스라엘을 **도구로 삼으려는** 하나님의 의도를" 살핀다. 결론에서 라이트는 "교회는 하나님의 선교를 위해서 존재한다"고 주장한다. 라이트는 교회가 궁극적으로 하나님의 영광을 위해 존재하며 교회의 사명은 그 목적을 위해 정해진다는 점에 분명 동의할 것이다. 하지만 라이트가 설정한 틀은 이와 똑같이 중요한 점을 놓치고 있다. 교회는 하나의 목적이지, 단순히 목적을 향해 가는 수단이 아니라는 것이다. 교회의 사명은 자신을 교회로, 하나님의 성회로, 성자의 종말론적 신부요 몸으로 자각하는 것을 목적으로 한다. 모든 말과 행동을 다 이룬 후에도 **이 사실은** 여전할 것이다. 즉, 교회는 신부(新婦)인 도성이요, 새로워진 창조 세계에서 화해를 이룬 인류로서 남편인 어린양과 영원히 교제한다는 것이다.

이는 두 가지 방식 모두로 표현할 수 있다. 즉, 교회는 하나님의 선교를 위해 존재하지만 하나님의 선교는 교회를 위해 존재한다. 어떤 표현을 쓰든 "오직 하나님께 영광"(*soli Deo Gloria*).

제3장

상황 중심 선교

땅끝까지 증언하기

존 프랭키

"오직 성령이 너희에게 임하시면 너희가 권능을 받고 예루살렘과 온 유대와 사마리아와 땅끝까지 이르러 내 증인이 되리라"(행 1:8). 택하신 제자들에게 이 말씀을 하신 후 예수께서는 하늘로 들어 올려져 이들의 시야에서 사라지셨다. 사도들은 예루살렘으로 돌아가 기다리며 기도했다. 오순절 날, 강한 바람이 이들에게 불어닥치자, 이들은 성령으로 충만해져서 여러 다른 언어로 말하기 시작했다(행 2:1-4). 본문은 계속해서, 각 지방에서 모여 그 자리에서 이 현상을 목도한 큰 무리가 저마다 자기네 말이 들리자 어리둥절했다고 말한다. 이 언어 현상을 경험한 이들은 놀라고 당황해서 이게 무슨 의미냐고 서로에게 물었다(행 2:5-12).

오순절 사건의 이러한 다원성의 의미는 땅끝까지 복음을 증언해야 할 교회의 사명을 이해하는 데 아주 중요하다. 특히 중요한 것은 기독교 복음 증언의 상황적 성격이다. 여기서 성령의 행동은 복음 선포 및 교회의 사명과 관련해 특정 언어나 문화가 실질적으로 중심에서 벗어나게 한다. 여기 함축된 의미는, 어떤 한 가지 언어나 문화를 성령의 메시지에서 가장 중요하거나 불가분한 전달 수단으로 생각해서는 안 된다는 것이다. 그리스도인은 새로이 그리스도를 따르게 된 이들이 성경의 언어를 배워야 한다고 주장하기보다는 이들의 언어로 성경을 번역함으로써 문화가 달라도 성경을 이용할 수 있게 해 왔다. 이 원칙은 기독교가 상황성(contextuality)이라는 개념을 중심으로 선교에 접근하는 방식을 발전시키는 핵심 요소였다. 기독교 역사가이자 선교학자인 라민 사네(Lamin Sanneh)는 이 접근법을 이슬람의 선교 방식과 대조하는데, 사네가 생각하기에 이슬람의 선교 방식에는 "포기할 수 없는 어떤 문화적 전제, 이를테면 경전·율법·신앙에 아랍 유산이 필수 불가결하게 남아 있어야 한다는 전제가 담겨 있다." 사네는 기독교의 복음 증언은 사도행전에서 볼 수 있는 오순절 양식(pattern)을 따르는 것이 최선이며, "수용자 측의 문화를 복음 선포의 참되고 최종적인 현장으로 삼아 기독교 신앙이 그 문화를 배척하리라는 선입견 없이 이들에게 이를 수 있도록 하기"를 선호한다고 주장한다.[1]

선교에 대한 이런 접근은 성경이 거의 2,400여 개 토착어로 번역되고 세계 전역에 문화적·사회적으로 다양하게 복음을 증언하는 공동체가 세워지는 결과를 낳았다. 이 새 공동체는 모든 족속과 나라가 만민을 향한 하나님의 사랑이라는 좋은 소식을 증언하면서 세상에서 대안적인 삶의 방식을 구현하라는 명령을 받는다. 이런 식으로 교회는 가지각색의 다채로운 사회·역사·문화 정황 가운데서, 레슬리 뉴비긴의 표현대로 하나님 나라의 표지·도구·맛보기가 되라는 부름을 받는다.[2] 이 간략한 설명은 하나님의 선교를 교회의 사명 이해를 위한 배경으로 생각해 보기를 제안한다.

---

[1] Lamin Sanneh, *Translating the Message: The Missionary Impact on Culture* (Maryknoll, NY: Orbis, 1989), p. 20
[2] Lesslie Newbigin, *Foolishness to the Greeks: The Gospel and Western Culture* (Grand Rapids: Eerdmans, 1986), p. 124. 『헬라인에게는 미련한 것이요』(IVP).

하나님의 선교

20세기 에큐메니컬 운동에서 가장 의미 있는 발전 한 가지는, 에큐메니컬 담론에 참여하는 사실상 모든 신학 전통과 교회 전통이 한 가지 광범위한 합의를 공유한다는 점인데, 바로 교회의 사명은 '미시오 데이'(*missio Dei*), 즉 '하나님의 선교'에서 이론적 근거를 찾는다는 것이다.[3] 이 합의의 난제 한 가지는, 이 합의가 교회의 사명을 하나님의 선교에 참여하는 일과 불가분하게 연결하는 역할을 하기는 하지만 교회가 그 선교에 참여한다는 게 정확히 어떤 성격의 일인지와 관련해 구체적으로 설명하는 데까지 이어지지는 않는다는 점이다. 그런 구체적 설명을 제공하려고 하자 결국 논란이 일어났고, 그래서 이 책을 비롯해 다른 여러 책이 필요하게 되었다.[4] 하나님의 선교와 교회의 사명 간의 관계는 여전히 모호한 상태이지만, 이 에큐메니컬 합의는 중요 사항 두 가지를 추가로 확보했다. 첫째, 하나님은 하나님의 참 본성상 선교사 하나님(missionary God)이시다. 둘째, 그러므로 이 선교사 하나님의 교회는 선교사 교회여야 한다.

첫 번째 사항과 관련해서 말하자면, 선교는 하나님의 참 본성의 본질적인 부분으로서 영원 전체를 통해 하나님의 존재와 행위에 표현되

---

[3] 이 발전을 간략히 설명한 글로는 Lesslie Newbigin, *The Open Secret: An Introduction to the Theology of Mission*, rev. ed. (Grand Rapids: Eerdmans, 1995), pp. 1-11를 보라. 『오픈 시크릿』(복있는사람). 그리고 좀 더 상세한 논의로는 John Flett, *The Witness of God: The Trinity, Missio Dei, Karl Barth, and the Nature of Christian Community* (Grand Rapids: Eerdmans, 2010), pp. 35-162를 보라.

[4] Craig Ott, ed. *The Mission of the Church: Five Views in Conversation* (Grand Rapids: Baker Academic, 2016).

고 아들과 성령을 세상에 보내심으로써 알려진다. 요한복음에서 예수께서는 제자들에게 이렇게 말씀하신다. "너희에게 평강이 있을지어다. 아버지께서 나를 보내신 것같이 나도 너희를 보내노라"(요 20:21). '선교'(혹은 '사명', mission)라는 말은 '보내다'(*mitto*)와 '보냄'(*missio*)이라는 뜻의 라틴어에서 파생되었다. 선교는 보내기와 보냄받기를 수반한다. 성부가 보내시고 성자가 보냄받는 것은 보내는 분이기도 하고 보냄받는 분이기도 한 삼위일체 하나님의 존재와 행동을 가리킨다. 선교는 하나님의 속성이며, 따라서 하나님의 참 본성을 묘사한다.[5] 선교가 하나님의 속성이며 고유의 신적 본성임을 단언하는 데 따르는 한 가지 결론은, 하나님의 선교에는 종료 지점이 없다는 것이다. 하나님의 선교는 시대의 종말 때 멈추는 게 아니라 오히려 신적 본성의 필수적 측면으로서 영원까지 계속된다.

하나님의 선교는 복잡하고 다면적이지만, 그 중심 특성은 사랑이며 여기에서 다른 모든 특성이 흘러나온다. 20세기 삼위일체 신학에서 가장 의미 있는 단 한 가지 발전은 아마 삼위일체 교리 이해에 새롭고 유용한 모형을 제공하는 관계성(relationality)의 중요성에 대해 해석자들 사이에 공감대가 넓게 형성되었다는 사실일 것이다.[6] 신적 관계성에 대해 현대 해석자들이 이룬 합의의 핵심에는 하나님은 사랑이시라는(요일 4:8) 사도의 증언이 자리 잡고 있다. 관계상 범주에 따라 삼위

---

[5] 이 개념 및 이 개념의 의미에 대한 특별히 유익한 논의로는 Stephen R. Holmes, "Trinitarian Missiology: Towards a Theology of God as Missionary," *International Journal of Systematic Theology* (January 2006): pp. 72-90와 Flett, *The Witness of God*, pp. 196-239를 보라.

[6] 예를 들어, 비록 상이한 철학적 개념 도구를 쓰기는 하지만 Thomas H. McCall and Paul S. Fiddes in *Two Views of the Doctrine of the Trinity*, ed. Jason S. Sexton (Grand Rapids: Zondervan, 2014)에서 관계성을 활용하는 것을 보라.

일체 교리가 발전되었다는 것은 성경의 이 단언이 어떻게 이해되어야 하는지를 보여 준다. 영원 전체를 통해 삼위일체 하나님의 신적 생명은 사랑으로 적절히 특징지어진다. 관계성에 비추어서 볼 때, 이는 삼위일체 각 위격의 상호적 자기 헌신을 뜻하며 기독교 전통에서 해석해 온 하나님의 실재에 대한 깊이 있는 이해를 제공한다. 삼위일체의 각 위격이 서로 간에 표현하고 받고 나누는 사랑은 영원 전체에 걸친 하나님의 내적 생명을 설명해 준다. 사랑은 성경이 뒷받침할 뿐만 아니라, 관계적 개념이기 때문에 신적 생명을 설명하는 데 특히 유용한 용어다. 사랑에는 주체와 대상 둘 다 필요하다. 하나님은 삼위일체, 즉 복수로 계시면서 일체를 이루고, 일체를 이루면서도 복수로 계시는 존재이기 때문에, 신적 실재는 사랑의 주체와 사랑의 대상을 모두 포괄한다. 그래서 "하나님은 사랑이시다"라는 말은 주로 각 위격 간 관계를 바탕으로 하는 삼위일체 내부의 영원한 교제를 가리킨다.

하나님이 영원부터 사랑 많으신 선교사라고 하는 이 개념은 세상과의 관계에서 하나님의 특별한 관심사를 가리킨다. 스티븐 홈스(Stephen Holmes)는 다음과 같이 말한다. "성부로부터 성자와 성령을 거쳐 하나님이 창조하신 세상으로 흘러가는, 사랑 어린 관심의 의도적이고 자기 희생적인 행위는 영원부터 하나님이 어떤 분인지를 보여 주는 근본 이미지다."[7] 이런 이유로 선교라는 개념은 인간 역사에서 하나님이 하시는 일에 관한 성경 서사의 핵심에 자리 잡는다. 이는 이스라엘을 하나님의 언약 백성으로, 나라들에 복이 되기 위해 하나님

---

7   Holmes, "Trinitarian Missiology," p. 88.

의 언약에 따른 복의 수혜자가 되라고 부르시는 것으로 시작한다. 하나님의 선교는 이스라엘과 맺은 언약의 핵심이며, 성경 서사에 기록된 하나님 백성의 삶에서 수 세기에 걸쳐 계속 전개된다. 사명과 관계된 이 언약은 예수 그리스도의 삶·죽음·부활에서 계시적 절정에 이르며, 그리스도를 따르는 이들의 공동체를 부르고 인도하고 능력을 주시는 분으로서 성령을 보내심을 통해 지속된다. 이 공동체, 즉 교회는 예수 그리스도의 복음을 사회적·역사적·문화적으로 구현하는 증인이요, 하나님의 선교의 명백한 표현이다. 이 사명은 오늘날 전 세계 모든 문화권 교회들의 세계적 사역과 복음 증거를 통해 지속되고 있으며, 성령의 인도를 받아 종말에 약속에 따라 완성될 화해와 구속을 향해 나아가고 있다.

영원에서부터 하나님의 선교를 특징짓는 사랑은 신적 사명이 세상으로 확장되기 위한 설득력 있는 토대다. 이 관점에서 볼 때 창조는 하나님의 확장하는 사랑의 한 특색으로 이해할 수 있으며, 이로써 삼위일체 하나님은 하나님이 아닌 또 다른 실재를 존재하게 하시고, 그 실재를 신적인 사랑의 교제에 참여시킬 목적으로 사랑과 은혜와 축복의 관계를 설정하신다. 하지만 하나님의 형상으로 창조된 인간은 하나님의 그 사랑에 반역했다. 이들은 동료 인간의 복락을 추구하지 않고 오히려 타인을 희생하여 자신의 유익을 추구했고 억압적 공동체를 만들어서 그 시민들, 특히 힘없고 취약한 사람들을 식민화하고 소외했다. 이런 행동은, 이런 행동을 낳는 지적·정서적·의지적 성향과 더불어 성경에서 죄라고 불린다.

성부는 세상을 향한 사랑으로 성자 예수를 세상으로 보내신다.

"하나님이 세상을 이처럼 사랑하사 독생자를 주셨으니 이는 그를 믿는 자마다 멸망하지 않고 영생을 얻게 하려 하심이라. 하나님이 그 아들을 세상에 보내신 것은 세상을 심판하려 하심이 아니요 그로 말미암아 세상이 구원을 받게 하려 하심이라"(요 3:16-17). 성자가 세상으로 보내심받은 것은 낮아짐·섬김·순종·타인을 위한 죽음이라는 십자가 형태의 삶을 통해 세상을 구속하시기 위해서다. "너희 안에 이 마음을 품으라 곧 그리스도 예수의 마음이니 그는 근본 하나님의 본체시나 하나님과 동등됨을 취할 것으로 여기지 아니하시고 오히려 자기를 비워 종의 형체를 가지사 사람들과 같이 되셨고 사람의 모양으로 나타나사 자기를 낮추시고 죽기까지 복종하셨으니 곧 십자가에 죽으심이라"(빌 2:5-8). 자신의 가르침과 모범을 통해 예수께서는 자신의 삶의 방식을 따르라고, 하나님 나라, 즉 모든 사람이 넉넉히 소유하고 어떤 사람도 두려워할 필요가 없는 공동체에 참여하라고 세상을 부르셨다. 성령이 세상에 보내심받은 것은 그리스도를 따르는 이들의 공동체를 부르셔서 이들이 각자 위치한 특정한 사회·역사·문화 정황에서 하나님의 백성이 되는 선교적 소명을 이행할 때 이들을 인도하시고 능력을 주시기 위해서다. 교회가 하나님의 사랑과 선교라는 좋은 소식을 증언하는 일을 통해 성령께서는 모든 족속과 나라로부터 새 공동체를 불러내서 예수 그리스도를 중심으로 온 창조 세계를 위한 하나님의 뜻을 잠정적으로 보여 주게 하신다. 이어서 성령께서는 그 공동체에 능력을 주셔서 세상을 위해 하나님의 사랑을 나타내 보이게 하신다.

세상을 향한 하나님의 사랑을 바탕으로 성자를 보내시고 성령을 보내심을 통해 세상에 증명된 이 선교적 양식은 사랑의 공동체를 배경으로 구현되고 표현되며 성부와 성자와 성령이 공유하는 사랑이 창조 질서에까지 이르게 하고자 하는 하나님의 선교적 성품을 가리킨다. 이 선교를 창조 질서로까지 확장하는 일은 성자와 성부를 보내심을 통해서만이 아니라 교회를 보내시는 일에서도 발생한다. 데이비드 보쉬(David Bosch)의 말처럼, 이 성경적 양식은 선교가 하나님의 본성 자체에서 비롯되며, 교회론이나 구원론보다 삼위일체 교리의 맥락에서 이해되어야 한다는 것을 보여 준다. 이 관점에서 볼 때, 성부 하나님이 성자를 보내시고 성부와 성자는 성령을 보내시는 일로 표현된 '미시오 데이'라는 고전적 교리는 또 하나의 움직임, 즉 성부와 성자와 성령께서 교회를 세상으로 보내시는 것으로까지 확장될 수 있다.[8]

이 보냄의 양식과 어울리게, 교회의 사명은 예수님과 성령을 보내시는 하나님의 선교와 밀접하게 연관된다. 교회는 하나님 나라의 표지·도구·맛보기로서 세상을 위한 하나님의 사랑이라는 좋은 소식을 나타내고 확장하여 세상에서 하나님의 형상, 그리스도의 몸, 성령의 거처가 되라는 부름을 받는다. 하지만 교회의 지역적이고 특수한 성격이 역사·문화·시대·장소 전체에 걸쳐 다양하게 표현된다는 점을 고려할 때, 이 사명은 늘 정황에 맞게 표현되어야 하며 땅끝까지 이를 증언해야 할 임무와 조화되도록 자리를 잡아야 한다.

교회의 사명을 좀 더 상세히 정리하는 데 집중하기에 앞서, 하나님의 선교가 하나님의 생명에서 흘러나와 예수님과 성령을 통해 세상으로 흘러 들어갈 때 이 선교의 초점을 유념하는 것이 도움이 될 것이

---

[8] David J. Bosch, *Transforming Mission: Paradigm Shifts in Theology of Mission*, twentieth anniversary edition (Maryknoll, NY: Orbis, 1991), p. 399. 『변화하는 선교』(기독교문서선교회).

다. 세상과 관련해서 하나님의 선교란 구체적으로 무엇인가? 짧게 대답한다면, 사랑과 구원이라고 할 수 있을 것이다. 삼위일체 안에 있는 신적 생명에서 흘러나오는 사랑이 세상에서 하나님의 선교의 중심이다. 어떤 계명이 가장 큰 계명이냐는 질문에 예수께서는 이렇게 대답하셨다. "네 마음을 다하고 목숨을 다하고 뜻을 다하여 주 너의 하나님을 사랑하라 하셨으니 이것이 크고 첫째 되는 계명이요 둘째도 그와 같으니 네 이웃을 네 자신같이 사랑하라 하셨으니 이 두 계명이 온 율법과 선지자의 강령이니라"(마 22:37-40). 요한1서 4:7-12에서는 하나님과 교회와의 관계에서 사랑이 최고임이 강조된다.

> 사랑하는 자들아 우리가 서로 사랑하자. 사랑은 하나님께 속한 것이니 사랑하는 자마다 하나님으로부터 나서 하나님을 알고 사랑하지 아니하는 자는 하나님을 알지 못하나니 이는 하나님은 사랑이심이라. 하나님의 사랑이 우리에게 이렇게 나타난 바 되었으니 하나님이 자기의 독생자를 세상에 보내심은 그로 말미암아 우리를 살리려 하심이라. 사랑은 여기 있으니 우리가 하나님을 사랑한 것이 아니요 하나님이 우리를 사랑하사 우리 죄를 속하기 위하여 화목 제물로 그 아들을 보내셨음이라. 사랑하는 자들아 하나님이 이같이 우리를 사랑하셨은즉 우리도 서로 사랑하는 것이 마땅하도다. 어느 때나 하나님을 본 사람이 없으되 만일 우리가 서로 사랑하면 하나님이 우리 안에 거하시고 그의 사랑이 우리 안에 온전히 이루어지느니라.

다른 무엇보다도 교회는 그리스도의 삶을 본받고 하나님의 사랑을 삶으로 구현함으로써 세상을 향한 하나님의 사랑을 증언하라는 부름을 받는다.

예수님의 삶과 교회의 증언을 통해 세상에 표현된 하나님의 선교의 결말은 구원이다. 바울은 로마서에서 이렇게 말한다. "내가 복음을 부끄러워하지 아니하노니 이 복음은 모든 믿는 자에게 구원을 주시는 하나님의 능력이 됨이라. 먼저는 유대인에게요 그리고 헬라인에게로다"(롬 1:16). 바울이 이 편지에서 분명히 하고 있다시피, 그 구원의 수단은 하나님의 아들이시고 세상의 주님이신 예수 그리스도의 삶과 죽음과 부활이다. 이 구원에는 창조 질서, 즉 인류와 온 우주가 죄와 사망의 권세에서 해방되는 결과가 따른다(롬 8:2-25). 예수 그리스도 안에서 세상을 사랑해야 하는 하나님의 선교가 교회에 전달되는 것과 마찬가지로, 구원과 화해의 사명도 교회에 위탁된다.

> 그런즉 누구든지 그리스도 안에 있으면 새로운 피조물이라. 이전 것은 지나갔으니 보라 새것이 되었도다. 모든 것이 하나님께로서 났으며 그가 그리스도로 말미암아 우리를 자기와 화목하게 하시고 또 우리에게 화목하게 하는 직분을 주셨으니 곧 하나님께서 그리스도 안에 계시사 세상을 자기와 화목하게 하시며 그들의 죄를 그들에게 돌리지 아니하시고 화목하게 하는 말씀을 우리에게 부탁하셨느니라. 그러므로 우리가 그리스도를 대신하여 사신이 되어 하나님이 우리를 통하여 너희를 권면하시는 것같이 그리스도를 대신하여 간청하노니 너희는 하나님과 화목하라. (고후 5:17-20)

여러 신약학자가 지적하다시피, 이 구원 개념을 현대 서구 문화의 개인주의적 관점에서 읽어 내지 않는 것이 중요하다. 개인주의 관점을 바탕으로 이 구원 개념을 해석한다면 신적 사명의 전체 범위와 장엄함을 놓치는 셈일 것이다. 하나님의 행동은 모든 인류를 위한 것일 뿐만 아니라 전체 창조 질서를 위한 것이기도 하며, 그렇게 해서 이 창조 질서는 "썩어짐의 종노릇한 데서 해방"될 것이다. 이 사명의 완전함과 우주적 범위는 비벌리 로버츠 가벤타(Beverly Roberts Gaventa)의 말이 잘 담아내는데, 로마서에 기록된 바울의 말에 따르면 하나님의 선교에는 "세상을 죄와 사망의 권세에서 구해 내서 새로 창조된 인류, 즉 유대인과 이방인이 공동체를 이루어 하나님을 찬양하도록 해방하는 일"도 포함된다는 것이다.[9] 마이클 고먼(Michael Gorman)은 신적 사명이라는 이 개념에 관해 논평하면서 이렇게 말한다. "그러므로 하나님은 불충분하고 불완전하게라도 지금 이 해방과 변혁의 현실에 참여하는 다문화적이고 사회경제적으로 다양한 공동체('교회')로 구성된 국제적인 네트워크를 만드는 일을 하고 계신다."[10] 계속해서 고먼은 바울이 여러 가지 단어·이미지·관용어를 이용해서, 해방·변혁·새 창조·평화·화해·칭의를 포함하는 하나님의 구원의 선교에 대한 포괄적 이상을 분명히 알려 준다고 말한다.[11]

이 구원의 선교는 자기를 내주고 자기를 희생하는 하나님의 사랑,

---

[9] Beverly Roberts Gaventa, "The Mission of God in Paul's Letter to the Romans," in *Paul as Missionary: Identity, Activity, Theology, and Practice*, eds. Trevor J. Burke and Brian S. Rosner, Library of New Testament Studies 420 (London: T&T Clark, 2011), pp. 65-66.
[10] Michael J. Gorman, *Becoming the Gospel: Paul, Participation, and Mission*, The Gospel and Our Culture Series (Grand Rapids: Eerdmans, 2015), pp. 24-25. 『삶으로 담아내는 복음』(새물결플러스).
[11] Gorman, *Becoming the Gospel*, p. 25.

영원한 삼위일체의 교제에 표현된 이 사랑에 뿌리를 두며, 예수 그리스도의 삶과 죽음과 부활을 통해 창조 질서 안에 알려진다. 교회의 사명 이해에 필요한 배경을 형성하는 것이 바로 이 신적 선교다.

정교일치 사회, 교회, 사명

교회의 사명으로 관심을 돌리기 전, 교회 및 선교에 대한 교회의 인식과 관련해 기독교 국가의 영향에 관해 간단히 이야기해 보는 게 도움이 될 것이다. 교회의 선교 사역 확장은 대개 제국 확장 활동이었으며 이 식민화 과정에서 성경이 이 활동을 정당화하는 도구로 쓰였다. 나중에 기독교의 정경을 구성하게 될 모든 텍스트는 제국의 변방에서 생산되었지만, 정교일치 사회(이 단락에서 christendom은 단순히 기독교가 왕성한 지역이나 기독교 문명이라는 의미가 아니라 기독교가 국가 권력과 긴밀히 결합된 사회 구조라는 의미에서 '정교일치 사회'로 번역함—옮긴이)가 출현하면서 기독교와 로마 사이에 공모가 발생했다는 것은 변방이 중심으로 이동했고 그에 따라 해석되었다는 뜻이었다. "제국 기독교의 첫 공식 성경인 불가타(Vulgate)에 꼼짝 못 할 만큼 포위되어 갇힌 성경 텍스트의 주요 기능은 제국의 현상 유지를 정당화하는 것이었으며, 이 기능은 공공연하게, 혹은 암암리에 근대 시대까지 지속되었다."[12]

지난 2세기 동안 교회가 선교 활동을 확장해 온 역사를 고찰하면

---

12 Stephen D. Moore, "Paul after Empire," in *The Colonized Apostle: Paul through Postcolonial Eyes*, Christopher D. Stanley, ed. (Minneapolis: Fortress, 2011), p. 22.

서 많은 선교학자가 선교 사업의 특정 유형을 우려하기 시작했다. 서구의 선교는 전통적으로 상당 부분이 영국과 유럽(Anglo-European) 교회 중심 사업이었고, 복음은 서구 교회의 문화 형태로 전달되어 왔다는 것이 점점 분명해졌다. 이러한 선교 방식이 전 세계에 걸쳐 교회 성장에 기여하기는 했지만, 서구 교회의 형식과 구조는 선교적이라기보다 수 세기 동안 형식상으로나 공식적으로 기독교적이라고 자처한 역사적·사회적 배경 속에서 형성되고 빚어져 왔다는 문제점을 드러내기도 했다.

　이런 배경에서 교회는 서구 사회의 신앙·문화 생활 형성에 깊이 관여했다. 이 상황은 이른바 정교일치 체제로 귀결되었는데, 이는 교회와 국가가 동반자가 되어 문화적 패권을 쥐는 체제로서, 이 체제 안에서 기독교는 사회에서 독특하고 특권적이고 보호받는 위치를 유지하며, 기독교회는 법적으로나 사회적으로나 확고한 제도적 형식이 된다. 이런 교회 모형, 그리고 여기에 부수되는 관점과 직관이 사회 전반에 너무 깊이 스며들어 있어서, 북미의 경우처럼 정교일치의 공식적·법적 구조가 제거될 때조차 그 유산은 이 구조의 필연적 결과인 전통·사고방식·구조 속에서 계속 이어진다. 정교일치 사회가 공식적으로 소멸한 후에도 그 사회의 직관과 필연적 결과가 계속 이어지는 현상을 가리켜 기능적 정교일치(functional Christendom)라고 한다.

　서구의 국교회(established church)를 특징짓는 정교일치의 관점에서 볼 때, "선교는 교회의 여러 프로그램 중 하나가 되었을 뿐이다. 선교 위원회가 서구 교회에 등장한 것은 해외 선교를 위해서였다. 하지만 이 부분에서도 서구 교회는 스스로를 보내는 교회로 이해했으며,

파송 목적지는 이교도의 땅인 세상의 변방이라고 생각했다."[13] 서구 교회는 이런 먼 땅 사람들이 복음뿐만 아니라 서구 문화의 영향에서도 유익을 얻을 것이라고 생각했다. 마찬가지로, 기독교 문화유산을 훼손하려고 위협하는 사회 세속주의가 등장하자 많은 교회가 이를 저지하고 대응하기 위해 국내 선교 프로그램과 전략도 개발했다. 이 프로그램들에는 기독교적인 사회 풍조 보존의 중요한 부분으로서 의미심장하고 정치적인 행동주의가 종종 포함되었다.

복음뿐만 아니라 서구 정교일치 사회의 특수한 풍조와 문화까지 보존하고 전파하려는 이러한 바람 때문에 기독교 선교는 예수 그리스도의 복음이라는 미명 아래 식민주의 및 식민지화와 연결되었다.[14] 이렇게 연결된 결과, 선교를 실천할 때 재앙과 같은 일이 발생했다. 로즈버드 라코타 부족(Rosebud Lakota Tribe)인 리처드 트위스는 이렇게 말했다. "북미 부족들 사이에서 기독교 선교는 그다지 반가운 소식이 아니었다. 창조주의 창조와 구속 이야기가 아메리카 원주민 대량 학살과 착취를 정당화하는 패권적 식민지 신화로 변질된 데에는 어떤 세계관의 영향이 있었는가?"[15] 트위스는 자신의 경험을 이야기하면서, 자기네 부족 문화의 음악·춤·북 연주·의례를 백인 그리스도인들은

---

13 Darrell L. Guder, ed., *Missional Church: A Vision for the Sending of the Church in North America*, The Gospel and Our Culture Series (Grand Rapids: Eerdmans, 1998), p. 6.
14 예를 들어, Jorge Juan Rodríguez V, "The Colonial Gospel in Puerto Rico," *The Christian Century* blog, January 3, 2017, https://www.christiancentury.org/blog-post/colonial-gospel-puerto-rico를 보라.
15 Richard Twiss, "Living in Transition, Embracing Community, and Envisioning God's Mission as Trinitarian Mutuality: Reflections from a Native-American Follower of Jesus," in Amos Yong and Barbara Brown Zikmund, eds., *Remembering Jamestown: Hard Questions About Christian Mission* (Eugene, OR: Pickwick, 2010), p. 93.

'불결하게' 여기라고, 예수님을 따르는 사람에게 적절치 않다고 여기라고 압박을 가했다고 설명한다. 여기 담긴 암묵적 메시지는, 낡고 익숙한 의례와 체험은 지나갔고 만물이 '희게 된다'(become white)는 것이다. "이는 인디언으로서 내 삶의 방식을 버려야 한다는 의미였다. 왜냐하면 내가 그리스도 안에서 새 정체성을 갖게 되었는데, 그 정체성은 인디언 정체성이 **아니었기** 때문이다! 성경은 우리의 문화 인식, 즉 우리가 하나님 및 창조 세계와 하나라는 인식에 중요한 의미가 있는 모든 것을 악마화하는 데 이용되었다."[16]

이렇게 기독교의 이름으로 자행된 사회·문화적 식민지화는 파괴적인 결과를 낳았으며, 서구의 선교와 이 선교가 조우하는 토착 문화 사이에서 아주 전형적인 상호작용이었다. 일련의 특수한 사회·문화적 가정과 전제가 그 이미지 안에 성경과 신학을 새겨 넣었고, 이 경우 그 이미지는 서구 문화의 이미지였으며, 이어서 이 이미지가 하나님과 진리의 이름으로 다른 집단 사람들에게 강요되었다. 이런 일이 발생할 때, 다수의 가정과 전제에 동참하지 않는 사람들의 목소리는 성경이나 기독교 전통에 충실하지 않다는 구실로 주변으로 밀려나거나 힘을 잃는다. 예수 그리스도의 복음을 충실히 증언하는 기독교 선교라면 이런 식민화의 궤적에 저항하고 이를 거부해야 한다. 식민화 세력의 역사와 복잡성에 비춰 볼 때, 교회의 선교와 증언은 반드시 재구성되어야 한다.[17]

---

[16] Twiss, "Living in Transition," p. 94.
[17] 예를 들어, Marion Grau, *Rethinking Mission in the Postcolony: Salvation, Society and Subversion* (London: T&T Clark, 2011)을 보라.

교회의 사명

사랑과 구원 개념으로 구성된 교회의 사명을 생각해 볼 때 우리는 요한복음 20:21-23로 돌아가게 된다. "예수께서 또 이르시되 너희에게 평강이 있을지어다. 아버지께서 나를 보내신 것같이 나도 너희를 보내노라 이 말씀을 하시고 그들을 향하사 숨을 내쉬며 이르시되 '성령을 받으라. 너희가 누구의 죄든지 사하면 사하여질 것이요. 누구의 죄든지 그대로 두면 그대로 있으리라' 하시니라." 여기서 제자들은 교회를 대표하는데, 이들은 성부가 성자를 보내신 방식을 따라 예수님에 의해 세상으로 보냄받는다. 이들은 예수께서 하신 일을 계속 이어가라는 명령을 받는다. 성부의 사명과 교회의 사명 간의 밀접하고 불가분한 관계는 여기서 두 가지 방식으로 확립된다. 첫째, 예수께서 요단강에서 세례받으실 때 사명을 위해 예수님에게 기름을 부으셨던, 약속된 성령을 선물로 주신다. 교회가 예수님의 사명을 계속 이어나갈 때 이제 이 동일한 성령이 교회를 인도하고 능력을 주실 것이다. 둘째, 예수께서 자신의 사명의 중심이었던 권한, 즉 죄를 사하는 권한을 교회에게 맡기신다. 레슬리 뉴비긴은 이 장면에서 전달되는 것은 단순히 하나님이 죄를 사하신다는 일반적 개념이 아니라고 지적한다. 그보다, 이 세상에서 다른 방식으로는 이뤄질 수 없는 일을 하라는 구체적 임무, 즉 "우리가 육신을 입고 있는 동안 행할 수 있는 유일한 방법, 곧 또 한 사람의 말과 행동과 몸짓을 통해 구체적인 상황에서 실제 인간 남녀에게 하나님의 용서를 전하는 임무"[18]가 전달된다.

이는 하나님의 평강이라는 선물을 가능하게 하는 특별하고 구체적인 죄 사함이다. 평화 혹은 샬롬, 즉 이스라엘의 하나님과 예수 그리스도께서 주시는, 모든 것을 포괄하는 복의 회복은 이 땅의 교회에 주어진 사명의 내용을 가장 단순하고 설득력 있고 포괄적으로 표현할 수 있는 방법일 것이다. 이것이 예수께서 제자들에게 하신 말씀의 첫 부분인 "너희에게 평강이 있을지어다"의 초점이다. 여기서 예수께서 제자들에게 말씀하시는 이 평강은 창조 질서 속 하나님 나라 임재의 한 가지 중심 요소이자 가장 뚜렷한 표지이다. "교회는 세상의 삶을 위한 하나님의 선물인 평화를 교회의 삶에 나타내기 위해 세상의 삶 속으로 나아가는 운동이다. 그러므로 교회가 보냄받는 것은 하나님 나라를 선포하기 위해서일 뿐만 아니라 그 나라의 임재를 교회의 생활에 나타내기 위해서이기도 하다."[19] 교회의 사명은 세상에서의 외적 활동과 교회 안에서의 공동생활의 특성을 모두 포괄한다. 교회의 사명에 대한 이 포괄적 이상(vision)이 교회가 세상으로 보냄받은 이유인데, 마이클 고먼은 이 이상을 다음과 같이 포착한다. "1세기에 이미 사도 바울은 자신의 편지를 받는 공동체들이 단지 복음을 **믿는** 것이 아니라 복음이 **되기**를 바랐으며, 그렇게 함으로써 하나님의 참 생명과 선교에 참여하기를 바랐다."[20]

이 관점에서 볼 때 복음은 선포해야 할 메시지, 즉 예수 그리스도 안에서 하나님이 죄와 사망의 권세에서 세상을 해방하시고, 우주에 샬롬을 확립하기 위해 인간을 하나님과 화해시키고 서로와 화해시키

---

18 Newbigin, *The Open Secret*, p. 48.
19 Newbigin, *The Open Secret*, pp. 48-49.
20 Gorman, *Becoming the Gospel*, p. 2.

며 온 창조 세계와 화해시키신다는 좋은 소식이며, 또한 다가올 종말론적 충만함을 고대하면서도 이 선포된 현실을 현재에 잠정적으로 보여 주는, 세상에서의 삶의 방식이기도 하다. 그러므로 교회는 이 좋은 소식을 믿고 이에 따라 살 각오를 하는, 예수 그리스도 따름이들이 모인 공동체다. 데이비드 보쉬의 말을 빌리자면, 사명이란 예수 그리스도 안에서 세상에 알려진 하나님의 선교에 교회가 참여하여, "검증 가능한 경험으로 볼 때는 거짓으로 보이는 미래 쪽에 걸고서 내기를 하는 것이다. 이는 하나님의 사랑이라는 좋은 소식으로, 세상을 위해 공동체의 증언 속에 구체화된다."[21] 이 공동체는 하나님 나라의 표지·도구·맛보기로서 복음을 증언할 목적으로 삼위일체 하나님에 의해 세상으로 보냄받는다.

교회는 하나님 나라의 표지로서 하나님의 형상이 되라고 세상으로 보냄받는다. 인간이 하나님의 형상으로 창조된다는 주장은 존재론적 신분이자 소명적 부르심, 즉 인간이 나아가야 할 궁극적 방향이다. 그래서 인간은 그 방향을 향해 나아간다. 이 종말론적 목적지는 현재 선취적으로(proleptically) 존재하는 미래의 현실이기도 하다. 대니얼 미글리오레(Daniel Migliore)의 말처럼, "하나님의 형상으로 창조된다는 것은 상태나 조건이 아니라 목표가 있는 움직임이다. 인간은 아직 실현되지 않은 삶을 성취하기 위해 끊임없이 움직인다."[22] 창세기 1:26은 인간의 과업을 지배 개념과 연결한다. "하나님이 이르시되 '우

---

21 Bosch, *Transforming Mission*, p. 532.
22 Daniel L. Migliore, *Faith Seeking Understanding: An Introduction to Christian Theology* (Grand Rapids: Eerdmans, 1991), p. 128. 『기독교 조직신학 개론』(새물결플러스).

리의 형상(image)을 따라 우리의 모양(likeness)대로 우리가 사람을 만들고 그들로 바다의 물고기와 하늘의 새와 가축과 온 땅과 땅에 기는 모든 것을 다스리게 하자' 하시고."

하지만 우리는 지배라는 말을 현대 산업 사회의 이념을 배경으로 하여 해석하기보다는, 구약의 왕정 신학(royal theology) 맥락에서 개념을 파악해야 한다. 고대 근동의 왕들은 직접 갈 수 없는 도시나 영토에 종종 자신의 상(image)을 설치했다. 지상의 왕들이 자신이 물리적으로 존재할 수 없는 영토에 자신의 상을 설치해서 그 땅에 대한 지배권을 나타내는 것처럼, 인간은 땅에 대한 하나님의 지배권을 나타내는 하나님 주권의 상징 혹은 이미지로서 하나님의 형상(image)을 입고 땅에 존재한다.[23] 인간은 창조 세계에 하나님의 사랑 어린 보살핌을 반영하라고 부름받는다.

하나님의 형상이 하나님을 나타내야 하는 신적 소명과 연관된다고 보는 것은, 모든 사람이 다 하나님의 형상으로 지어졌고 인간으로서 하나의 **궁극적 목적**(telos)을 공유한다는 의미다. 하지만 신약성경 기자들은 신적 형상 개념을 특히 하나님의 성품을 명확히 대표하는 예수 그리스도에게 적용한다(고후 4:4-6; 골 1:15). 더 나아가, 그리스도와 연합한 사람은 하나님의 형상으로서 그분의 역할을 공유한다. '그리스도 안에' 있는 모든 사람은 삶으로 그리스도의 영광을 반영할 수 있도록 그리스도의 형상으로 변화하는 중이다. "우리가 다 수건을 벗은 얼굴로 거울을 보는 것같이 주의 영광을 보매 그와 같은 형상으로

---

[23] Gerhard von Rad, *Genesis*, trans. John H. Marks, Old Testament Library (Philadelphia: Westminster, 1972), p. 58.

변화하여 영광에서 영광에 이르니 곧 주의 영으로 말미암음이니라"(고후 3:18). 실제로, 하나님은 인간이 하나님의 모양(likeness)이신 그리스도처럼 되도록 미리 정해 두셨다(롬 8:29; 요일 3:2). 이런 이유로 바울은 우리가 그리스도의 부활에 참여함으로써 그리스도 안에서 하나님의 형상을 지니게 되리라는 소망을 선포한다(고전 15:49-53). 간단히 말해, 성경 전체의 파노라마는 신적 성품을 반영하고 그리하여 하나님의 형상이 되라는 소명을 이행하는 사람들을 존재하게 하시려는 하나님의 목적을 제시하는 것으로 해석할 수 있다.[24]

마태복음에서 우리는 요한이 체포된 후 예수께서 이사야의 말을 이루기 위해 갈릴리로 물러가신 것을 보게 된다. 이때 마태는 이렇게 말한다. "이때부터 예수께서 비로소 전파하여 이르시되 '회개하라. 천국이 가까이 왔느니라' 하시더라"(마 4:17). 마찬가지로 마가도 복음의 시작이 예수께서 갈릴리에서 전하신 말씀과 일치한다고 말한다. "이르시되 때가 찼고 하나님의 나라가 가까이 왔으니 회개하고 복음을 믿으라 하시더라"(막 1:15). 복음서 기자들이 이렇게 알림으로써 선포하는 내용은, 세상에 하나님의 통치가 임하기를 오랜 세월 때로는 힘들게 기대해 온 끝에, 이제 볼 눈이 있고 들을 귀 있는 사람들 사이에 행동을 요구하는 새롭고도 결정적인 방식으로 나사렛 예수 안에서 하나님의 나라가 임박했다는 것이다. 뉴비긴은 이렇게 말한다. "신약성경이 하나님 나라를 선포하는 것에 대해서만 이야기했다면 '새롭다'는

---

[24] 하나님의 형상으로서의 교회에 관한 좀 더 상세한 논의로는 Stanley J. Grenz and John R. Franke, *Beyond Foundationalism: Shaping Theology in a Postmodern Context* (Louisville: Westminster John Knox, 2001), pp. 192-202를 보라.

형용사를 정당화할 만한 것이 아무것도 없을 것이다. 선지자들과 세례 요한도 하나님 나라를 선포했다. 새로운 점은, 예수 안에 그 나라가 임재한다는 것이다."[25] 구약성경으로 사고(思考)를 형성한 사람은 분명히 추론할 수 있었을 것이다. 하나님 나라의 도래는 이제 머나먼 미래의 소망이 아니라 예수라는 존재 안에서 지금 이곳의 현실이라고 말이다.

예수님이라는 존재 안에서 나타난 하나님 나라의 선포와 임재는 회개의 행동을 촉구한다. 즉, 죄와 사망의 길에서, 타인을 이기적으로 착취하고 압제하는 행동에서 돌이켜야 한다. 이는 제자도로 표현되는 새로운 삶의 방식으로의 부르심이다. 교회는 성부께서 성자를 보내신 방식을 따라 세상으로 보냄받는다. 이는 말과 행동으로 복음을 선포함으로써, 그리고 예수님의 방식으로 제자도를 실천하고 예수께서 마태복음 28:19-20에서 제자들에게 마지막으로 지시하신 말씀에 따라 제자를 삼는 것에 헌신된 사람들의 공동체로서 하나님 나라의 표지가 되기 위함이다. "그러므로 너희는 가서 모든 민족을 제자로 삼아 아버지와 아들과 성령의 이름으로 세례를 베풀고 내가 너희에게 분부한 모든 것을 가르쳐 지키게 하라. 볼지어다, 내가 세상 끝 날까지 너희와 항상 함께 있으리라."

교회가 예수님의 본을 좇아 하나님 나라의 복음과 만민을 위한 하나님의 사랑을 선포하고 또한 이 좋은 소식을 듣는 사람들에게 회개하고 예수님의 제자가 되기를 요구함에 따라 세상에서 새로운 삶의

---

[25] Newbigin, *The Open Secret*, p. 40.

방식이 구상되고, 이 방식은 새로운 공동체 형성으로 이어진다. 이는 세상을 향한 하나님의 사랑을 삶으로 살아 내고, 사람들을 하나님 나라의 축복과 평화에서 배제하는 데 자주 사용되는 분열을 뛰어넘는 환영과 포용의 공동체다. 예수님의 방식으로 복음을 선포하고 제자를 삼음으로써 새로운 공동체에 대한 이 포괄적 이상을 추구하고 구현함에 따라, 교회는 하나님 나라의 표지로서 하나님의 형상을 지닌다.

교회는 하나님 나라의 도구로서 그리스도의 몸이 되라고 세상으로 보냄받는다. 그리스도의 몸으로서 교회는 세상으로 보냄받아 성령의 능력으로 예수님의 사명을 계속 이어가라는 명령을 받는다. 하나님이, 예를 들어 세상의 죄를 깨우치시는 성령의 사역을 통해 교회 밖에서 일하시는 것도 분명한 사실이지만, 신약은 교회를 그리스도의 몸이라고 특징지어서 교회가 원래 세상에서 하나님의 선교의 초점이 되어야 한다는 결론으로 이어지게 한다. 교회의 사명은 예수님의 사명과 사역으로 구체화된다. 이와 관련해 많은 본문을 인용할 수 있겠지만, 누가복음의 두 구절이 예수님의 사명을 가리키는 동시에 예수께서 보냄받은 방식을 좇아 하나님께서 세상으로 보내신 교회의 삶과 증언에 어떤 특징이 있어야 하는지를 보여 준다.

첫 번째 본문은 예수님의 공적 사역이 시작된 사건과 세상으로 보냄받아 성취해야 할 일을 요약한 말씀으로서, 이사야 선지자의 글을 낭독하신 일에 대한 누가의 기록에 나온다.

예수께서 그 자라나신 곳 나사렛에 이르사 안식일에 늘 하시던 대로 회당에 들어가사 성경을 읽으려고 서시매, 선지자 이사야의 글을 드리거늘 책을 펴서 이렇게 기록된 데를 찾으시니 곧 주의 성령이 내게 임하셨으니 이는 가난한 자에게 복음을 전하게 하시려고 내게 기름을 부으시고 나를 보내사 포로 된 자에게 자유를, 눈먼 자에게 다시 보게 함을 전파하며 눌린 자를 자유롭게 하고 주의 은혜의 해를 전파하게 하려 하심이라 하였더라. 책을 덮어 그 맡은 자에게 주시고 앉으시니 회당에 있는 자들이 다 주목하여 보더라. 이에 예수께서 그들에게 말씀하시되 '이 글이 오늘 너희 귀에 응하였느니라' 하시니. (눅 4:16-21)

이렇게 예수님의 해방 사역을 강조하는 것은, 압제와 예속의 세력에서 인간을 해방하시려는 분투에 동참하는 그리스도의 제자들의 공동체라고 교회를 이해한다는 것을 가리킨다. 교회의 사명은 예수님의 사명과 마찬가지로 하나님이 인간을 해방하시는 일의 의미를 선포하고 삶으로 구현하여, 이 세상의 압제적 권세에서 해방되는 것이 곧 세상에서 하나님의 선교임을 그 권세 아래 살고 있는 사람들이 깨닫게 하는 것이다. 그리스도의 몸으로서의 교회는 만인을 위한 사회정의라는 이 해방 활동에서 하나님의 도구로 쓰인다.

가난하고 소외된 사람들을 위한 이런 관심은 마태복음 25:31-40에서 강하게 드러난다.

인자가 자기 영광으로 모든 천사와 함께 올 때에 자기 영광의 보좌에 앉으리니 모든 민족을 그 앞에 모으고 각각 구분하기를 목자가 양과 염소를 구분하는 것같이 하여 양은 그 오른편에 염소는 왼편에 두리라. 그때에 임금이 그 오른편에 있는 자들에게 이르시되 '내 아버지께 복 받을 자들이여 나아와 창세로부터 너희를 위하여 예비된 나라를 상속받으라. 내가 주릴 때에 너희가 먹을 것을 주었고 목마를 때에 마시게 하였고 나그네 되었을 때에 영접하였고 헐벗었을 때에 옷을 입혔고 병들었을 때에 돌보았고 옥에 갇혔을 때에 와서 보았느니라.' 이에 의인들이 대답하여 이르되 '주여, 우리가 어느 때에 주께서 주리신 것을 보고 음식을 대접하였으며 목마르신 것을 보고 마시게 하였나이까? 어느 때에 나그네 되신 것을 보고 영접하였으며 헐벗으신 것을 보고 옷 입혔나이까? 어느 때에 병드신 것이나 옥에 갇히신 것을 보고 가서 뵈었나이까?' 하리니 임금이 대답하여 이르시되 '내가 진실로 너희에게 이르노니 너희가 여기 내 형제 중에 지극히 작은 자 하나에게 한 것이 곧 내게 한 것이니라' 하시고.

마찬가지로 야고보서 1:27에도 이렇게 기록되어 있다. "하나님 아버지 앞에서 정결하고 더러움이 없는 경건은 곧 고아와 과부를 그 환난 중에 돌보고 또 자기를 지켜 세속에 물들지 아니하는 그것이니라."

이 본문들은 현세에, 지금 여기서 해방 활동에 참여해야 할 교회의 소명을 가리킨다. 이 본문들의 구체성은 해방 활동을 주로, 혹은 오직 영적 의미로 생각하는 일반적 해석 그 너머를 가리킨다. 히브리 전통에 내재된 해방의 소명은 기존 사회 질서를 실제로 변화시키는 방식으로 현재에 실현되어야 한다. 해방 신학자 구스타보 구티에레스(Gustavo Gutierrez)는 해방을 정치적 해방·문화적 해방·영적 해방이라는 세 가지 의미에서 이야기하는데, 세 가지 모두 교회의 사명에 속한다, 이 세 가지는 서로 연결되어 있기는 하지만 동일하지는 않다. 어느 한 가지 해방도 다른 두 가지 해방 없이는 존재할 수 없지만, 그러면서도 셋은 여전히 별개다. 이 세 가지 해방 모두 현세의 정치 역사에 뿌리를 두되 그 역사가 철저히 다루지 않는 단일하고 포괄적인 구원 과정의 일부다. 구티에레스의 말처럼 "역사적, 정치적 해방 사건은 하나님 나라의 성장이며 구원 사건**이다**. 하지만 이는 그 나라의 도래가 아니요, 구원의 **전부**가 아니라고 말할 수 있다."[26] 세상에 있는 그리스도의 몸으로서 교회는 하나님의 선교와 복음의 좋은 소식에 발맞추어 하나님 나라의 도구로서 이 역사적 과정에 참여한다.

두 번째 본문은 예수님과 세리 삭개오 이야기에서 찾아볼 수 있는데, 이 이야기는 예수께서 삭개오에게 이렇게 말씀하시는 것으로 마무리된다. "오늘 구원이 이 집에 이르렀으니 이 사람도 아브라함의 자손임이로다. 인자가 온 것은 잃어버린 자를 찾아 구원하려 함이니라"(눅 19:9-10). 교회가 예수님의 본을 좇아 세상으로 보냄받은 것은 잃어버린 자를 찾고 그리스도 안에 있는 구원이라는 좋은 소식을 선포하기 위해서다. 복음 전도는 잃어버리고 상한 세상을 향한 하나님의 화해의 선교에서 핵심 측면이다.

복음 전도를 사회정의 및 해방을 추구하는 일과 분리한 사람들에 대한 응답으로, 바로 앞 구절에서 삭개오가 한 말에 주목해 보라. "주여 보시옵소서. 내 소유의 절반을 가난한 자들에게 주겠사오며 만일 누구의 것을 속여 빼앗은 일이 있으면 네 갑절이나 갚겠나이다"(8절). 삭개오가 예수님에게 보인 반응에는 회개·개심(改心)·회복이 포함되어 있으며, 이는 일종의 개인적 변혁으로 이어지고 이 변혁은 사회질

---

[26] Gustavo Gutierrez, *Theology of Liberation* (Maryknoll, NY: Orbis, 1973), pp. 176-177. 『해방신학』(분도출판사).

서에 직접적 영향을 끼친다. 복음 전도와 사회정의는 예수 그리스도 안에 있는 좋은 소식, 곧 하나님이 만물을 화해시키신다는 이 소식을 선포할 때 서로 떼어놓을 수 없는 요소들이다.

교회는 하나님 나라의 맛보기로서 성령이 거하시는 전이 되라고 세상으로 보냄받는다. 성령이 교회에 주어지는 것은 하나님의 선교에 참여하여 분열을 넘어서는 새로운 공동체를 세울 능력을 주시기 위해서인데, 그러한 분열 때문에 하나님의 형상으로 창조된 인간들이 쉽게 갈라서고 서로 간에 적의와 의심이 생겨난다. 신약성경에서 이 포괄적 공동체에 대한 이상은 이방인을 하나님의 가족에 포함하는 일에 초점이 맞춰져 있다. 에베소서는 이 포괄적 공동체를 세우는 일이 세상에 평화를 확고히 하고자 하시는 하나님의 영원한 목적의 한 부분이라고 주장한다.[27] 에베소서 1:9-10을 보면, 하나님이 "그 뜻의 비밀을 우리에게 알리신 것이요 그의 기뻐하심을 따라 그리스도 안에서 때가 찬 경륜을 위하여 예정하신 것이니 하늘에 있는 것이나 땅에 있는 것이 다 그리스도 안에서 통일되게 하려 하심이라"고 한다. 마이클 고먼의 논평에 따르면, 에베소서 2장에서 우리는 여기 언급된 비밀이 복음을 통해 우리에게 알려진다는 것, 그리고 "인간과 관련해 신적 평화를 전하는 것이 이 비밀의 가장 큰 특징"임을 알 수 있다고 한다.[28]

이 신적 계획의 의도는 창조 세계가 다시 화합하도록, 현재 흩어져 있고 파편화되어 있는 것이 하나가 되게 하는 것이다. 이것이 그리스

---

[27] 에베소서를 하나님의 평화에 참여하라는 부름으로 해석하는 것에 대한 상세한 논의로 Gorman, *Becoming the Gospel*, pp. 181-211를 보라.
[28] Gorman, *Becoming the Gospel*, p. 188.

도와 교회, 곧 이 땅에 있는 그리스도의 몸을 통해 역사하는 하나님의 능력이다. "그의 능력이 그리스도 안에서 역사하사 죽은 자들 가운데서 다시 살리시고 하늘에서 자기의 오른편에 앉히사 모든 통치와 권세와 능력과 주권과 이 세상뿐 아니라 오는 세상에 일컫는 모든 이름 위에 뛰어나게 하시고 또 만물을 그의 발아래에 복종하게 하시고 그를 만물 위에 교회의 머리로 삼으셨느니라. 교회는 그의 몸이니 만물 안에서 만물을 충만하게 하시는 이의 충만함이니라"(엡 1:20-23). 고먼은 에베소서를 상세히 주해하면서 이 구절에 대해 이렇게 의견을 밝힌다. "이 구절에서 간략하게 묘사되고 편지 나머지 부분에서 좀 더 상세히 설명되다시피, 하나님이 교회를 만드신 의도는 영원한 신적 계획인 장래의 우주적 평화와 화합을 미리 맛보게 하시려는 것이다."[29] 이는 에베소서 3:8-11에 요약되어 있다.

모든 성도 중에 지극히 작은 자보다 더 작은 나에게 이 은혜를 주신 것은 측량할 수 없는 그리스도의 풍성함을 이방인에게 전하게 하시고 영원부터 만물을 창조하신 하나님 속에 감추어졌던 비밀의 경륜이 어떠한 것을 드러내게 하려 하심이라. 이는 이제 교회로 말미암아 하늘에 있는 통치자들과 권세들에게 하나님의 각종 지혜를 알게 하려 하심이니 곧 영원부터 우리 주 그리스도 예수 안에서 예정하신 뜻대로 하신 것이라.

앞에서 이야기한 내용에 비춰볼 때, 교회 안에서 하나 됨은 무엇보

---

29 Gorman, *Becoming the Gospel*, p. 189.

다 중요한 일임이 분명하며, 이는 죄와 사망의 경향을 좇은 결과 분열된 창조 세계에 평화와 화합을 안겨 주시려는 하나님의 뜻을 미리 맛보여 주는 존재로서 교회를 세상에 드러낸다.

> 그러므로 주 안에서 갇힌 내가 너희를 권하노니 너희가 부르심을 받은 일에 합당하게 행하여 모든 겸손과 온유로 하고 오래 참음으로 사랑 가운데서 서로 용납하고 평안의 매는 줄로 성령이 하나 되게 하신 것을 힘써 지키라. 몸이 하나요 성령도 한 분이시니 이와 같이 너희가 부르심의 한 소망 안에서 부르심을 받았느니라. 주도 한 분이시요 믿음도 하나요 세례도 하나요 하나님도 한 분이시니 곧 만유의 아버지시라. 만유 위에 계시고 만유를 통일하시고 만유 가운데 계시도다. (엡 4:1-6)

예수 그리스도의 이름으로 함께 모인 이 새 공동체의 주요 특색은 공동예배다. 하나님을 예배할 때 이 공동체는 한 몸으로서 모여 하나님을 찬미하고 믿음·소망·사랑의 선물을 주신 것에 감사를 선언하고 세상에서 증언할 때 하나님을 의지함도 선언한다. 예배는 교회가 세상에서 하나님의 통치를 증언하는 데 중심이 되는 요소다. 예배를 위해 교회가 함께 모일 때 우리는 하나님의 임재를 찬양하고, 염려를 함께 나누며, 기도하고, 성실하게 증언을 계속해 나갈 힘을 구한다. 그래서 예배는 교회의 사명의 근본적 표현이지 그 사명과 동떨어진 활동이 아니다. 예배는 세상을 향한 하나님의 사랑을 생각과 말과 행동으로 증언하도록 하려고 교회가 세상으로 보냄받은 포괄적 소명의 한 부분이다. 이런 면에서 교회는 요한계시록 7:9-10에 나오는 환상의 맛보기인데, 그 환상에서는 "각 나라와 족속과 백성과 방언에서 아무도 능히 셀 수 없는 큰 무리가 나와" 하나님 앞에 서서, 예수 그리스도 안에 있는 구원에 대해 예배와 찬양으로 감사를 드린다.

교회는 상호 의존하는 관계와 공동예배로 함께하는 새로운 삶을 통해, 예수 그리스도 안에 계시되고 성령의 능력으로 입증된 하나님의 사랑에서 응집력을 찾는 새로운 세상을 증언한다. 이 삶은 하나님이 뜻하시는 세상의 맛보기다. 하지만 하나님이 뜻하시는 세상은 현재의 현실이 아니라 종말론적 미래에 존재한다. 그래서 예수께서는 제자들에게 이렇게 기도하라고 가르치셨다. "그러므로 너희는 이렇게 기도하라. 하늘에 계신 우리 아버지여 이름이 거룩히 여김을 받으시오며 나라가 임하시오며 뜻이 하늘에서 이루어진 것같이 땅에서도 이루어지이다"(마 6:9-10). 이는 하나님이 창조 의도에 따라 만물을 바로잡으시고 우주를 질서 있게 하실 때 새로운 현실이 생겨나기를 구하는 기도다. 이 장래의 현실은 창조 세계를 위해 하나님이 정하신 뜻이고, 그래서 흔들릴 수 없는 것이기에(히 12:26-28), 지금 이 순간에도 흘러 지나가고 있는 현재 세상보다(고전 7:31) 훨씬 더 현실적이고 객관적이고 실제적이다. 현재의 교회는 장차 나타날 이 종말론적 현실의 맛보기이고, 우리는 그 현실을 위해서 살고 일하고 소망하고 기도하며, 그 현실에서는 창조 세계의 모든 것이 예수 그리스도 안에서 연결된다(골 1:17).

하나님 나라의 표지·도구·맛보기라는 교회의 사명의 요소들은 서로 구별될 수는 있지만 분리될 수는 없다. 이 요소들은 서로 겹치기도 하고 서로 연관되기도 하면서 함께 묶인다. 똑같은 용어를 쓰지는 않지만 셋을 하나로 묶는 데 특별히 도움이 되는 한 가지 사례는 세계 교회협의회 세계 선교와 전도위원회의 전도위원회 서기였던 레이먼드 펑(Raymond Fung)의 저작이다.[30] 펑은 우리가 논의한 요소들을 하나하나 포괄하는 복음 전도 전략을 제시하고, 지역의 기독교회들이 다른 사람들과 협력해서 이사야 65:20-23에 개략적으로 묘사된 이사야 비전(Isaiah vision)을 추구하라고 제안한다.

거기는 날 수가 많지 못하여 죽는 어린이와 수한이 차지 못한 노인이 다시는 없을 것이라. 곧 백 세에 죽는 자를 젊은이라 하겠고 백 세가 못 되어 죽는 자는 저주받은 자이리라. 그들이 가옥을 건축하고 그 안에 살겠고 포도나무를 심고 열매를 먹을 것이며 그들이 건축한 데에 타인이 살지 아니할 것이며 그들이 심은 것을 타인이 먹지 아니하리니 이는 내 백성의 수한이 나무의 수한과 같겠고 내가 택한 자가 그 손으로 일한 것을 길이 누릴 것이며 그들의 수고가 헛되지 않겠고 그들이 생산한 것이 재난을 당하지 아니하리니 그들은 여호와의 복된 자의 자손이요 그들의 후손도 그들과 같을 것임이라.

다른 사람들과 동반자 관계를 이루어 이와 같은 이상을 추구할 때 우리는 "우리가 믿는 하나님은 어린아이들을 보호하시고, 노인들에게 힘을 주시며, 일하는 남녀들과 동행하시는 분이다. 그리스도인으로서 우리는 이에 따라 행동하고자 한다. 우리는 여러분도 이와 같은 관심사를 공유할 것이라고 믿는다. 우리 함께 손잡고 나가자"라고 이웃에

---

[30] Raymond Fung, *The Isaiah Vision: An Ecumenical Strategy for Congregational Evangelism* (Geneva: WCC Publications, 1992).

게 선포한다.[31] 교회가 이와 같은 이상을 위해 힘쓸 때, 우리는 우리와 함께 하나님을 예배하자고 이웃을 초청한다. 우리는 이들에게 다음과 같이 말한다. 이 일은 힘든 일이다. 필요한 것도 많고 문제도 많을 것이다. 때로 우리 하나님께 예배하는 시간을 통해 잠시 숨을 돌리고, 염려를 함께 나누고, 기도하며, 이 일을 계속해 나갈 힘을 구해야 할 것이다. "우리와 함께하겠는가? 함께하겠다면 더할 수 없이 크게 환영받을 것이다"라고.[32] 이사야 비전을 향해 힘써 나가는 과정에서 신뢰와 우정이 싹터 나감에 따라 우리의 이웃은 서로를 점점 잘 알고 이해하게 될 것이며, 서로가 더 편안해질 것이다. 이런 맥락에서, 예수님의 제자가 되라고 이웃을 초청하기에 알맞은 계기가 생길 것이다. "대단한 사람이든 보잘것없는 사람이든, 부자든 가난하든, 힘 있는 사람이든 아무 힘없는 사람이든, 예수님과 친구가 되고 교회와 교제하러 오라고 여러분을 초청합니다. 여러분을 부르니 발길을 돌려 돌아오십시오. 십자가를 지고 예수님을 따르십시오, 우리와 함께. 우리는 평범한 사람들이지만 하나님과 함께 특별한 일을 하라고 부름받았습니다."[33] 이 모형에서 볼 때, 교회는 제자를 삼는다는 점에서 하나님 나라의 표지이고, 약한 사람들과 수고하는 사람들을 위해 더 나은 세상을 만들려고 애쓴다는 점에서 하나님 나라의 도구이며, 함께 예배하며 살아간다는 점에서 하나님 나라의 맛보기다.

31 Fung, *Isaiah Vision*, p. 2.
32 Fung, *Isaiah Vision*, p. 2.
33 Fung, *Isaiah Vision*, p. 3.

상황 속에서의 선교

교회의 사명을 요약하면서 케빈 로(Kavin Rowe)는 다음과 같이 간명하게 정리한다. 그리스도인 공동체의 삶은 "하나님의 정체성에 대한 문화적 해석이다."[34] 땅끝까지 이르러 증인이 되라는 부르심에 화답하여, 오순절 후의 교회는 다면적이고 다방면적인 운동으로 등장했다. 교회는 흔히 묘사되거나 암시되는 것처럼 팔레스타인에서 유럽을 거쳐 그 외 세상으로 전개되지 않았다. 그보다는, 팔레스타인에서 아시아로, 팔레스타인에서 아프리카로, 팔레스타인에서 유럽으로 이동하여, 각 지역의 문화적 다양성에 스며들었다.[35] 이는 단순히 "제도의 확장이 아니라 운동의 등장으로, 단순히 진부한 교리 선전이 아니라 복음의 '무한한 번역 가능성'(infinite translatability)과 선교 의도의 꾸준한 발견"으로 이해되어야 하는 이야기다.[36]

이러한 번역 가능성은, 복음의 메시지가 한 문화에서 또 다른 문화, 한 사회적 배경에서 또 다른 사회적 배경, 한 상황에서 또 다른 상황과 관계를 맺으면서 민족·종족 언어·인종의 경계를 넘어 세계 전역으로 퍼져 나가면서 기독교 신앙이 계속 신선하게 적응하는 결과를 낳는다. 증인이 되는 이 선교 활동 가운데 교회는 복음을 새로운 사

---

[34] C. Kavin Rowe, *World Upside Down: Reading Acts in the Graeco-Roman Age* (New York: Oxford University Press, 2009), p. 8.
[35] 장소의 신학(theology of place) 회복은 선교적 신학의 장차 발전을 위해 없어서는 안 되는 요소다. 예를 들어, John Inge, *A Christian Theology of Place*, Explorations in Practical, Pastoral, and Empirical Theology (London: Ashgate, 2003); Craig G. Bartholomew, *Where Mortals Dwell: A Christian View of Place for Today* (Grand Rapids: Baker Academic, 2011)를 보라.
[36] Stephen B. Bevans and Roger P. Schroeder, *Constants in Context: A Theology of Mission for Today* (Maryknoll, NY: Orbis, 2004), p. 3.

람들 및 새로운 문화와 연결하는 어려운 과제에 대처하기 위해 스스로를 부단히 다시 고쳐 나간다. 이런 활동에서, 교회 됨이 무엇인가에 대한 체험과 이해는 복음이 문화와 지속적으로 연결되는 데서 비롯된다.[37] "그러므로 기독교 선교의 필요성과 그 선교가 언제나 근본적으로 상황에 맞춰 이뤄져야 할 필요성 사이에는 피할 수 없는 연관성이 있는 듯하다. 선교의 긴급성은 변화·적응·해석의 긴급성, 다시 말해 상황과 연결된다."[38] 복음을 세상의 문화와 지속적으로 연관하면 그리스도인 공동체의 선교적 속성을 반영하는, 더는 단순화할 수 없는 다원성이라는 결과를 낳는다. 하나님의 사랑이라는 좋은 소식을 땅끝까지 전하고 세상의 유익을 위해 모든 사람과 상황 사이에서 그 소식을 구현하라는 명령의 속성 자체가 필연적으로 다양성으로 귀결된다.

이 관점에서 볼 때, (획일성이 아니라) 다원성이 기독교 이야기의 특징이다. 교회 역사에 스며들어 있는 이 선교적 다원성을 바탕으로 앤드루 월스(Andrew Walls)는 그리스도인 공동체가 수 세기에 걸쳐 "자기 환경 특유의 무거운 덮개를 쓰고 있어서 다른 시대 다른 장소의 그리스도인들은 다른 사람들에게, 심지어 그들 자신에게까지도 분명 단일 현상의 발현으로 인식될 수 없었을 것"이라고 결론 내리게 된다.[39] 이 역사의 결말은, 도처의 모든 교회가 문화 교회가 된다는 것이다. 모든 교회가 자신이 참여하는 특정한 문화 환경의 표지를 지닌다.

---

[37] 이 관점에서 신학과 문화의 관계를 좀 더 상세히 다룬 글로는 John R. Franke, *The Character of Theology: An Introduction to Its Nature, Task, and Purpose* (Grand Rapids: Baker Academic, 2005)를 보라.
[38] Bevans and Schroeder, *Constants in Context*, p. 31.
[39] Andrew F. Walls, *The Missionary Movement in Christian History: Studies in the Transmission of Faith* (Maryknoll, NY: Orbis Books, 1996), pp. 6-7. 『세계 기독교와 선교 운동』(IVP).

모든 교회가 의식적으로든 무의식적으로든 자신이 속한 사회·역사 정황의 전제와 직관에 영향을 받아 형성된다. 심지어 교회가 그 문화 환경의 양상에 이의를 표하거나 명시적으로 저항할 때도 결과는 마찬가지다. 복음의 모든 표현과 기독교 신앙의 모든 형태에 문화가 내재되어 있기에 월스는 특정 그리스도인 집단은 "삶에 관해 다른 시간과 장소에서 결정된 일련의 가정을 다른 그리스도인 집단에게 그리스도의 이름으로 강요할 권리가 없다"고 결론 내린다.[40]

이는 선교에 관해 영국과 유럽 중심 기독교 전통에서 생겨나온 여러 가지 가설에 이의를 제기한다. 『선교적 교회』(*Missional Church*) 공동 저자의 말을 빌리자면, "교회에게 주어진 선교 명령은 예수 그리스도의 교회를 세우는 데만이 아니라 교회가 낳은 그리스도인 공동체를 서유럽 문화의 교회 형상으로 빚어내는 데도 있다는 것이 상당수 서구 선교에 미묘하게 담긴 가설이었다."[41] 이렇게 자각하자 서구 교회가 특정한 문화적 정황을 좀 더 많이 반영하는 방식으로 복음을 해석하고 표현하는 경향이 있다는 인식이 더욱 높아졌다. 더 나아가 선교에도 이런 식으로 접근하자 제도권 교회의 확장과 생존을 최우선순위로 삼는 결과를 낳았다. 이와 대조적으로, 교회의 사명을 하나님의 선교에 참여하는 것으로 이해하면, 교회는 복음의 증인이자 복음의 도구이지 복음의 목표와 목적이 아니라는 결론에 좀 더 쉽게 이르게 된다. 하나님의 선교의 확장은 교회가 참여하는 모든 문화와 사회

---

[40] Walls, *Missionary Movement*, p. 8.
[41] Darrell L. Guder, ed., *Missional Church: A Vision for the Sending of the Church in North America*, The Gospel and Our Culture Series (Grand Rapids: Eerdmans, 1998,), p. 4.

에서 교회를 하나님 나라의 표지와 도구와 맛보기로 부르고 파송하는 데 있다. 이 활동은 심히, 그리고 철저히 상황에 좌우된다.

복음의 무한한 번역 가능성과 철저한 상황성 때문에 발생하는, 더는 단순화할 수 없는 다원성은 극복해야 할 문제가 아니라 사실상 교회와 세상을 위한 하나님의 의도이자 복이라고 나는 다른 책에서도 말했다.[42] 성경은 이야기·율법·예언·지혜·비유·서신 같은 다양한 문학 형식, 그리고 이 각각의 형식 속에 담긴 하나님의 임재와 행동에 관한 수많은 시각을 포함해서 여러 가지 방식으로 이 다원성을 반영한다. 서로 다른 네 가지의 복음서 기사가 존재한다는 사실이 아마 정경 속 다원성의 가장 간단한 예를 제공한다고 할 수 있다. 마태복음·마가복음·누가복음·요한복음이 정경에 포함되어 저마다 예수님의 삶과 사역에 관해 독특한 관점을 보여 준다는 사실은 복음의 다형적(多形的) 특성을 우리에게 일깨워 준다. 이는 참된 보편 신앙은 다원적이라는 의미다. 후스토 곤잘레스(Justo González)의 말을 빌리자면, "이는 '전체에 따른'(according to the whole) 것이며, 단일하고 체계적이고 완전히 일관된 단위로 전체를 포괄한다는 의미에서가 아니라, 오히려 복음에 대한 사중(四重)의 정경적 증언에 함축된 개방성·다원성의 관점과 경험의 증언을 허용한다는 의미에서이다."[43]

복음에 대한 정경의 증언이 다수라는 것은 그 증언이 등장한, 그리고 그 증언이 미래를 위해 구상하는 공동체의 형태에서 부수적인 문

---

42 John R. Franke, *Manifold Witness: The Plurality of Truth* (Nashville: Abingdon, 2009).
43 Justo L. González, *Out of Every Tribe and Nation: Christian Theology at the Ethnic Roundtable* (Nashville: Abingdon, 1992), p. 22.

제가 아니다. 하나님의 선교에 대한 표준적 증언으로서 성경은 고대 공동체의 다원성을 반영한다. 또한 하나님의 선교에 대한 모범적 증언으로서 성경은 교회의 증언이 땅끝까지 계속 확장될 수 있도록 성경에 담긴 것 이상의 다원성을 권한다. 이 다원성을 포용하고 확장하는 것이 교회의 사명의 한 부분이다. 라민 사네의 말을 빌리자면 "대다수 사람의 경우, 자기와 의견이 다른 사람을 존중한다는 것은 충분히 어려운 일이며, 문화·언어·전통이 다른 사람은 말할 것도 없다. 다원론이 우리 모두에게는 걸림돌이 될 수 있지만, 하나님에게는 우주적 구상의 기초석이다."[44] 전체를 아우르는 단일하고 보편적인 이야기를 이용하여 이 다원성을 억제하려는 시도는 복음뿐만 아니라 복음을 증언하라고 부름받은 공동체까지 심각하게 왜곡하는 결과를 낳았다.[45]

레슬리 뉴비긴이 일깨워 주다시피, 순전한 복음 같은 것은 없다. 복음의 형태와 복음에 대한 이해는 모두 상황에 맞춘 것이며 문화 환경에 따른 것이다.

언제나 복음은 특정한 삶의 양식으로, 즉 재산을 보유하고 법과 질서를 유지하고 생산하고 소비하는 등 일정한 방식으로 복음의 의미를 살아 내려고 노력하는 신실한 공동체의 증언으로서 다가온다. 복음에 대한 모든 해석은 어떤 문화적 형태로 구체화된다.[46]

44　Sanneh, *Translating the Message*, p. 27.
45　이 왜곡 현상을 고찰한 최근의 연구로는 Willie James Jennings, *The Christian Imagination: Theology and the Origins of Race* (New Haven, CT: Yale University Press, 2011); Richard Twiss, *Rescuing the Gospel from the Cowboys: A Native American Expression of the Jesus Way* (Downers Grove, IL: InterVarsity Press, 2015)를 보라.
46　Lesslie Newbigin, *The Gospel in a Pluralist Society* (Grand Rapids, MI: Eerdmans, 1989),

마찬가지로, 하나님을 아는 우리의 지식, 기독교 신앙에 대한 우리의 이해, 우리 삶을 향한 하나님의 부르심에 대한 인식, 교회의 사명과 증언에 대한 우리의 개념은 상황에 크게 좌우된다. 이 때문에 스티븐 비번스(Stephen Bevans)는 이렇게 주장한다. "하나의 올바르고 불변하는 신학, 즉 '테올로기아 페레니스'(*theologia perennis*)에 대해 말할 수 있는 시대는 지나갔다. 우리는 일정한 장소와 일정한 시대에 의미 있는 신학에 대해서만 말할 수 있다. 우리가 (다른 문화에서 공시적으로, 역사에서 통시적으로) 타인에게 배울 수 있는 것은 확실하지만, 타인의 신학은 절대 우리 것이 될 수 없다."[47]

이는 교회의 사명이 다양한 신학/교회, 그리고 인종 특유의 기독교 전통으로써 공유되어 왔고, 앞으로도 계속 그러하리라는 결론으로 이어진다. 기독교 전통의 많은 공동체를 그리스도의 한 몸과 연관하여 설명할 때 우리는 교회를 몸으로 표현하는 은유에 의지한다. 고린도전서 12장에서 우리는 성령께서 전체 교회를 세우기 위해 다양한 은사가 주어진 여러 부분에서 한 몸, 한 교회를 만들어 내려고 일하신다는 말씀을 본다. "은사는 여러 가지나 성령은 같고 직분은 여러 가지나 주는 같으며 또 사역은 여러 가지나 모든 것을 모든 사람 가운데서 이루시는 하나님은 같으니 각 사람에게 성령을 나타내심은 유익하게 하려 하심이라"(고전 12:4-7). 교회의 다양성은 성령의 역사이며, 교회의 각 부분은 공통의 한 주님을 섬기는 가운데 몸 전체를 위해 특

---

p. 144. 『다원주의 사회에서의 복음』(IVP).
[47] Stephen Bevans, *Models of Contextual Theology*, rev. ed. (Maryknoll, NY: Orbis, 2002), pp. 4-5.

별한 은사와 예수 그리스도의 복음에 대한 이해를 제공하는데, 이는 온 몸의 덕을 세우기 위함이다.

덧붙여서, 교회의 여러 부분은 상호 의존한다. 서로가 서로에게 필요하다. 이들은 전체 몸과의 관계를 떠나서는 사명을 부름받은 대로 완수할 수 없다. 어떤 한 부분만으로는 해야 할 일을 다 하거나 전해야 할 내용을 다 이해할 수 없기 때문이다. "만일 온몸이 눈이면 듣는 곳은 어디며 온몸이 듣는 곳이면 냄새 맡는 곳은 어디냐. 그러나 이제 하나님이 그 원하시는 대로 지체를 각각 몸에 두셨으니 만일 다 한 지체뿐이면 몸은 어디냐. 이제 지체는 많으나 몸은 하나라"(고전 12:17-20). 그러므로 교회의 어느 부분도 나머지 부분과 별개로 존재하지 않는다. 성령께서 그리스도의 몸의 어느 한 부분에 은사·신학적 통찰·특별한 교회 관행을 제공하시는 의도는 전체 교회의 유익과 덕을 위해서이지만, 그 어느 것도 모든 시대와 모든 장소에 다 통하지는 않는다.

성령께서 의도하신 몸의 다원성은 보편적 형태의 교회와 신학을 구축하려는 유혹을 경고하는 역할을 한다. 교회의 여러 부분은 예수 그리스도 안에서 세상에 알려진 복음의 진리를 구현하여 증언하는 부분으로서, 오직 한 부분으로서만 상호의존적 하나 됨에 함께 참여하라고 부름받는다. 모든 부분은 자신들이 위치해 있고 성령의 은사를 받은 특정한 사회·역사 환경에 맞춰서 하나님의 선교에서 각자의 역할을 하라고 부름받는다. 각 부분은 한 교회를 세우고 덕을 세울 때 주고받을 수 있는 은사를 모두 지니고 있다. 앞에서 말했다시피, 그리스도인 공동체 내의 다원성은 극복해야 할 문제가 아니라 오히려 하나님의 의도이자 복이며, 하나님은 자유롭게 하고 화해하게 하는 예수 그리스도의 복음 사역에 참여하라고 모든 사람을 청하신다.

교회가 예수 그리스도를 통해 세상을 화해시키는 하나님의 선교에 참여한다는 것은 우리가 주로 헌신해야 할 대상이 기독교 공동체의 어느 특정 형태들이 아니라 복음과 우리가 위치한 문화 환경 간의 상호작용 및 관계라는 의미다. 실제로 우리는 복음과 문화 사이의 상호작용과 별개로는 교회나 교회의 사명을 경험하지 못한다고 말할 수 있다. 그리스도인의 삶과 사명의 형태는 늘 변화하는 새로운 환경에 따라 달라질 수 있고 유동적일 수 있다. 달리 말해, 세상에서 교회로 존재할 수 있는 단 한 가지 방법은 없으며, 공동생활의 적절한 형식은 특정한 사회 환경과 역사 환경의 산물이다. 한 가지 치수가 모든 사람에게 맞을 수는 없으며, 따라서 우리는 세상에서 만나는 문화적 다양성에 따라서 교회 형태의 다원성을 예상해야 한다. 이는 우리 중 누구도, 우리네 교회와 전통 혹은 신학의 어느 한 가지도 홀로 하나님을 증언할 수 없고 하나님의 선교를 감당할 수 없다고 일깨워 주는 역할을 한다.

존 프랭키에 대한 논평 조너선 리먼

맞다, 하지만. 이것이 존 프랭키의 흥미롭고도 뜻을 파악하기 어려운 글에 대한 나의 기본적 대답이다.

예를 들어 보자. 맞다, 우리의 모든 교리 진술과 교회 관행에는 문화가 깊이 배어 있다. 확실히 그렇다. 하지만 그와 같은 주장을 할 때는 미세한 함정에 주의해야 한다. 프랭키는 음악 양식에 관해 이야기하는 것일까? 아니면 율법의 역할·죄책·수치·대속 같은 복음 자체의 근본 요소에 관해 이야기하는 것일까?

이 "맞다, 하지만"이라는 반응은 내 논평의 다른 주요 내용에도 적용된다. 동전이 적어도 세 가지가 있는데 프랭키는 각 동전의 한 면에 대해서만 이야기한다. 사랑은 말하는데 거룩함은 말하지 않고, 포용은 말하지만 배제는 말하지 않으며, 구원은 말하지만 심판은 말하지 않는다. 성경에서 이 각 쌍(雙)은 서로를 정의하는 현실이다. 하나를 설명하면서 다른 하나를 언급하지 않으면 흔히 두 가지 모두에 대해 오해가 생긴다. 그렇다, 맞다, 나는 프랭키가 하는 말이 마음에 든다. 하지만 그가 말하지 않는 내용은 염려스럽다.

그래서 이제 이 세 가지 동전을 하나하나 질문으로 바꾸어 보고서,

하나 됨과 다원성이라는 양면을 지닌 동전에 관해 네 번째 질문도 던져 보고자 한다.

하나님의 거룩하심은 사명과 무슨 상관이 있는가?

프랭키는 하나님의 사랑으로 이야기를 시작하는데, 이 사랑을 가리켜 하나님의 선교의 중심 특성이라고 한다. 얼마나 멋진 출발점인지! 성부는 성자를 사랑하시고, 성자는 성부를 사랑하시며, 성부와 성자 모두 성령을 사랑하신다. 프랭키는 하나님의 사랑이 "신적 사명이 세상으로 확장되기 위한 설득력 있는 토대"라고 한다.

하지만 여기서도 프랭키는 하나님의 거룩하심을 단 한 번도 언급하지 않는다. 나는 하나님의 거룩하심을 빼면 하나님의 사랑(혹은 선교)을 이해할 수 없다고 생각한다.

스랍들은 온 땅이 하나님의 영광으로 충만하다고 선교적 주장을 하기에 앞서 하나님의 거룩하심을 세 번이나 단언한다(사 6:3). 그 후 하나님은 한 가지 사명을 맡겨 이사야를 '보내'시는데, 흥미롭게도 심판의 말씀과 함께 보내신다(9-13절). 프랭키는 교회가 구원의 말씀을 전한다고 말한다. 하지만 교회가 심판의 말씀을 전한다는 것도 인정하는가? 프랭키는 심판에 관해서는 한마디도 하지 않는다.

하나님의 거룩하심이란 무엇인가? 스랍들의 노래가 암시하듯, 하나님의 거룩하심은 하나님이 하나님 고유의 영광에 완전히 전념하시는 것이다(시 29:2; 겔 28:22도 보라). 달리 표현하자면, 하나님의 거룩하심은 세 위격(three persons) 간에 서로 나누는 사랑이다. 조나단 에드워즈가 바로 그런 식으로 하나님의 거룩하심을 설명한다. "하나님의 거룩하심은 그분의 사랑, 특히 성부와 성자 간의 완벽하고 친밀한 연합과 사랑에 있다."¹

사랑이란 무엇인가? 마르틴 루터에서 카를 바르트에 이르기까지 신학자들은 하나님의 사랑이 지닌 **선물**의 속성을 강조했다. 즉, 하나님은 무조건적인 선물로서 사랑하신다는 것이다(예를 들어, 신 7:8; 렘 31:3). 하지만 신학자들 사이의 더 오랜 전통에서는 선물을 **열망**(desire)과 결합시켰다. 사랑에는 성령의 성정(性情)이 포함된다고 아우구스티누스는 말했다. 사랑은 사랑하는 사람에게 취해 그 사람과 하나가 되고 싶어 한다고 클레르보의 베르나르(Bernard of Clairvaux)는 애가를 인용해서 말했다. 사랑은 용광로의 열기로 타오른다고 토마스 아퀴나스는 말했다. 신이신 성부가 신이신 성자를 바라볼 때, 거기에는 선물과 열망(desire)이 있다. 성부는 자신의 전 존재를 성자에게 주시고, 성자에게서 보시는 것을 더할 수 없이 기뻐하신다. "너는 내 사랑하는 아들이라. 내가 너를 기뻐하노라"(막 1:11; 또 히 1:9도 보라).

하나님의 사랑은, 그 사랑이 무엇을 주시는가 하는 면에서도 늘 거룩하고, 왜 주시는가 하는 면에서도 늘 거룩하다. 삼위일체 내부에 있는 하나님의 사랑에서 인간을 향한 하나님의 사랑으로 시선을 옮겨 볼 때 결정적으로 중요한 점은 무엇인가? 성부는 우리에게 사랑을 주실 때 무차별적으로 주시거나 우리 안에 있는 무언가 사랑스러운 점에 이끌려서 주시지 않는다. 우리에게 있는 것은 모두 하나님에게서

---

1 Jonathan Edwards, *Treatise on Grace, in The Works of Jonathan Edwards*, vol. 21, ed. Sang Hyun Lee (Newhaven, CT: Yale University Press, 2002), p. 186.

온 것들이다(고전 4:7). 하나님은 자기 아들을 위해 우리를 사랑하신다. 하나님은 자신이 그런 것처럼 세상도 성자를 기뻐하기를, "내가 여호와께 바라는 한 가지 일 그것을 구하리니 곧 내가 내 평생에 여호와의 집에 살면서 여호와의 아름다움을 바라보며 그의 성전에서 사모하는 그것이라"(시 27:4)고 말하기를 바라신다. 하나님의 거룩한 사랑은 부메랑과 같아서, 바깥쪽으로 빙빙 돌면서 우리를 그 아치형 궤적 안으로 끌어당긴다. "이는 만물이 주에게서 나오고 주로 말미암고 주에게로 돌아감이라. 그에게 영광이 세세에 있을지어다"(롬 11:36).

그러면 거룩함은 사명과 무슨 상관이 있는가? 첫째, 거룩함은 사명의 목적을 제공하며, 그 목적은 바로 예배다. 사명이 존재하는 것은 하나님이 사랑하시기 '때문만이' 아니다. 사명이 존재하는 것은 사람들을 불러 예배하도록 하기 위해서다. 프랭키는 "예배는 교회의 사명의 근본적 표현"이라고 주장하여 이 점을 포착한다. 프랭키는 공동예배에서 교회가 "하나님의 사랑에서 응집력을 찾는 새로운 세상을 증언한다"고 말한다.

거룩하지 않고 우상숭배적인 사랑은 하나님에게 드리는 예배를 대적한다. 그러므로 이런 사랑은 사명을 대적한다. 거룩함이 없으면 예배도 사명도 없다.

둘째, 이와 관련해 거룩함은 복음 전도를 재촉한다. 하나님은 자신의 영광에 철저히 전념하시기에 여러분과 나, 그리고 다른 모든 사람도 하나님의 영광에 헌신하기를 바라신다. 프랭키는 또 이렇게 말한다. "복음 전도는, 잃어버리고 상한 세상을 향한 하나님의 화해의 선교의 핵심 측면이다."

거룩하지 않고 우상숭배적인 사랑은 복음을 나누려고 하지 않는데, 이 역시 하나님에 대한 예배를 가치 있게 여기지 않기 때문이다. 거룩함이 없으면 복음 전도도 없다.

셋째, 거룩함이 사명에 결정적으로 중요한 이유는 거룩함이 회개를 요구하기 때문이며, 회개는 제자도를 낳는다. 그리고 프랭키는 회개와 제자도가 교회의 사명에 매우 중요하다고 주장한다.

거룩하지 않고 우상숭배적인 사랑은 회개나 제자도를 요구하지 않는다. 거룩함이 없으면 기독교의 제자도도 없다.

그렇다면 프랭키가 설명하는 사랑은 거룩한 사랑인가? 프랭키는 '거룩하다'라는 말을 단 한 번도 쓰지 않지만, 그가 예배·복음 전도·섬김·회개·제자도를 인정하고 확언한다는 것은 적어도 암묵적으로는 사랑의 거룩함을 인정한다는 뜻이다. 하지만 내가 여전히 확신할 수 없는 것은 그다음 두 질문이다.

교회의 사명에는 배제가 따르는가?

프랭키는 교회의 포괄적 속성을 강조한다. 교회가 과거에 저질렀거나 현재 저지르고 있는 착취와 차별을 생각하면 이는 반드시 짚고 넘어가야 할 문제다. 예를 들어, 아프리카계 미국인들이 백인 그리스도인 중심 미국에서 수 세기 동안 겪은 일을 생각해 보라. 나 같은 백인들은 자신들이 어떤 죄를 저질렀는지 제대로 깨닫지도 애통해하지도 않는다. 갈라디아서 2장에서 바울은 베드로가 이방인들에게서 물러난 일을 반(反)복음적 일로 여겼는데, 바울이 그랬다면 우리도 소수에 대한 어떠한 배제든 반복음적인 일로 여겨야 한다.

그러나 확실히 말하자면, 거룩한 사랑에는 배제의 속성이 있다. 거룩한 사랑은 거룩하지 않고 회개하지 않는 자들을 배제한다. 거룩한 사랑은 아담과 하와를 에덴에서, 노아 시대 사람들을 방주에서, 이집트 사람들을 고센에서, 정결치 못한 이스라엘 사람들을 진영(camp)에서, 가나안 사람들을 약속의 땅에서 배제했다. 거룩한 사랑은 마치 부메랑처럼, 회개하는 사람들을 모두 반갑게 끌어안는다. 심지어 가장 가망 없어 보이는 사람들, 예를 들어 형제를 배신한 유다, 이방 출신인 룻, 우물가의 여인 같은 사람까지 말이다. 그러나 거룩한 사랑은 하나님을 사랑하는 사람들과 백인 우월주의 같은 우상을 사랑하는 사람들 사이에 최종적으로 선을 긋는다.

오늘날, 거룩한 사랑은 교회를 중심으로 회원 자격의 경계선을 긋는다. 교회는 치리(治理)를 행한다. 교회는 세례를 행하여 주님의 상에 '울타리를 두른다'(고전 11:27-32을 보라). 교회들은 종종 교회와 세상 사이의 경계를 모호하게 만들고는 그렇게 하는 것이 사랑이라고 생각한다. 교회들은 '중심이 잡힌' 교회나 '믿기 전에 먼저 소속되기'에 대한 이론을 만든다. 교회들은 죄를 정면으로 다루려고 하지 않는다. 이러면 성경의 모범(예를 들어, 마 18:15-17; 고전 5장)은 말할 것도 없고 배제가 지닌 복음 전도의 힘을 간과하게 되며, 최악의 경우 사랑에 대해 환원주의적이고 인간 중심적인 견해를 드러내게 된다. 한편 바울은 고린도 교인들을 "화해의 사신"으로 규정하는 동시에 한 백성으로서 스스로를 구별하라고 이들에게 명령하는데, 그러면서도 이 두 가지가 상충한다고 여기지 않는다(고후 5:20; 6:17을 보라).

사랑이 누군가를 배제할 수도 있다는 것은 우리 문화의 직관에 반(反)하는 개념으로, 우리 시대 문화는 최소한 『주홍글씨』와 『오만과 편견』 같은 소설 시대 이후 사랑을 자아 발견과 자기표현의 과정으로 규정해 왔다.[2] 하지만 착각하지 말라, 성경에서 말하는 하나님 중심적 사랑이든 세상의 인간 중심적 사랑이든 모두 경계선을 긋고, 이런저런 요구를 하며, 어떤 것은 포용하고, 어떤 것은 배제한다. 하나님 사랑과 자기 사랑 모두 거룩하지 않은 것이 배제되는 거룩한 공간을 만들어 낸다.

프랭키는 이 모든 내용에 동의할까? 나로서는 알 수 없다. 프랭키는 지역교회의 경계와 규례에 관해 아무 말도 하지 않으니 말이다. 경계 없는 교회도 몇 년간은, 어쩌면 한 세대 동안은 유지될 것이다. 그러나 통상적으로 이런 교회는 곧 복음을 버린다. 이단과 위선으로부터 보호받지 못하기 때문이다.

지옥 교리는 선교에 왜 중요한가?

마찬가지로, 프랭키는 전반적으로는 하나님의 심판에 대해, 구체적으로는 지옥에 대해 전혀 언급하지 않는다. 그리고 구원은 죄와 사망에서 벗어나는 것이라고 말한다. 이는 하나님의 진노에서 구원받는다는 의미일까?(예를 들어, 롬 5:9)

심판과 지옥을 생략하는 게 신기하다. 하나님·죄·구원·교회를 생

---

2   Anthony Giddens, *Transforming Intimacy: Sexuality, Love & Eroticism in Modern Societies* (Stanford: Stanford University Press, 1992).

각할 때 죄는 초고층빌딩의 기초와 같다. 기초가 얕으면 건물을 아주 높이 세울 수 없다.

하나님은 중요한 분이신가? 하나님의 존재는 위풍당당한가? 하나님의 영광은 우리의 상상을 넘어서는가? 지옥에 대한 상상도 할 수 없는 공포는 두바이의 모래밭에 세워진 세계 최고층 빌딩 부르즈 칼리파(Burj Khalifa) 아래 깊이 박힌 시멘트와 강철 기둥처럼 이 모든 것을 역으로 가늠할 수 있게 한다. 안셀무스는 무한하신 하나님을 거스르는 죄에는 무한한 형벌이 요구된다고 말했는데, 이 말이 어떤 사람에게는 너무 수학적으로 들릴지 모르지만 그 직관은 옳았다. 하나님이 영광스러운 분이라면 그 하나님에 대한 범죄는 엄청난 일이며, 형벌의 규모가 이를 증명한다. 피 흘림은 피 흘림을 요구한다고 창세기 기자는 비례적으로 정확하게 말한다(창 9:6). 피 흘림은 왜 피 흘림을 요구하는가? 이는 피해의 **값어치**를 확인해 준다.

진노는 값어치를 드러낸다. 예를 들어 어릴 때 우리 형제자매는 부모님에게 거짓말을 하면 장난감을 어질러 놓았을 때보다 더 큰 벌을 받는다는 것을 알게 되었다. 거짓말을 하면 왜 더 크게 혼나는가? 진실이 장난감보다 더 가치 있기 때문이다. 실체가 소중하면 소중할수록 그 실체를 잃었을 때의 결과는 더 끔찍하다. 귀금속 상점 주인들도 똑같은 말을 할 것이다.

심판한다는 것은 가치를 측량한다는 것이다. 그래서 심판을 없앤다는 것은 사실상 삶을 무가치하게 만드는 것이다. 가수 존 레논은 천국이나 지옥이 없는 세상을 상상했다. 존 레논은 전도서를 읽었어야 한다. '해 아래' 있다는 것은 이 세상을 말한다. 하지만 이 영감 받은 시인이 깨달은 것은, 하나님의 심판이라는 영원한 줄자를 없애면 인생이 "헛되도다!"라는 허무주의적 빈 통에 공 던져 넣기 게임이 되어 버린다는 것이다. 해 아래서 우리가 조우하는 그 어떤 판단도 아무 의미가 없기 때문이다. 지혜로운 사람이 어리석은 자와 똑같이 죽는다. 정의가 있어야 할 곳에서 악이 등장한다. 성실하게 하루를 살면 수명이 줄어든다.

역설적으로, 전도서에서 구원은, 마지막 두 절이 암시하다시피 하나님의 심판이다. 하나님의 심판만이 세상의 도착(倒錯)되고 의미 없는 판단을 바로잡을 것이다. 그래서 심판 날은 역사 전체가 갑자기 의미를 갖게 되고 만물이 하나님의 영광이라는 기준을 취함에 따라 우리가 참된 척도를 발견하게 되는 영광스러운 날이다.

성경은 지옥이 구더기도 죽지 않고 불도 꺼지지 않는 곳이라고 하는데, 지옥을 왜 그리 정신이 번쩍 드는 모습으로 그리는 것일까? 죄가 우리의 감각을 둔하게 하고, 우리의 지평을 축소하고, 우리를 마취시켜서 현실의 통렬함을 느끼지 못하게 하기 때문이다. 지옥 교리는 우리를 일깨워서, 마치 몇 개의 선과 원뿐인 종이 위 그림 세계에서 현실 세계로 이동하는 것처럼, 훨씬 더 크고 웅장한 우주를 알게 한다. 삶은 지금껏 생각했던 것보다 더 소중하고 더 많은 것이 걸려 있으며, 하나님의 영광도 생각했던 것보다 훨씬 더 크다.

프랭키는 예배와 복음 전도의 중요성을 인정한다. 하지만 심판에 대한 언급도, 지옥에 대한 언급도 없는 프랭키의 글은 역설적으로 "왜 예배하는가? 왜 복음을 전하는가?"라는 질문에 대한 답변의 기반을 위태롭게 한다. 지옥은 구미가 당기지 않는 주제이기에 프랭키는 이를 다루지 않았다. 좋다, 그러나 그렇게 함으로써 그는 하나님의 영광과 경이가 얼마나 높이 이를 수 있는가 하는 내용까지 잘라내 버렸다.

교회가 하나 될 때 중심이 되는 교리나 실천이 있는가?

마지막으로 프랭키는 개방적이고 다원적인 방향으로 자신의 선교론을 강하게 밀어붙이는데, 나는 어떤 교리와 실천이 교회를 하나 되게 할지 궁금하다. 우리는 니케아신조의 기독론을 포기할 수 있는가? 기독교를 아프리카 전통 종교와, 또는 닭을 제물로 바치는 시온주의 교회의 관습과 병행해도 괜찮은가? '미국 제일주의'라는 기독교 국가주의는 어떤가? 프랭키는 '다원성을 억압'하는 것에 반대한다. 그렇다면 그는 가난한 사람들을 등쳐서 건강과 재산을 빼앗는 사기꾼들을 억압할까? 억압한다면 어떤 근거에서 억압할까?

맞다, 시간과 공간을 통해 그리스도의 몸인 교회가 누리는 다양한 선물과 체험에 대해 하나님을 찬양하라. 하나님은 풍성하고 다채로운 분이시며, 하나님의 영광은 바로 우리의 다양성을 통해 드러난다. 우리의 다원성이 극복해야 할 문제가 아니라 그 자체로 선한 것이라는 프랭키의 말은 한 치도 틀림없이 옳은 말이다.

하지만 요즘 같은 포스트모던 시대의 '다원론'은 동족의식과 그 동족 집단의 신(神), 혹은 자율성과 자아라는 신을 완곡히 표현하는 말이기도 하다.

나는 서로 다른 시대 다른 장소의 그리스도인들은 종종 서로에게 "분명 인식될 수 없었을 것"이라는 (프랭키가 인용한) 앤드루 월스의 말에 격렬히 반대한다. 브라질의 성도든, 남아프리카공화국의 성도든, 우즈베키스탄이나 말레이시아의 성도든 나는 이들에게 단박에 친밀감을 느끼며 교제를 나눈다. 성령은 문화보다 강력하시다. 성령께서는 어떻게든 새로운 문화와 새로운 인류를 창조하고 계신다. 그것이 우리 교회가 프루덴티우스(Prudentius)의 5세기 찬양 "하나님의 말씀으로"(Of the Father's Love Begetten, 새찬송가 133장)나 테오둘프(Theodulph)의 9세기 찬양 "왕 되신 우리 주께"(All Glory, Laud, and Honor, 새찬송가 140장)를 부를 수 있고 아우구스티누스의 『고백록』을 읽을 수 있는 이유다.

문화마다 우상이 있다. 하지만 타락 후 만들어진 문화는 모두 우상숭배적이다. 사람들은 저마다 다른 두려움과 싸운다. 그 두려움의 대상이 이미 죽은 조상이든 주식 시장의 안정성이든 말이다. 하지만 믿음으로 하나님을 경외하기는 누구에게나 힘든 일이다. 사람들은 오늘날 대학교 강의실에서 교수들이 주장하는 것만큼 서로 다르지는 않다. 우리는 다 아담의 아들과 딸이다.

맞다, 그러나. 맞다, 우리는 다 문화 체험을 통해 성경을 읽고 교리를 작성한다. 하지만 성경은 여전히 교회를 하나 되게 하는 토대다. 그러므로 우리는 부단히 성경을 기준으로 우리의 교리와 실천을 판단해야 한다. 프랭키도 동의할 거라고 생각하고 싶다.

존 프랭키에 대한 논평 크리스토퍼 라이트

"도대체 이것은 무슨 의미지?" 존 프랭키가 '미시오 데이'에 대한 삼위일체적이고 사랑 중심적인 이해를 간략히 설명하는 화려한 문장들을 읽으면서 나도 모르게 그렇게 묻고 있었다(그러면서 여백에 그렇게 쓰고 있었다). 물론 나는 프랭키의 글을 환영하고 대부분 동의한다. 내가 의문을 품고 눈살을 찌푸린 지점은, 프랭키가 이렇게 말하는 부분이다.

> 선교는 하나님의 참 본성의 본질적인 부분으로서 영원 전체를 통해 하나님의 존재와 행위에 표현[된다].…선교는 하나님의 속성이며, 따라서 하나님의 참 본성을 묘사한다. 선교가 하나님의 속성이며 고유의 신적 본성임을 단언하는 데 따르는 한 가지 결론은, 하나님의 선교에는 종료 지점이 없다는 것이다. 하나님의 선교는 시대의 종말 때 멈추는 게 아니라 오히려 신적 본성의 필수적 측면으로서 영원까지 계속된다.

이는 내가 반사적으로 의견을 달리한다는 말이 아니다. 오히려 정반대다. 나는 하나님의 선교에 대한 그런 견해가 창조 세계와 인류를 현재의 저주받고 타락한 상태에서 **구속**하려는 하나님의 목적을 넘어 창조 세계와 인류 **자체**에 대한 하나님의 근원적이고 영원한 목적, 즉 죄 없는 영원한 새 창조 세계에서 하나님과 함께하는, 상상을 초월하여 우리 삶의 풍경을 지배하게 될 목적을 포괄하도록 그 용어에 대한 이해를 확장한다는 것을 느낄 수 있었다. 달리 표현하자면, 이는 창세기 3장 전으로 돌아가서 요한계시록 22장 후에도 계속 이어질, 하나님의 (그리고 인간의) 선교에 대한 이해를 제시한다.

전통적으로 (대부분 복음주의자들인 것이 분명한) 대다수 선교학자에게 미시오 데이는 역사에서 구원의 큰일을 이루기 위해 성부 하나님이 성자를 보내시고, 성부와 성자 두 분 모두가 성령을 보내시는 행동을 가리키는 말로 이해되어 왔다. 하나님의 선교란 세상의 구속을 위한 하나님의 목적과 계획을 뜻하며, 이는 구약에 약속되었고, 그리스도께서 자신의 죽음과 부활로 성취하셨으며, 그리스도께서 다시 오실 때 완성된다. 교회는 하나님의 이 구속적 선교에 참여하라고 부름받고 임무를 부여받는다. 그에 따라 크레이그 바르톨로뮤(Craig Bartholomew)는 이렇게 말한다.

> 미시오 데이의 의미에서 선교는 가장 일찍이는 창세기 3:15의 타락 후 성경 이야기에서 시작한다. 그래서 창조 세계를 선교적이라고 이야기하는 것은 도움이 안 된다. 선교는 **구속**이라는 하나님의 큰일에서 흘러나오며, 그래서 미시오 데이가 멈출 때가 올 것이다. 즉, 나는 하나님이 '영원히 선교적'이라고는 생각하지 않는다.[1]

---

1 Craig G. Bartholomew, "Theological Interpretation and a Missional Hermeneutic," in Michael W. Goheen, ed., *Reading the Bible Missionally* (Grand Rapids: Eerdmans, 2016), p. 79.

프랭키는 확실히 이에 동의하지 않는다. 그리고 하나님에게는 창조 세계와 그 세계 안에 있는 인류를 위한 목적이 있고, 창조 세계와 인류가 죄와 악에서 구속받고 회복되어 하나님이 바라시는 모든 것을 성취할 때 이 목적이 완전히 '작동하게' 되리라는 의미에서 하나님은 '영원히 선교적'이라고 주장한다. 프랭키는 삼위일체 내부에 있는 하나님의 사랑, 곧 창조 세계의 생명을 향해 흘러들어 가는 이 사랑이 하나님의 존재의 영원한 부분이며, 그러므로 이 사랑은 구속이 완료된 후까지, 즉 파루시아·죽은 자의 부활·최종 심판·하나님이 자기 백성과 영원히 거하실 새 하늘과 새 땅의 완성 후까지도 계속되리라고 확신한다. 그 새롭고 영원한 현실에서 사는 삶에는 **목적이 있을** 것이다. 나는 요한계시록 21-22장에서 우리가 일별하는 새로운 창조 세계의 모습이 그 주장을 지지한다고 생각한다. "그의 종들이 그를 섬기며… 그들이 세세토록 왕 노릇 하리로다"(계 22:3, 5). 땅에서 왕으로 다스리고 제사장으로 섬기는 우리의 이중 역할(창 1:26-28; 2:15)이 확증될 것이고 영원할 것이다. 우리는 그 세계에 어떤 것이 포함될지 거의 상상할 수 없고, 다만 그 세계가 인간에게 주어진 잠재력, 죄가 씻겨서 죄에서 자유로운 그 모든 잠재력을 마침내 하나님이 구상하시는 대로 하나님의 성품·뜻·영광과 마침내 일치시킬 것이라고 짐작할 뿐이다(계 21:24-27의 신비한 광경을 참조하라).

우리는 미시오 데이의 이중적 속성을 어떻게 그릴 수 있는가? 한편으로는 사랑의 삼위일체로서의 하나님 자신의 존재를 반영하는, 창조 세계와 인류를 향한 하나님의 영원한 목적으로서의 선교와 다른 한편으로는 죄와 반역으로 잘못되어 버린 세상에 구속과 회복을 가져오시는 하나님의 역사적 사명으로서의 선교 말이다. 또는 성경적으로 표현할 때, 우리가 성경의 양 바깥 쪽 틀, 즉 창조와 새 창조(창 1-2장; 계 21-22장)에서 보는 창조 세계와 인류를 향한 하나님의 소망의 그림을, 타락 이후부터(창 3장) 최후의 심판에 이르기까지(계 20장) 정경을 가득 채우는 주 예수 그리스도의 복음에 중심을 둔 하나님의 위대한 구속 사역의 이야기와 어떻게 효과적으로 하나로 묶을 수 있을까?

예수께서 말씀하신 포도원과 소작인 비유(마 21:33-44)는 포도원 주인이 악한 소작인들을 상대하다가 나중에는 "제 때에 열매를 바칠 만한" 소작인들에게 포도원을 맡기는 것으로 마무리된다. 포도원은 원래의 소유자에게 돌아가서 올바른 용도로 쓰일 것이다. 주인의 종과 주인의 아들, 그리고 부정하고 흉악한 소작인들이 연루된 일련의 사건 **후에** 말이다.

이와 비교되는 한 풍유를 상상해 보라. 어느 부유한 후원자가 멋진 주택단지를 구상하고 만들어서 예술가들이 거기 거주하면서 이를 누리며 개발하게 한다. 주택과 정원이 딸려 있고 광활한 전원 지대가 있다. 그런데 이 사유지가 악랄한 강탈자들의 손아귀에 들어가, 이들이 주택을 훼손하고, 정원을 망치고, 넓은 땅에 쓰레기를 함부로 버려 오염시키고, 자기들끼리 싸우고, 후원자의 의도를 따르려는 예술가들을 욕보인다. 후원자는 자기 재산을 되찾기 위한 기나긴 절차에 돌입한다. 강탈자들에게 악의적으로 욕을 당하는 등 개인적으로 큰 대가를 치르면서 말이다. 후원자는 재산을 되찾아 다시 정비하는 이 힘들고 시간이 많이 소요되는 일을 마치기까지는 원래의 계획을 진행할 수 없다. 하지만 강탈자들이 마침내 체포되어 퇴거당하고 수감됨에 따라 후원자는 자기 소유를 되찾아(redeem) 원래 목적대로 복구해서, 자신의 바람을 이해하고 반영하는 예술가들이 이를 차지하고 누리며 개발해서 가치를 높일 수 있게 한다. 땅의 주인이자 후원자는 동일한 사람이지만, 이야기가 전개되는 과정에서 이 사람의 '사명'은 두 가지 형태를 취한다. 첫 번째 형태는 주택단지를 만들려는 그의 **원래** 계획으로, 이 계획은 두 번째 형태인 주택단지 **복원** 계획이 승리를 거둘 때만 이뤄질 수 있다. 우리의 관점에서 볼 때 이 이야기에서는 '구속'(redemptive) 부분이 서사의 대부분을 차지한다. 그러나 이렇게 해서 이뤄진 구속의 전체 요점은 소유자 겸 후원자의 원래 목적이 실현되는 것과, 예술가들의 잠재력이 아무 제약 없이 펼쳐지는 화려한 미래를 향해 나가는 것이다.

이것이 성경의 중심에 하나님의 구속 사명이 놓여 있음을 확인하는 동시에, 그 구속 사명이 하나님의 창조 사명을 성취하도록 이끄는 결정적인 목적을 지니고 있음을 함께 인식하게 하는 한 가지 방식이 아닐까? 즉 하나님과 구속된 인류가 화해되고 회복된 창조 세계 안에 함께 거하면서 하나님의 사랑 어린 목적을 영원히 이루는 것이다.

미시오 데이를 이렇게 가장 넓은 의미로 설정하는 것을 성경이 보증해 준다면, 우리는 하나님 백성의 사명에 대해서도 이에 상응하는 안목이 필요하다. 구속받아 그리스도 안에서 손상되지 않은 하나님의 형상으로 회복되는 중인 인간으로서 우리가 하나님의 구속 사명뿐만 아니라 하나님의 창조 사명에도 참여하기 때문이다. 프랭키의 표현을 빌리자면, 교회는 (하나님의 구속 사명에 참여하여) 하나님 나라를 확장하는 **도구**일 뿐만 아니라 우리가 그리스도 안에서 하나님의 삼위일체적 구속의 사랑과 새 창조 세계를 위한 하나님의 영광스러운 목적을 말과 행동으로 증언하는 모든 면에서 그 나라의 **맛보기**이기도 하기 때문이다. 그러므로 예의 그 풍유로 다시 돌아가자면, 우리의 사명은 그 강탈자들에게 회개하고 땅 주인 겸 후원자의 뜻에 따르라고 (또한 그의 심판을 면하라고) 요구하고, **또한** 땅 주인이 원하고 그에게 구속받은 예술가로서 그 주택단지가 완전히 회복되고 땅 주인과 우리 자신의 영광과 즐거움을 위해 그의 뜻을 성취할 날을 기대하며 그 강탈당한 땅에서 현재의 삶을 사는 것이다. 우리가 창조된 목적과 구속받은 목적 두 가지를 다 이행함으로써 우리는 창조라는 틀과 구속이라는 중심 서사와 더불어 성경 서사에 계시된 대로 하나님의 선교 전체에 최대한 참여한다.

존 프랭키의 글에 대한 나의 두 번째 논평은, 교회의 과거 선교 사역이 눈에 띄게 서구적이고 식민지적이었으며 문화를 획일화했다고 프랭키가 강하게 정죄한 것을 나는 약간 뉘앙스를 달리해서 표현해 보고자 한다는 것이다. 그와 같은 비난에도 분명 일리가 있지만(그러나 식민 세력과 기독교 선교사들 간의 관계는 단순한 공모 관계와는 거리가 멀다. 식민 세력은 대개 기독교 선교사들을 적대했으며, 이는 아주 중요한 포인트다), 두 가지 사항을 인식할 필요가 있다. 과거 수 세기 동안에는 시리아 기독교의 중국 선교, 켈트족 선교사들의 유랑(켈트족은 낯선 곳을 돌아다니는 유랑 생활 개념이 있어서, 켈트족 수도자들은 소속 수도원에만 머물지 않고 다른 곳으로 과감하게 선교 여행을 다녔다고 한다―옮긴이), 모라비아 교회의 선교, 옛 서인도 제도 노예들의 서아프리카 선교, 최근 인도와 아프리카의 자생적 선교 운동 등 위와 같은 고정관념을 반영하지 않는 다양한 형태의 선교가 있었다. 다른 한편으로, 문화적 전제와 우월성을 선교지에 전하는 경향은 서구의 식민지주의에 국한되지 않는다. 예를 들어 한국과 브라질의 선교 운동에 대해서도 똑같은 비난이 있어 왔다(이들 자신도 대개 이를 인식하고 있다).

나의 세 번째 논평은 프랭키가 후반부에서 선교지 상황의 다원성을 인정하자는 방향으로 밀어붙인 데 대한 것이다. 내가 생각하기에 프랭키도 이 책에서 우리 모든 기고자들이 직면한 제약 때문에 어려움을 겪는 것 같다. 즉, 다른 책에서 길게 주장한 입장을 글 한 편에 압축해 넣어야 한다는 것이다. 성경 해석도 여러 가지고 따라서 선교 형태도 여러 가지라는 프랭키의 주장은 "상호문화적 해석학과 선교적 신학의 형태"(Intercultural Hermeneutics and the Shape of Missional Theology)에서 더 충분히 읽어 볼 수 있다.[2] 복음을 전달하고, 받아들이고, 믿고, 순종하고, 구체화하는 문화 형식이 매우 다양한 것은 사실이고, 그럴 필요도 있으며, 또한 본질적으로 성경이 이를 정당화한다고 나는 즉각 전적으로 인정한다. 성경적 믿음의 이런 본질적 '번역 가능한' 속성에 관해 나는 앤드루 월스와 라민 사네의 입장에 공감한다. 즉, 이 속성이 모든 종족과 민족과 언어를 포용한다는 것이다. 월스의 표현을 빌리자면, 그리스도께서 구속하셨고 그분의 형상과 영광을 드러내는 인류의 모든 문화라는 다면적 다이아몬드에서 복음이 영광스럽고 종말론적으로 드러나는 것을 볼 때야 비로소 우리는 복음

---

[2] Michael W. Goheen, ed., *Reading the Bible Missionally* (Grand Rapids: Eerdmans, 2016), pp. 86-103. John R. Franke, *The Character of Theology* (Grand Rapids: Baker, 2005), *Manifold Witness: The Plurality of Truth* (Nashville: Abingdon, 2009)도 보라.

의 성취가 얼마나 풍성한지 알게 될 것이다.

하지만, 그런 다원성에 경계가 있지는 않은가? 아니면 참되게 복음을 표현하는 문화적 다양성의 표명을, 복음이 결핍되었거나 왜곡되었거나 사실상 파괴된 문화 표현과, 또는 특정 문화의 구속되지 않은 (unredeemed) 특징이 복음과 혼합주의적으로 뒤섞인 것과 구별하는 기준이 있는가? (만약 존재한다면) 그런 기준은 어디에서 찾아야 하는가? 내가 보기에 프랭키는 철저히 포스트모던적인 인식론에 몰두해 있기 때문에 자신의 전제를 부인하지 않고는 위와 같은 질문에 답변하기 힘들 것이다. "상호문화적 해석학"에서 프랭키는 "선교 신학은 토대를 초월한다"고 주장한다. 하지만 자율성 있는 이성적 자아가 최종 권위를 지닌다는 개념에 근거한 현대의 토대주의를 (마땅히) 거부하는 와중에 프랭키는 급진적 포스트모던 상대주의에 근접해 가는 것 같다. 프랭키는 "비(non)토대주의 신학은 확신을 꺼리지 않고" 다만 비판적 검토와 수정 등의 대상으로 삼는다고 말한다. 하지만 그 비판의 기준은 **무엇인가?** "교회 안의 궁극적 권위는 성경이나 전통이나 문화 같은 특정 출처가 아니라, 오직 예수 그리스도 안에 계시된 살아 계신 하나님"이라고 프랭키는 결론 내린다.[3] 하지만 프랭키는 어떻게 그것을 **아는가?** 성경이 아니라면, 살아 계신 하나님과 예수 그리스도 안에 있는 하나님의 계시에 대한 지식의 권위 있는 출처가 어디란 말인가? 그리스도의 위격, 그리스도께서 성부 하나님과 성령에 대해 계시하시는 모든 것, 그리고 창조와 구속에 있는 삼위일체 하나님의 장대한 선

---

3   Franke, "Intercultural Hermeneutics," p. 98.

교적 목적에 대해 우리가 다른 어떤 접근을 할 수 있다는 것인가?

한 가지 추가하자면, 프랭키는 신적 본성의 본질, 즉 창조 세계 및 인류와 선교적 관계를 맺고 계신 사랑의 삼위일체에 대해서 권위 있게 (그리고 잘) 이야기한다. 프랭키의 글 초반부에서 이 삼위일체적 역동성은 그의 나머지 주장에 상당 부분 **토대가 되는** 것으로 제시된다. 하지만 '토대가 되는' 사실상, 이 삼위일체적 역동성이 창조·구속·선교와 관련해서 하나님의 존재론적 실재이자 그 실재에서 흘러나오는 모든 것이라는 성경의 계시에 의거하지 않는다면 프랭키는 어떤 권위로 이것이 사실임을 알고 있는 것일까? 우리의 사명은 바로 그 토대와 그 토대가 만들어 내는 인식론적 믿음의 확신을 '넘어선다'는 것일까?

물론 신약의 **교회들** 사이에는 다양성이 있었다. 하지만 나는 우리에게 네 가지 복음서가 있다는 단순한 사실이 복음 자체가 '다형적'임을 가리킨다는 말에는 동의하지 않는다. 네 가지 복음서는 '4복음서'가 아니라, 저마다 각 저자들'에 따른 **복음**'(the gospel according to)이다. 복음 자체는 공개적으로 목격되어서 부인할 수 없는 역사상 사건에 관한 좋은 소식이다. 복음에 관해서는 단 한 가지의 '일어난 사건이라는 성질'이 있다. 복음이 여러 가지 문화 정황 속에서 받아들여져서 삶으로 구현되어야 하지만, 복음 자체는 그 수용자 문화가 아니라 역사상의 독특하고 반복될 수 없고 대체할 수 없는 그 고유의 사실성으로써 판단된다.

그래서 나는 선교가 인간의 상황과 문화에 풍성한 다양성으로 접근할 필요가 있다고 역설하는 존 프랭키의 주장에는 박수를 보내지만, (사도들이 우리를 위해 충분히 예리하게 설명해 준) 경계와 기준에 대해서는 좀 더 신중하게 이야기해 달라고 말하고 싶다. 그래야 우리가 진정한 성령의 역사와 복음의 진리를 인식하고 기뻐할 수 있고, 역으로 성령의 역사와 복음의 진리에 반하는 거짓을 알아보고 거부할 수 있기 때문이다.

존 프랭키에 대한 논평 피터 라잇하르트

존 프랭키는 '상황 선교'에 대한 삼위일체적 설명을 제공한다. 프랭키의 글에서는 삼위일체 신학이 몇 가지 차원에서 작동한다. 아우구스티누스가 그랬듯, 성부에게서 성자와 성령이 나시고 나오시는 것은 성자와 성령의 사명을 위한, 창조되지 않은 영원한 기반이다. 경륜적으로만 아니라 존재론적으로도 하나님은 선교의 하나님이시다. 명시적이지는 않지만 삼위일체에서 볼 수 있는 복수성 속의 일체성과 일체성 속의 복수성이 교회의 다양성에 대한 프랭키의 논의 이면에 잠재한다. 바울은 교회의 다양한 은사가 한 분이신 성령(the one Spirit)의 다채로운 표현임을 분명히 하고 있는데, 프랭키의 삼위일체적 틀을 고려할 때 성령의 사명은 이 다양한 은사를 낳는 것이라고 추론할 수 있다.

그래서 삼위일체론, 특히 성령론에 대한 관심은 프랭키의 핵심 고민거리 한 가지와 중심적 주장 한 가지를 뒷받침한다. 고민거리란 교회의 사명이 문화 제국주의 선교로 왜곡될 수 있다는 것이다. 그리고 중심적 주장은, 교회의 사명이 문화 차이를 존중하고, 복음의 '무한한 번역 가능성'을 표현하며, '복수(複數)의 관점과 경험의 증언'의 여지를 허용하고, 포괄적 공동체 형성을 목적으로 해야 한다는 것이다.

여기에는 칭찬하고 수긍할 만한 부분이 많다. 내 글에서는 삼위일체를 전혀 언급하지 않았지만, 나는 삼위일체의 나심-나오심(processions)이 교회의 사명을 위한 신적 바탕이라는 데 동의한다. 삼위일체 신학은 내가 주장한 성례전적 선교론과 문제없이 통합된다. 미시오 데이에 몰두하지 않고서는 말씀과 성례를 통해 이 하나님과 교제할 수 없다.[1] 프랭키가 선교의 동기이자 목표로 사랑을 강조한 것은 중요한데, 이는 변명의 여지 없이 내 글에 결여된 점이다. 교회는 식민지 문명화의 대리자가 아니며, 복음은 다양한 언어와 문화의 색채로 꽃을 피운다는 사실도 프랭키는 옳게 지적했다. 나는 프랭키가 전 지구적 샬롬을 목표로 복음의 범위와 교회의 사명을 강조하는 것을 강력히 지지하고, 복음은 해방의 메시지라는 데에도 동의한다. 교회 내부의 삶은 파송 못지않게 선교에 필수적이어서, '세상에서 하나님의 선교의 초점'인 교회가 '복음이 **되는 것**'(이 부분은 마이클 고먼을 인용)이라고 역설한 것도 옳다. 교회를 하나님 나라의 표지·도구·맛보기로 그리는 것도 탁월하고, "교회에서 하나 됨은 무엇보다 중요한 일임이 분명하다"는 말에도 더할 수 없이 강력하게 동의한다.

하지만 프랭키의 글은 신학적인 면 전반과 세부적인 면 모두에 중요한 결함이 있다. 삼위일체론으로 틀을 짠 것은 순수하고 환영할 만한 일이지만, 이 때문에 프랭키의 글은 이 세상의 것 같지 않다는 느낌을 준다. 문화적 상황화에 대한 그 모든 이야기에도 불구하고, 그 상

---

[1] 이 주제를 탁월하게 전개한 글로는 Eugene Schlesinger, *Missa Est: A Missional Liturgical Ecclesiology*, Emerging Scholars (Minneapolis: Fortress Press, 2017)를 보라.

황화가 실제로 어떻게 일어나는지에 대한 상세한 설명이 거의 없다. 이는 프랭키가 정교일치 사회를 대체로 간단하게 처리하는 데서 특히 두드러진다. 프랭키는 정교일치 사회가 교회를 '제국 확장 활동'으로 만들었고 "이 식민화 과정에서 성경이 이 활동을 정당화하는 도구로 쓰였다"고 주장했다. 이 주장을 뒷받침할 만한 다수의 증거를 제시할 수도 있었을 테지만, 지면 관계상 그렇게 하지 못했을 것이므로 이에 대해서는 프랭키를 탓하지 않겠다. 하지만 반대편에서 증거를 인용할 수는 있다. 선교사들은 종종 식민지 개척자들에 맞서 식민지 주민 편에 서서, 제국의 패권주의적이고 폭력적인 방식에 온갖 형태로 저항을 행사했다. 스페인의 도미니크회 선교사였던 라스 카사스(Las Casas)는 남미 원주민을 위해 자기 수도회 사람들과 싸웠고, 선교사들은 아메리카 원주민을 끔찍하게 짓밟는 미국의 팽창에 맞서 원주민 편에 섰다. 교회의 그 모든 실패에도 불구하고, 이런 진정한 영웅들을 무시하는 것은 부당하며 천 년의 교회 역사를 그렇게 무 자르듯 요약하는 것은 역사를 너무 단순화하는 것이다.

비슷한 맥락에서, 프랭키는 일부 서구 교회들이 세속주의의 진전을 막으려고 국내 선교 활동을 전개하고 "기독교적인 사회 풍조 보존의 중요한 한 부분으로서 정치적 행동주의"에 힘을 쏟는다고 불평한다. 프랭키가 무엇을 반대하는지는 불분명하다. 그는 교회들이 세속주의를 포용하거나 이에 적응해야 한다고 생각하는 것일까? 프랭키의 선교 신학은 복음을 다양한 문화 속으로 융합하려는 노력을 지지하는 것 같다. 그래서 기독교 정신을 **가진** 사회에 불평을 하는 것은 앞뒤가 맞지 않아 보인다. 그리고 미국의 많은 그리스도인이 미국 사회가 (부분적으로, 불완전하게) 복음의 표현이라고 (어느 정도 타당하게) 생각한다면, 이를 보존하려고 해야 하지 않는가? 이들은 자신들이 기독교 선교의 유익을 수호하고 있다고 **생각한다.**

이 특정한 예는 프랭키의 견해에 교회론과 관련해 양면의 문제점이 있음을 지적한다. 한 면은 프랭키가 "복음에 대한 모든 해석은 어떤 문화적 형태로 구체화된다"는 레슬리 뉴비긴의 주장을 인용한 데서 분명히 드러난다. 프랭키는 이 주장이 교회 안의 문화적 다양성을 지지하는 자신의 주장을 확인해 준다고 생각하지만, 뉴비긴은 프랭키의 생각과 다른, 거의 정반대 주장을 하고 있다. 프랭키는 서구의 선교 사역이 "전통적으로 상당 부분이 영국과 유럽(Anglo-European) 교회 중심 사업"이었고, 이는 "서구 교회의 문화 형태로 전달되었다"고 불평한다. 하지만 뉴비긴의 주장은, 이런 상황은 피할 수 없는 일일 뿐이고, 선교사는 **불가피하게** 문화 형식에 담긴 복음을 선포한다는 것이다. 프랭키는 뉴비긴의 요점을 진지하게 이해하려고 애쓰지 않는다.

다른 한편으로 이런 오해가 생기는 것은 프랭키가 교회에는 어느 한 문화의 특색이 있다는 사실을 고려하지 못하기 때문이다. 교회 안에 존재하거나 존재해 온 언어·지역 풍습·기본 성향을 고려할 때, '교회가 곧 문화**이다**'라는 말은 옳지 않다. 하지만 교회에는 문화적 특색이 있다. 그리스도인들이 여러 언어를 쓰지만, 선포하는 복음은 하나이고 세상에 관해 성경적으로 말하려고 애쓴다. 성경은 어느 언어로든 번역될 수 있지만, 그 모든 내적 복잡성에도 불구하고 성경은 통일되고 일관성 있고 보편적인 서사와 실재관을 지닌 하나의 책이고,[2] 예전(liturgy)은 세부적인 면에서 여러 가지로 변주되어 수많은 언어로 거행되지만, 어느 교회에나 말씀 예전이 있고 세례를 통해 교회에 들어온 사람들을 위한 성찬 예전이 있다. 그리스도인들의 삶의 방식은 많은 면에서 다양하게 나타나지만, 그래도 우리는 십자가에 달리신 주님과 똑같은 **십자가의 길**을 따르라고 부름받는다. 프랭키는 어떤 그리스도인도 "삶에 관해 다른 시간과 장소에서 결정된 일련의 가정을 다른 그리스도인 집단에게 그리스도의 이름으로 강요할 권리가 없다"라는 앤드루 월스의 말을 호의적으로 인용한다. 하지만 나는 성경에 관해서는 어떻게 생각하느냐고 묻고 싶다.

프랭키는 아마 다음과 같은 말을 하려는 것이 아닐까 한다. 즉, 기독교 선교사들은 불가피하게 자기 고유 문화 환경(언어, 삶의 방식, 사회 풍조)의 영향을 받은 복음을 가지고 새로운 땅으로 들어간다. 이들은 자신의 문화적 관습을 가능한 한 느슨하게 유지하는 한편 선교 지역의 풍습에 최대한 적응하면서 복음 **자체를** 전달하기 위해 있는 힘껏 애써야 한다. 이런 자세를 유지하기란 늘 힘든 일인데, 왜냐하면 선교사들에게는 문화적 관습이 곧 복음의 표현인 경우가 많기 때문이다. 이들은 능력껏 복음의 씨를 뿌리지만, 씨가 자라는 방식은 그 씨가 뿌려진 토양에 따라 다르다. 선교사는 자신의 신학적 범주를 강요할 것이 아니라, 새 회심자들이 자기 고유의 문화 관습의 표현인 동시에 복음에 뿌리를 두고 있는 일련의 믿음과 실천을 발전시키면서 스스로 일을 해 나가게 해야 한다고 말이다.

이에 대해서는 할 말이 좀 있다. 오늘날 아프리카의 역동적 집단

---

2   프랭키는 성경의 단일성과 다양성에 관해 나와 이해를 달리하는 것 아닌가 하는 생각이 든다.

들은 대개 선교사들이 떠난 후 싹튼 탈(post) 선교사 교회들이다. 현실에서 선교사들이 그렇게 손을 놓고 있는 자세는 있을 수 없고 심지어 무책임하기까지 하다. 예를 들어 한 선교사가 복음을 설교하고 요한복음을 번역했다. 사람들이 회심하고, 갓 생겨난 교회는 나름의 연구 끝에 성자가 피조물(a created being)이라고 판정했다고 하자. 그 선교사는 정통 교리를 강력히 말하기를 회피하는 것 아닌가? 가지를 쳐 주려는 노력도 없이 나무가 되는대로 꽃을 피우게 방치하는 것 아닌가? 새 회심자들은 자기들 역사 속에서 우상숭배와 연관된 오래된 제의(ritual)에 관해 질문한다. 그 제의를 계속 해도 되느냐고 물을 때 선교사는 뭐라고 대답해야 할까? 복음에 근거한 자신의 문화적 전제를 강요할 위험을 무릅쓰고 그것은 잘못이라고 설득을 시도할 수 있지 않을까?

이는 프랭키의 입장을 풍자적으로 빗댄 예이지만, 진짜 문제가 무엇인지를 보여 준다. 프랭키는 복음을 비(非)문화적이고, 비가시적이며, 무형적이어서 현지에서 어떤 문화 형식을 조우하든 그 속으로 쉽게 미끄러져 들어가는 것으로 취급한다. 프랭키는 복음이 순전하고 무엇에도 동화되지 않는 것임을 부인한다. 프랭키의 주장은 정반대로 복음이 그 어떤 문화 형식 없이도 존재할 수 있다고 암시한다. 마치 하나님이 선교사 없이도 선교를 행하시는 듯이 말이다.

이 책에 실린 내 글과 연관해서 덧붙여 말하자면, 이 부분에서의 프랭키의 오류는 그의 패러다임에 성례전·예전 신학이 거의 완전히 부재하는 것과 관련 있다. 교회가 특정한 입교 의식과 절기를 지킨다는 말은 곧 교회가 어느 한 문화의 특성을 지닌다는 말이다. 교회는 일종의 메타문화(metaculture)로서, 다양한 문화 형식으로 번역 가능하되 기존 문화에 장착되어서 달리 가동하기 시작하는 새로운 작동 체계를 제공한다고 말할 수 있다.

교회에 문화 같은 특성이 있다 해도, 복음은 **무한정으로** 번역 가능하지 않다. 복음은 어떤 기존 언어로든 번역될 수 있지만, 그 언어로는 **이런저런** 제한된 말만 할 수 있다. "예수는 저주받을지어다"라는 말은 할 수 없다. 마찬가지로, 교회는 **마냥** 포용적일 수 없다. 교회는 **배제**도 해야 한다. 새 예루살렘에는 열린 문이 있지만 그 문은 천사들이 지키고 있다(계 21장). 복음은 복음이 전달되는 현지 문화를 개조하지 않고는, 그것도 때로는 근본적으로 바꾸지 않고는 자리잡을 수 없다. 때로 복음은 문화 전쟁을 촉발하기도 하는데, 이는 복음이 구원의 말일 뿐만 아니라 심판의 말이기도 하기 때문이다. 복음이 들어가면 모든 게 무너지는 경우가 종종 있다.

그 사회뿐만 아니라 개인도 무너진다. 프랭키는 아메리카 원주민 출신 회심자가 회심 후 "나는 그리스도 안에서 새 정체성을 갖게 되었는데, 그 정체성은 인디언 정체성이 **아니었다!**"라고 고발하는 말을 인용한다. 새 정체성을 갖게 되는 것이 '백인이 되는'(becoming white) 과정으로 특징지어진다. 설령 인종적 요소를 다 벗겨 낸다 해도(물론 이는 실천하기 어려운 일이다), 회심자는 인디언이 아닌, 혹은 정확히 인디언이 아닌 새 정체성을 취한다. 옛 부족의 일원이 아니라 새 기독교 부족의 일원이 된다. 이 사람은 새 이름을 받는다. 회심한 인디언은 진정한 자기 자신이 되고, 그의 모든 문화유산은 그리스도 안에서 완전해진다. 그것이 현실에서 무슨 의미인지 정리해 내기가 엄청나게 어렵다고 해도 마찬가지다. 하지만 "새것이 되었기" 때문에 "옛것이 지나가는" 순간이 반드시 있을 것이다. 회심은 옛 사람과 옛 공동체에 대해서 죽고, 새 사람과 공동체에 대해서 다시 태어나는 것이다. 프랭키가 세례의 관점에서 회심과 문화 문제를 고찰하려고 했다면 유익이 있었을 것이다.

자신의 주장을 이렇게 전개한 결과 프랭키는 바울이 그리스도의 몸으로 그리는 교회를 왜곡한다. 프랭키의 주장처럼, 이는 하나이자 다수로서의 교회에 대한 이상이지만, 바울에게 다양성은 신학이나 민족 전통의 다양성이 아니다. 바울이 그리는 교회는 한마음과 한뜻으로 하나의 목적을 위해 힘쓰며(빌 1:27; 2:2-3), 성령의 다양한 은사로 복을 받는 교회다. 민족 집단은 보화를 생산하며, 요한은 왕들이 이것을 새 예루살렘으로 가지고 오는 광경을 그린다(계 21:24). 하지만 바울은 자연의 선물과 문화 전통이 교회로 들어온다고 말하지 않고 성령께서 교회 안에 생기게 하시는 다양한 은사에 대해 말한다. 신약은 교회가 모든 족속과 방언과 백성과 나라에서 온 사람들로 구성된다는 점을 분명히 한다. 프랭키는 성령의 은사를 다양한 문화로 해석함으로써 바울이 교회의 하나 됨을 역설한 것, 심지어 다양성에 대해 말하는 구절에서도 하나 됨을 역설했다는 것을 강조하지 않는다(참조. 엡 4:1-16). 프랭키가 삼위일체라는 틀을 사용하는 것을 감안할 때, 교회론상의 이러한 오류는 그의 신론에 의문을 불러일으킨다. 케빈 로의 말처럼, 그리스도인 공동체가 "하나님의 정체성에 대한 문화적 해석"이라면, 교회는 다수일 뿐만 아니라 하나이고, 다수인 **만큼** 하나여야 한다.

또한 교회가 하나님의 정체성에 대한 문화적 해석이라면, 교회는 **단지** 표지·도구·맛보기가 아니라 **목적**이기도 하다. 그런데 이 점을 프랭키는 명시적으로 부인한다. 교회는 '복음의 목표와 목적이 아니'라는 것이다. 나는 이 주장에 동의하지 않는다. 복음의 목적은 죄인인 사람들을 성삼위의 상호내주적 교제 속으로 데려오는 것이다. 하나이자 다수이며 하나님과 연합된 교회가 목적인 이유는, 바로 이것이 언제나 인간과 문화로 '하나님의 정체성을 해석'하는 것이기 때문이다.

제4장

성례전적 선교

에큐메니컬하고
정치적인 선교론

피터 라잇하르트

복음주의자들은 최근 선교에 관해 많은 글을 쓰면서, 성경 이야기 안에서 선교의 위치, 교회를 선교로, 선교적으로 다시 생각해 보는 교회 차원의 선교, '대항 사회'(countersociety)로서의 교회가 지니는 선교적 중요성, 정의·평화·빈곤 구제·지역사회 발전에 대한 성경의 관심사와 교회의 사명과의 관계 등을 강조한다. 그에 따라 어떤 이들은 불가피하게 비교적 오래된 선교 개념을 옹호하는 목소리를 높인다. 이들은 복음 전도와 제자도가 사회 변혁으로 결실을 맺는다는 점을 인정하면서도, 설교·전도·개인 회심·개인적 제자 훈련이 우선순위임을 강조한다. 광범위한 시각의 선교를 옹호하는 이들을 '수정주의자'(revisionists)라고, 비교적 오래된 선교 모델을 옹호하는 이들을 '전통주의자'(traditionalists)라고 편의상 지칭하겠다.[1]

---

[1] 이 맥락 밖에서는 이 이름표가 오해를 낳을 수 있다. 전통주의자는 겨우 백 년 남짓 된 선교 방식을 옹호하고, 수정론자들은 수십 년 동안 수정 작업을 해 왔다. 실제로 신(neo)복음주의는, 근본주의에서 벗어나는 한, 이것이 지닌 광범위한 선교 개념에 따라 정의된다. 1947년 『복음주의자의 불편한 양심』(*The Uneasy Conscience of Modern Fundamentalism*, 한국 IVP)에서 칼 헨리(Carl Henry)는 근본주의가 복음을 협소하게 만든다고 비난했다. "구속의 복음은 한때 세상을 변화시키는 메시지였지만, 이제는 세상에 저항하는 메시지로 폭이 좁아졌다.…사회 복음에 반감을 보이는 근본주의는 그리스도인의 사회적 책임에도 반감을 갖는 것 같다.…근본주의는 전체주의의 불의, 현대 교육의 세속주의, 인종 혐오라는 악폐, 최근 노사관계의 부당함, 국제 통상의 부적절한 기반에 이의를 제기하지 않는다"[David J. Bosch, *Transforming Mission: Paradigm Shifts in Theology of Mission* (Maryknoll, NY: Orbis, 1992), p. 404에 인용]. 존 스토트(John Stott)는 1970년대에 이르러 선교에 관한 생각이 바뀌었다고 고백했다. 1975년에 쓴 글에서 스토트는 이렇게 말했

나는 수정주의자들에게 깊이 공감하기는 하지만, 선교적 신학자들이 선교의 결정적 차원을 심한 미개발 상태로 남겨 두었다고 생각한다. 약점이 되는 이 영역에 주목해 봄으로써 수정주의자들의 과제를 뒷받침해 줄 수 있고, 어쩌면 수정주의자들이 선교에 접근하는 방식과 전통주의자들이 선교에 접근하는 방식을 어떤 식으로든 조화시킬 수도 있다고 믿는다. 간단하게 표현하자면, 수정주의자들은 교회와 선교에서 성례전의 역할을 종종 경시한다. 이는 간단히 표현한 것이지만 잠재적으로 오해의 소지가 있다. 왜냐하면 '성례전적'이라는 말에서 어떤 독자는 선교와는 거의 관련이 없는 연기 자욱한 대성당에서의 어두운 의식들을 연상할 것이고, 어떤 독자는 내 의도를 담아내지 못하는 '재주술화'(re-enchantment) 개념을 떠올릴 것이기 때문이다. 이 역시 오해를 낳을 가능성이 있는데, 왜냐하면 나는 가르침·설교·목회적 교정·그 외 말씀 사역을 배제하면서까지 성례를 강조하고 싶지는 않기 때문이다. 말씀과 성례는 함께 가야(일해야) 한다. 그러나 내가 지적하고자 하는 바는, 복음주의 선교론에서는 말씀과 성례가 함께 가지(일하지) 않는다는 점이다.

다. "예수님의 말씀을 왜곡하는 죄를 지을 작정이 아니라면, 우리가 위임받은 일의 결과뿐만 아니라 실제 위임 자체에 복음 전도의 책임뿐만 아니라 사회적 책임까지 포함되는 것으로 이해해야 한다는 것을 나는 이제 더 분명하게 깨닫는다"(Bosch, p. 405에 인용). 20세기 중반에 복음주의자들 내부에서 벌어진 논쟁은 20세기 초 에큐메니컬 운동 내부에서 벌어진 논쟁의 재현이었다(Bosch, *Transforming Mission*, pp. 368-510).

잊어버린 성례

현대 선교론의 문제점은 신약에서 볼 수 있는 세례와 성찬의 역할을 최근의 선교학과 비교해 봄으로써 설명될 수 있다. 먼저 세례를 생각해 보자. 마태복음 28:18-20은 예수께서 남아 있는 사도들에게 "가라"는 대 사명을 주시는 구절이다. 예수께서는 자신의 계명을 가르치고 사람들을 제자로 세우라고 제자들에게 말씀하시며, 세례를 그 사명에 없어서는 안 되는 요소로 삼으신다. 문법적으로 "제자로 삼으라"(*mathēteuō*)는 명령형이며, "세례를 베풀고"와 "가르쳐"는 제자를 삼는 수단을 가리키는 분사(participle)다. 역시 문법적으로, 제자 삼기의 대상(목적어)은 '타 에트네'(*ta ethnē*), 즉 사람들 **무리**이며,[2] 이 무리는 "세례를 베풀고"와 "가르쳐"의 대상(목적어)이기도 하다. 오순절에 성령이 임할 때, 열한 명에서 다시 열두 명이 된 제자들은 예수께서 맡기신 일을 즉시 이행하여, 하루에 삼천 명에게 세례를 베푼다(행 2:38-42). 사도행전에서 말씀이 퍼져 나갈 때 세례도 퍼져 나간다. 빌립은 에디오피아 내시에게 세례를 베풀고(행 8:36-38), 베드로는 성령을 받은 이방인에게는 세례를 금할 수 없다고 판단한다(행 10:47-48; 11:16). 루디아가 세례를 받고(행 16:1), 빌립보의 간수(행 16:33), 고린도 사람들(행 18:8), 에베소 사람들(행 19:3-5)도 세례를 받는다.

복음서들은 한 세례자의 사명과 함께 시작되고, 마태복음은 세례자 열한 명의 파송으로 끝난다. 오순절 후 이들은 설교하고 **세례를 베푼다.**

---

[2] 이 점에 대한 더 자세한 논의는 John Piper, *Let the Nations Be Glad!*, 3d ed. (Grand Rapids: Baker, 2010), pp. 182-204에서 보라. 『열방을 향해 가라』(좋은씨앗).

다음으로 식사를 생각해 보자. 세례 요한은 금식을 요구하는 준엄한 회개의 메시지와 함께 등장한다. 예수께서는 오셔서 먹고 마셨으며, 식사는 예수님의 사역의 기초이다.[3] 예수께서는 세리와 창기를 환대하셔서 바리새인들의 분노를 불러일으켰을 뿐만 아니라 세리와 창기와 식사도 함께 하신다. 예수께서는 식사 예절이 제자도의 내용이라고 가르치신다(눅 14장). 예수께서는 잡히시기 전에도 열두 제자와 함께 몇 시간 동안 식사하시고, 죽은 자들 가운에서 일어나셨을 때는 갈릴리 해변에서 사도들과 함께 식사하심으로써 사도 공동체를 회복시키신다. 성령께서 사도들을 재촉해 사명에 임하게 하자 이들은 예수께서 영으로써 함께하신다 확신하고 예수님의 식탁 교제를 이어나간다. 예루살렘에서 세례를 받은 이들은 기도와 사도들의 가르침과 떡을 떼는 일에 전념한다(행 2:42). 제자들은 떡을 떼기 위해 모이고, 바울은 고린도전서 11장에서 신자들의 모임은 식사를 위한 모임임을 암시한다. 난파라는 바닷물 세례 후 바울은 성찬 식사에서 감사를 드리고 떡을 뗀다(행 27:35).

요한은 세례를 베풀고, 예수께서는 세례 베푸는 일을 사도들에게 맡기시며, 사도들은 세례를 베푼다. 요한은 금식하고, 예수께서는 제자들과 함께 먹고 마시며, 제자들은 나가서 먹고 마신다. 예수께서 맡기신 사명을 이행하면서 사도들은 설교하고 가르친다. **또한** 이들은 세례도 베풀고 떡도 뗀다.

---

3   예수님의 식사가 1세기 유대교의 상징과 관례를 어떻게 공격하는가에 관한 논의로는 N. T. Wright, *Jesus and the Victory of God*, Christian Origins and the Question of God, vol. 2 (Minneapolis: Fortress Press, 1996), 『예수와 하나님의 승리』(CH북스); Marcus Borg, *Conflict, Holiness, and Politics in the Teachings of Jesus* (London: Bloomsbury, 1998)를 보라.

물과 떡은 '에클레시아'(ekklesia)로서의 초기 교회 존재의 본질적 특색이다. 고대 그리스어에서 '에클레시아'는 정치 용어로서, 고대 폴리스(polis, 도시)의 시민 총회를 가리킨다. 초기 그리스도인들은 그리스도인 공동체를 에클레시아라고 부름으로써 자신들의 모임이 현재 로마 세계의 지상 '폴레이스'(poleis, 도시들) 한가운데 세워진 천상의 폴리스라고 주장하고 있었다.[4] 고대 폴리스와 마찬가지로 그리스도인의 에클레시아에도 입회 의례(rite)가 있었으며, 물 세례가 바로 그 의례였다. 고대 폴리스와 마찬가지로 그리스도인 에클레시아의 공동생활도 잔치 중심으로 조직되었다. 세례와 성찬은 대항 폴리스(counter-polis)로서의 교회의 존재를 의례로 보여 주었다.

전통주의자와 수정주의자가 선교를 대하는 방식은 교회의 존재를 대항 폴리스로 보는 이 오래된 표현과 어떻게 조화되는가? 가장 친절한 답변은, 전혀 잘 조화되지 않는다는 것이다.

케빈 드영과 그렉 길버트는 최근 발간된 책 『교회의 선교란 무엇인가』에서 수정주의자들의 선교론에 대한 전통주의자의 답변을 제시한다. 선교에 대해 정확하고도 중심 잡힌 정의를 내리기 위해 이들은 그 책의 한 장을 할애하여 복음서와 사도행전의 파송 관련 구절들을 다룬다. 마태복음 28장에 관해 두 사람은 이렇게 말한다. "'세례를 베풀고'는 하나님의 가족에 포함시킨다는 의미일 뿐만 아니라 회개와 죄 용서를 의미하기도 한다(행 2:38, 41)."[5] 맞는 말이다. 하지만 세례를 베

---

[4] 더 자세한 내용은 필자의 *Against Christianity* (Moscow, ID: Canon Press, 2003)와 여기 인용된 문헌을 보라.

[5] Kevin DeYoung and Greg Gilbert, *What Is the Mission of the Church? Making Sense of Social Justice, Shalom, and the Great Commission* (Wheaton, IL: Crossway, 2011), p. 46.

풀어야 할 사명은 다른 무엇을 '의미'하기에 앞서 세례를 베푸는 행위를 요구한다. 이에 관해 드영과 길버트는 거의 아무 말도 하지 않는다. 이들은 교회의 사명을 이렇게 요약한다. "우리는 가고, 우리는 선포하고, 우리는 세례를 베풀고, 우리는 가르친다. 이 모든 것은 평생 예수 그리스도께서 명하신 모든 일에 순종하는 견실한 제자를 만들려는 목적을 위해서다."[6] 드영과 길버트는 교회를 '그리스도인 무리'와 구별하기 위해 교회의 회원은 "말씀이 자기들 중에 규칙적으로 설교되게 하고, 세례와 성찬 같은 규례가 정기적으로 거행되게 하며, 자기들 중에 치리가 시행되게" 하는 의무를 포함해서, "일정한 책임을 지기로 함께 언약을 맺는다"는 점에 주목한다.[7] 이들의 책에서 '성례'에 대한 언급은 이 부분이 유일하다.

선교 전쟁에 참여한 또 다른 군대를 보면, 크리스토퍼 라이트의 권위 있는 수정주의 교재인 『하나님의 선교』의 찾아보기(index)에는 세례도 성찬도 포함되어 있지 않다. 라이트가 이따금 성례를 언급하기는 한다. 복음 전도와 사회 갱신의 관계에 대한 논의에서 라이트는 르완다에서 "부족중심주의의 피"는 "세례의 물보다 진하다"고 암시적으로 말하면서 "전도에 성공하고 부흥주의 영성이 융성하고 그리스도인 인구가 다수를 차지했다고 해서 평등·정의·사랑·비폭력에 대한 하나님의 성경적 가치관이 뿌리를 내려 번성하는 사회로 귀결되지는 않았다"고 일깨워 준다.[8] 그렇지만 라이트는 이 점에 대해 논의를 전개하지

---

6 DeYoung and Gilbert, *What Is the Mission of the Church?*, p. 63. 이 책에서 세례를 언급하는 다른 유일한 구절은 고린도전서 1:17-18을 인용하는 부분뿐이다.
7 DeYoung and Gilbert, *What Is the Mission of the Church?*, p. 232.
8 Christopher J. H. Wright, *The Mission of God: Unlocking the Bible's Grand Narrative*

는 않으며, 성찬도 전혀 언급하지 않는다.

이런 '규례'를 소홀히 하는 모습은 존 파이퍼의 책에서 두드러진다. 파이퍼는 이렇게 말한다. "선교는 교회의 궁극적 목표가 아니다. 예배가 궁극적 목표다. 선교가 존재하는 것은 예배가 존재하지 않기 때문이다. 예배는…선교의 연료이자 목표다. 예배가 선교의 목표인 이유는, 선교를 통해 우리는 그저 열방이 하나님의 영광을 열렬히 즐거워하게 하려고 노력하기 때문이다.…그러나 예배는 선교의 연료이기도 하다. 예배를 통해 하나님에게 열심을 보이는 것이 설교를 통해 하나님을 제시하는 것보다 우선한다."[9] 그런데 파이퍼의 책에서는, 성찬이 예배 때 가장 집중해야 할 부분이라는 점을 결코 알아차릴 수 없을 것이다. 파이퍼는 성찬을 한 번도 언급하지 않는다. 파이퍼는 '타 에트네'(ta ethnē)에게 예수께서 맡기신 일을 훌륭하게 분석해 보이지만, 이 사명에 세례가 어떻게 연관되는지에 대한 논의는 분석에 포함하지 않는다.

내 글은 좀 편향된 논의이다. 왜냐하면 선교와 제자 훈련에서 설교와 가르침의 역할에 그다지 관심을 기울이지 않기 때문이다. 내 글은 기존의 불균형을 바로잡으려는 시도다. 이 글에서는 선교에서 세례와 성찬의 역할을 강조하고,[10] 성례전적 선교론이 우리의 선교 신학을

(Downers Grove: InterVarsity Press, 2006), p. 321. 주목할 만한 점은, 좀 더 실천적인 면을 지향하는 저서 *The Mission of God's People* (Grand Rapids: Zondervan, 2010, 『하나님 백성의 선교』, 한국 IVP)에서도 라이트는 성찬을 전혀 언급하지 않고 세례는 아주 짧게 논한다는 것이다(p. 284). Dean Flemming, *Recovering the Full Mission of God: A Biblical Perspective on Being, Doing and Telling* (Downers Grove, IL: InterVarsity Press, 2013)도 보라. 이 책에서 선교와 세례 및 성찬의 관계에 관해 플레밍은 건전하게, 그러나 아주 간략하게만 고찰한다(예를 들어, pp. 95-96, 108).

9   John Piper, *Let the Nations Be Glad!*, pp. 35-36.
10 선교에 관해 글을 쓰는 이들이 모두 성례를 소홀히 여기지는 않는다. 마이클 고힌이 베드로의

어떻게 바로잡아 주고 질을 높여 주는지 검토해 봄으로써 현대 복음주의 선교론을 성경의 기준에 좀 더 충분히 맞추고자 한다. 내가 '성례'를 어떻게 이해하는지는 이제부터 이어질 두 단락을 통해 더 분명해질 것이다. 여기서 꼭 말해 둘 것은, 내가 성례는 세례와 성찬 두 가지뿐이라는 개신교의 견해를 공유한다는 것, 그리고 세례의 효력이나 성찬 때 그리스도의 실제 임재 등과 같은 전통적 질문에 관해 누구나 알아볼 수 있을 정도로 개신교의 견해를 견지한다는 사실이다. 나는 세례와 성찬이 교회라는 종말론적 공동체의 표지라고, 그 새로운 공동체를 **특징지을** 뿐만 아니라 그 공동체를 **만들기도 하는 유효한** 표지라고 생각한다.[11]

오순절 설교를 주해한 글은 내가 이제부터 전개할 논의를 간략히 요약해서 보여 준다. "베드로는 동료 유대인들에게 세례를 받으라고 촉구하는데, 이 세례는 이 새 공동체가 어떤 공동체인지를 규정한다. 이들은 성령의 역사를 함께 나누기 위해 메시아를 중심으로 모인다. 세례에는 종말론적 성격이 있다. 세례는 다가올 시대의 영역으로 들어가는 것으로, 그리스도의 죽음과 부활로써 가능해졌고, 성령의 역사 안에서 체험할 수 있다. 또한 세례는 선교적이기도 하다. 이 공동체에 들어간다는 것은 메시아께서 모이게 하여 회복시키셨고 성령을 받은 사람들의 일부가 되어, 이스라엘의 선교 소명을 지속해 나가는 것, 메시아의 종말론적 회집을 이어나가는 대안 사회(contrast society)가 되는 것이다. 뉴비긴도 세례와 성찬의 종말론적이고 선교적인 중요성을 포착하여 다음과 같이 말한다. '세례를 받는다는 것은 예수님의 죽으심에 참여하여 예수님의 부활 생명에 동참하는 자가 되는 것, 그리하여 세상을 향한 예수님의 지속적 사명을 함께하는 것이다. 이는 예수님의 사명으로 들어가는 세례를 받는 것이다.'"[Michael W. Goheen, *A Light to the Nations: The Missional Church and the Biblical Story* (Grand Rapids: Baker, 2011), p. 135. 『열방에 빛을』(복있는사람)]. 마찬가지로, 성찬에도 "종말론적이고 선교적 의미가 실려 있다. 성찬은 회복된 이스라엘이 하나님 나라에서 살아갈 때 자양분을 공급해 주는 식사다. 성찬을 수단으로 하여 하나님의 백성은, 십자가에서 성취된 일에 동참하면서 세상을 위해 그리스도의 생명을 삶으로 구현할 수 있는 힘과 능력을 받는다." 성찬식이 선교에 없어서는 안 되는 요소인 것은 "그리스도께서 이 식사에 친히 임재하시고 자기 생명을 사람들에게 주시기 때문이다"(p. 142). 고힌이 분명히 하다시피, 세례와 성찬은 '단순한 상징'이 아니라 선교적 교회를 형성하는 의례다. 일부 복음주의 저자들은 성례전의 중요성도 강조해 왔다. Michael Horton, *The Gospel Commission: Recovering God's Strategy for Making Disciples* (Grand Rapids: Baker, 2011), pp. 171-182, 『위대한 사명』(복있는사람); Darrell Guder, ed., *Missional Church: A Vision for the Sending of the Church in North America* (Grand Rapids: Eerdmans, 1998), pp.159-166를 보라.

11 '성례'라고 따옴표를 붙인 이유는 세례와 성찬이 교회 생활의 나머지 부분과 신학적으로 분리

이 글에서 다룰 내용은 대략 다음과 같다.

- 모든 선교 신학은 구원론에 기초를 두거나 구원론을 함의하지만, 구원론은 인간론의 확신과 한데 얽혀 있다. 구원받는다는 것이 인간에게 어떤 의미인지 알려면 인간이란 무엇인가에 대한 지식이 어느 정도 있어야 한다. 그래서 창조 교리에서 이야기를 시작해야 한다.
- 사명의 본질을 깨달으려면 교회의 본질부터 알아야 한다. 교회의 본질을 알기 위해서는 이번에도 성경적 인간론이 필요하다. 그래서 또다시 창조 이야기부터 해야 한다.
- 균형 잡힌 선교적 **신학**을 진술하기 위해서는 세례와 성찬의 역할을 강조해야 한다. 교회의 선교를 **실제로** 이행하고자 한다면, 세례와 성찬이 두드러진 역할을 해야 한다.
- 위와 같이 강조하는 이유는, 성례전적 신학과 실천은 선교론이 종종 구별하는 것, 즉 창조와 새 창조, 복음 전도와 사회·정치 참여, 개인과 공동체, 개인적 제자 훈련과 적극적 선교 참여, 경건과 소명, 구원론과 교회론, 은혜와 인간의 행위, 교회와 세상을 결합하기 때문이다. 한마디로, 성례는 애초에 자연과 초자연을 나누기를 거부함으로써 자연과 초자연을 결합한다.

되어서, 설명이 필요한 신기한 순간이자 행동으로 취급되는지, 종류상 동일한 성례전 중 두 가지로 여겨지는지에 관해 내가 좀 유보적이기 때문이다. 이 질문들을 세부적으로 다루는 것은 이 책의 범위를 벗어난다. 이와 관련해서는 한 가지 관측만으로 충분할 것이다. 즉, 세례와 성찬은 우리가 속한 다른 공동체를 특징짓는 입회식, 디너 클럽, 그 외 다른 의례들에 비해 특별히 더 이상할 게 없다. '성례 전반'을 더 깊이 논의한 글로는 내가 쓴 The Baptized Body (Moscow, ID: Canon Press, 2007); 요약문으로는 "Signs of the Eschatological Ekklesia," in Hans Boersma and Matthew Levering, eds., The Oxford Handbook to Sacramental Theology (Oxford: Oxford University Press, 2015), pp. 631-644를 보라.

이 뼈대에 살을 입히는 것이 이 글의 과제인데, 그 과정은 세 단계로 이뤄진다. 첫째, 선교와 성례의 성경적 신학을 개요한다. 둘째, 세례와 성찬이 선교 신학에 어떻게 기여하는지 좀 더 체계적으로 논의한다. 마지막으로, 앞에서 간략하게 설명한 정치적 교회론으로 다시 돌아가, 선교를 위한 실제적 함의를 좀 더 자세히 설명해 보겠다.

성례전적 선교론의 성경적 뿌리

성례전적 신학은 자연과 초자연이 통합되는 현장이기보다 대개 이원론적으로 분리되는 장소였다.[12] 성례는 초자연적이고, 유사 마법이고, 대개 다른 법칙으로 작동되는 세상으로 밀고 들어가는 일로 여겨져 왔다. 선교론에 성례가 얼마나 중요한지 인식하려면 먼저 성례를 기초에서부터 다시 생각해 봐야 하며, 그 기초는 창조에서 시작한다.

남자와 여자를 창조하셨을 때 하나님이 가장 먼저 주신 선물은 먹을거리였다. "하나님이 이르시되 내가 온 지면의 씨 맺는 모든 채소와 씨 가진 열매 맺는 모든 나무를 너희에게 주노니 너희의 먹을거리가 되리라"(창 1:29). 아담과 하와는 성소(聖所)인 동산에서 생을 시작했는데, 이곳의 가장 뚜렷한 특색은 열매 맺는 나무들이었다.[13] 두 사람은

---

12 특히 Alexander Schmemann, *For the Life of the World: Sacraments and Orthodoxy* (Crestwood, NY: St. Vladimir's Seminary Press, 1973), Appendix 1: "Worship in a Secular Age"를 보라. 『세상에 생명을 주는 예배』(복있는사람).
13 성소로서의 동산에 관해서는 James B. Jordan, *Through New Eyes: Developing a Biblical View of the World* (Eugene, OR: Wipf & Stock, 1999), 『성경적 세계관』(로고스); L. Michael Morales, *The Tabernacle Pre-Figured: Cosmic Mountain Ideology in Genesis and Exodus* (Leuven: Peeters, 2012); Gregory Beale, *The Temple and the Church's Mission: A Biblical Theology of the Dwelling of God*, New Studies in Biblical Theology (Downers Grove, IL:

생명나무 열매를 먹으며 하나님 앞에서 잔치를 즐기라고 초청받았다. 세상은 두 사람 앞에 차려진 식탁이었고, 동산 또한 그러했다. 두 사람의 가장 '영적' 체험은 가장 일상적 체험이기도 했으니, 바로 음식 먹기였다. 죄 짓기 전, 아담과 하와는 세례라는 입회 의식이 필요하지 않았다. 동산 문이 활짝 열려 있었기 때문이다. 입회 의식 없이도 이들은 창조된 성례, 하나님 앞에서의 식사, 원형적 성찬에 참여했다.

그러나 두 사람은 동산에 영원히 머물러서는 안 되었다. 에덴에서 발원하여 동산을 통과하여 흐르는 강처럼, 밖으로 나가 흩어져서, 땅을 정복하고 다스림으로써 수를 불리고 땅의 사방을 채워야 했다. 이는 명령이기도 했고 인간에 대한 정의(定義)이기도 했다. 세상을 창조하신 분의 형상으로 만들어진 인간은 세상에서 작은 창조자일 수밖에 없기 때문이다. 하나님은 아담과 하와를 아들과 딸로, 하나님의 동산 겸 성소의 종으로, 창조 세계의 왕과 왕비로 성장해야 할 왕자와 공주로, 왕과 왕비 혈통의 기원(起源)으로 창조하셔서 영광에서 영광에 이르기까지 창조 세계를 발전시키게 하셨다.

인간의 삶은 일과 예배가 마찰 없이 돌아가는 하나의 순환 고리, 노동과 예전(liturgy)의 리듬이어야 했다. 안식일마다 아담과 하와는 동산에서 하나님과 함께 먹고, 그런 다음 세상을 영화롭게 하기 위해 용감히 세상으로 들어가곤 했다. 그다음 안식일이 되면 두 사람은 동산으로 돌아와 하나님 앞에서 자신들의 노동의 산물을 즐겼을 것이다. 예배는 세상에서 또 한 주간 일할 수 있게 하는 연료였으며, 이 한

InterVarsity Press, 2004)를 보라.

주간의 일은 다시 예배에서 절정에 이르렀을 것이다. 시간이 지나면서 인간은 세상을 하나의 문명으로 만들어, 창조 세계를 기술적으로, 예술적으로 향상시키고자 했다. 동산도 변했을 것이다. 아담과 하와의 후손은 빵 굽는 법, 포도주 발효법을 익혔을 것이고, 그래서 동산의 신선한 열매들은 빵이라는 든든한 식량과 포도주라는 숙성 음료가 되었을 것이다. 인간은 하윌라의 금으로 동산을 장식했을 것이다. 태초부터 역사의 궤적은 동산에서 성전을 거쳐 우주적인 성전 도성을 향해서 갔다. 그것이 인간의 원형적 사명이었다.

성경에는 죄와 사망이 세상에 들어온 후 이 원형적 명령 혹은 정의(定義)가 취소되었음을 내비치는 내용이 전혀 없다. 선악을 알게 하는 나무 열매를 먹은 후 아담과 하와는 동산에서 쫓겨났다(창 3:25). 이는 은혜로운 배제, 꼭 필요한 징계였다. 하지만 이 일은 원래 하나였던 삶의 지대(zone)를 분리하는 결과를 낳았다. 인간은 이제 더는 하나님이 계신 곳으로 다가갈 수 없었고, 땅을 다스리는 수고는 더 힘들어졌다. 하지만 이들과 이들의 후손은 계속해서 땅에 충만하고 땅을 정복하고 다스려야 했다. 하나님과의 교통이 끊어지자 인간은 땅을 우상들과 무고한 피로 가득 채웠고, 사람들(**특히** 남자들!)은 땅의 지배권을 장악한 채 성소의 주인이신 높으신 왕께 복종하지 않았다. 인간은 계속 땅을 다스렸지만, 이제는 창조주와 식탁을 함께하는 벗으로서 다스리지 않았다.

타락 후 바로잡혀야 했던 문제는, 동산과 세상이 이렇게 나뉜 것, 하나님과의 교제와 땅을 지배하는 행위가 분리된 것이었다. 그것이 바로 하나님이 인간을 회복시키는 사명을 시작하신 배경이었으며, 하나님의 목표는 인간이 하나님과의 교제를 회복하고 그에 따라 **경건한 지배권**을 행사할 수 있게 하는 것이었다. 어느 날 하나님은 뱀의 머리를 짓뭉개고 아담의 아들들과 하와의 딸들이 동산으로 돌아오게 하겠다고 약속하셨다. 사탄에게서 구출된 이들이 창조주와 식탁을 함께하는 벗으로서 다시 창조의 일을 할 것이다. 하나님의 선교(God's mission)는 인간과 식탁 교제를 다시 확고히 하시고 인간이 하나님과 식사를 나눌 자격을 갖게 하셔서 노동과 예전을 다시 한번 화합하는 것이었다. 하나님의 선교는 인간에게 세례를 주셔서 하나님의 임재에 다시 들어와 성찬을 다시 시작할 수 있게 하는 것이었다.

이 회복은 예수님의 십자가와 부활에서 완성되기는 하지만, 시작은 그 전이었다. 홍수 세례 후(벧전 3:21), 노아는 '번제'[ascension offering, 히브리어로 '올라'('olab'): ascension offering에는 제물을 태우는 연기가 하늘로 올라간다(ascend)는 의미가 담겨 있다—옮긴이]를 드리려고 제단을 쌓았는데, 이는 최초의 번제이자 성경에 언급된 최초의 승천(ascension)이다(창 8:20). 성경에서 제단은 곧 식탁으로(겔 41:22; 44:16), 여기서 야웨께서 음식[참조. 레 21:6, 8, 17, 21-22; 22:25, '음식'에 모두 '빵'이라는 뜻인 '레켐'(lechem)을 쓴다]을 드신다['태운다'는 것은 '먹는다'는 뜻으로, 히브리어로는 '아칼'('akal')]. 노아는 제물로 드린 짐승 고기를 전혀 입에 대지 않았지만, 에덴 밖에서 최초의 식탁 교제를 위한 장소를 제정했다. 노아가 드린 번제('ascension' offering)는 그가 높아진 것을 의례상으로 규정했다. 새롭게 만들어진 세상에 자리를 잡은 노아는 한층 진보한 새로운 아담으로서, 짐승들을 다스리는 위치로 신분이 높아졌고 살인하는 사람들에게 칼을 쓸 권한을 부여받았다. 나중에 노아는 인간이 만든 최초의 동산인 포도원을 일구고 마음을 흡족하게 하는 포도주를 즐겼다.[14] 이 모든 일에서 우리는 인간을 높으신 왕과 식탁을 함께하는 벗으로서 세상을 정의로 다스릴 수 있는 원래 위치로 복귀시키려는 하나님의 선교 초기 단계를 볼 수 있다.

아브라함이 부름받은 일은 성경에서 볼 수 있는 선교 신학의 결정적인 부분으로 이해하는 것이 옳지만,[15] 이 경우에도 아브라함 언약의 성례전적 차원이 충분히 강조되지 않았다. 아브람은 바벨에서 열방이 흩어진 후 부름을 받고 우르를 떠났다(창 11:1-8). 하나님은 아브람이 땅의 모든 종족, 곧 언어와 예배가 달라 서로 갈라진 종족들에게 하나님의 복을 전하는 역할을 하게 될 것이라고 약속하셨다. 아브람과 아브람의 후손을 통해 하나님은 바벨에서 흩어진 열방을 하나로 모아, 모든 지파와 민족이 한 분 하나님의 복을 함께 나누게 하실 터였다. 현대의 용어로 표현하자면, 아브라함 언약에서 비롯되는 사명은 에큐메니컬하기도 하고 정치적이기도 하다. 이 사명이 정치적인 이유는 이 사명이 에큐메니컬하기 **때문이다**. 하나님이 내리신 복으로 열방을 하나로 모을 것이기 때문에 정치적이다.

아브람은 자기 인생에서 가장 결정적인 순간과 장소를 표시하고 하나님의 언약을 상징하는 제단을 쌓았으며, 이는 성경의 다른 어떤 인물보다도 두드러지는 행동이었다. 땅을 주시겠다고 주님이 처음 약속

---

14 주석가들은 노아가 포도주에 취한 것을 한목소리로 힐난하지만, 이 사건이 비유적으로 표현하는 것은 안식이다. 홍수 후 노아는 새 아담으로서 새롭게 된 땅의 왕위에 앉아, 포도주로 상징되는 쉼을 누렸다. Jordan, *Through New Eyes*를 보라.
15 Wright, *Mission of God*, p. 221에서는 아브라함 언약이 믿음과 순종에 대한 부름일 뿐 아니라 '하나님의 사명 선언'이기도 하다고 말한다.

하신 후 아브람은 제단을 쌓아서(창 12:7) 그 땅에 대한 자기 소유권을 나타내고 그 땅이 하나님께서 사람들 사이에 자기 식탁, 곧 자기 동산을 다시 일구실 새 에덴을 세울 공간임을 표시했다. 아브람은 벧엘 동쪽 산으로 이동해서 벧엘과 아이 사이에 장막을 치고, 제단을 쌓고 여호와의 이름을 불렀다(창 12:8). 이러한 배치 형태는 훗날 성막과 성전이 세워질 것을 내다본 것이었다. 벧엘(Beth-El), 즉 하나님의 집이 서쪽에 있고, 산에는 장막이 세워지며, 야웨의 이름을 부르는 곳인 제단으로 마무리가 된다.[16] 이집트 체류 후(창 12:10-20), 아브람은 벧엘과 아이 사이의 제단으로 돌아가서(13:4) 롯과 땅을 나눠 가진 뒤(13:5-8) 롯을 구하기 위해 그 땅을 정복한다(14:1-24). 여기서 제단 언급은 이스라엘이 나중에 이집트에서 나와 땅을 정복할 것을 또 한 번 미리 암시했다. 아브라함이 마지막으로 제단을 쌓은 곳은 모리아산이었는데(22:9), 여기서 이삭, 곧 상징적으로 죽었다가 살아난, 죽은 몸에서 나온 아들을 대신해 숫양이 제물이 되었다. 제단 쌓기는 아브라함 언약

---

16 마이클 모랄레스[Michael Morales, *Who Shall Ascend the Mountain of the Lord? A Biblical Theology of the Book of Leviticus*, New Studies in Biblical Theology (Downers Grove, IL: InterVarsity Press, 2015), 『NSBT 레위기 성경신학: 여호와의 산에 오를 자 누구인가』(부흥과개혁사)]는 동-서 방위가 창세기 전체를 관통한다는 점에 주목한다. 홍수 후 방주가 머문 곳인 아라랏은 새 에덴이고, 바벨 사람들이 '동쪽으로' 옮겨 간 것은 가인이 에덴에서 동쪽으로 이동한 것을 반복하는 것이며, 이는 성소에 계신 하나님 앞에서 떠나는 것이다. 모랄레스는 일반적으로 제의(祭儀) 본문으로 해석되지 않는 아브람 이야기에서 이런 방위가 무엇을 암시하는지 찾아낸다. 바벨의 터를 닦은 사람들처럼 롯은 "동으로 옮겼다"(창 13:11), 이 선택으로 롯은 "단지 약속의 땅만이 아니라 하나님의 약속된 임재 영역 밖으로 가게 되었다." 반면 아브람은 벧엘(서)과 아이(동) 사이의 산에 제단을 쌓았다. 모랄레스는 이에 대해 이렇게 말한다. "전형적이지 않은 이 상세한 설명에는 이유가 없지 않다. 이는 동-서 방위 주제와 신적 임재의 제의신학을 계속 이어나가는 역할을 한다"(p. 71). 창세기에서 우리는 다음과 같은 일련의 서-동 관계를 보게 된다. "에덴(서)과 세상이 시작되던 때 가인의 도성(동); 노아의 방주(서)와 홍수 후 새 세상이 시작될 때의 바빌론(동); 아브라함의 제단(서)과 열방이 흩어진 후 이스라엘이 시작될 때의 소돔"(p. 72). 이 모든 것은 에덴동산(창 3장)과 성막의 동-서 방위와 연결된다.

에서 예배가 중심임을 강조했다. 야웨의 사명은 아브라함이 쌓은 제단-식탁으로 열방이 예배하러 나올 때 이들에게 복을 주시는 것이었다. 열방은 그 땅에 두루 산재한 새 에덴 식탁에 나아오는 것이 허락됨에 따라 복을 받을 터였다.

할례는 이 맥락에서 이해할 필요가 있다. 홍수 때 야웨께서는 모든 육체를 멸절하는 일에 착수하셨는데, 여기서 육체란 육체를 가진 인간이 아니라 창조주에게 반역하는 죄를 지은 인간으로 이해해야 한다.[17] 모든 육체가 부패했고(창 6:12), 그래서 야웨께서는 홍수로 모든 육체를 멸하기로 결정하셨다(창 6:13, 17). 하지만 홍수 후에도 인간은 계속해서 폭력과 육체의 타락상을 보였으며, 가장 뚜렷한 예가 바벨이다. 창세기 9장과 창세기 17장 사이에는 육체에 대한 언급이 전혀 없다. 그러다가 야웨께서 아브라함에게 집안의 모든 남자에게 할례를 시행하라고 명령하셨을 때 육체가 다시 관심의 초점이 된다. 살(육체)을 베어 냄으로써 아브라함은 폭력으로 땅을 가득 채우는 삶의 방식, 바벨에서 오만과 반역이라는 결과를 낳은 삶의 방식을 포기했다. 하나님은 육체를 극복하는 자신의 사명에 아브라함 집안을 참여시키셨다. 포피의 살을 베어 냄으로써 야웨께서는 육체의 지배를 받지 않는 한 백성을 만들어 내기 시작하셨다. 아브라함의 자손들에게 이 표징을 주심으로써 야웨께서는 성령을 따라 행하는 한 백성을 만들어 내기 시작하셨다. 할례받은 사람들은 야웨의 제단-식탁을 중심으로 모여 새 아담의 나라를 구성한다.

---

[17] 이 단락은 필자가 *Delivered from the Elements of the World: Atonement, Justification, Mission* (Downers Grove, IL: InterVarsity Press, 2016)에서 전개한 더 긴 논의를 요약한 것이다.

모세 체제는 아브라함이 이렇게 살을 베고 제단을 쌓은 것을 토대로 세워졌다. 할례는 이스라엘의 일원이 되고 이스라엘의 잔치 공동체에 들어갈 자격을 주는 표지로 존속했다. 모세는 아브라함의 여러 제단 대신 시내산 밑에 놋 제단 하나를 쌓았는데, 이는 원형인 에덴의 성소를 재현한 성소 단지의 일부였다. 아담과 하와가 그 열매를 먹은 뒤 처음으로 인간은 동산 문에 있는 그룹들을 지나 하나님 앞에서 섬김의 일을 하게 되었다. 제사장들은 야웨의 집에 들어가 야웨의 임재의 빵을 먹는 일을 위해 따로 구별되었다. 일반 이스라엘 사람들은 불결해졌지만, 야웨께서 정결 의례를 제정하셨고, 이 의례에는 보통 물 세례가 포함되었으며, 물 세례를 통해 사람들은 야웨의 뜰에 들어갈 수 있었다. 이스라엘은 주님 앞으로 가까이 나아와 먹고, 마시고, 기뻐하라고 초청받았다(신 14:26). 할례와 정결 의례는 이들이 야웨 앞에 나아갈 수 있게 해 주었다. 일단 나아가면 이스라엘은 주님 앞에서 잔치를 즐겼다.

토라 아래서, 일과 예배, 노동과 예전의 리듬이 비록 제한적이나마 회복되었다. 야웨께서는 엿새 동안 일하고 안식일은 거룩한 날로 지키라고 이스라엘에게 명하셨고, 전리품과 손으로 만든 물건들을 가져와 주님의 집을 꾸미라고 명령하셨다. 이스라엘은 지성소에 들어가는 것은 허용되지 않았으나, 자신들에게 다가오시는 하나님에게 가까이 가는 것은 허용되었다. 시내산에서 이스라엘은 화목제를 드리기 시작했는데(출애굽기 20:24에 처음 언급), 이는 예배자와 주님이 나누는 식사였고, 에덴에서 추방된 이후 인간이 창조주와 함께 앉아 먹은 것은 이것이 처음이었다. 인간을 회복시키려는 야웨의 사명은 한 백성을 가까이 데리고 오셔서 자신의 제사장이자 식탁 친구가 되게 하심으로써 이행되었다. 삶과 예전이라는 리듬, 성막과 세상 사이의 왕래에 불화가 없지는 않았지만, 이것이 가능했음은 이스라엘의 하나님이 이스라엘에게 길을 만들어 주어서 하나님 앞으로 돌아올 수 있게 하셨기 때문이다.

정복은 아브라함과 이스라엘에게 약속된 땅에 성막 제도를 구축함으로써 모세 체제를 성취했다. 홍수 때처럼 야웨는 악한 자를 심판하셨고, 홍수 때와 달리 야웨는 인간, 곧 살을 베어 낸 남자들을 부려서 자신의 심판을 이행하셨다. 정복의 목표는 제단과 보좌가 있는 주님의 성소를 그 땅에 세우는 것이었다. 이스라엘은 약속의 땅을 더럽힌 제단과 우상 신전을 공격 대상으로 삼았고, 일단 그 땅을 다스리게 되자 실로에 주님의 제단과 성막을 세웠다. 야웨의 사명은 육체의 더러운 것을 그 땅에서 제거하고 그 땅 한가운데 왕이신 자신의 식탁을 견고히 하는 것이었으며, 야웨는 이스라엘을 그 사명에 동참시키셨다.

할례와 토라는 이스라엘을 다른 나라들과 구분 짓는 특징이었지만, 목표는 언제나 아브라함의 목표, 즉 아브라함의 축복 가운데 민족들을 하나 되게 하는 것이었다. 토라 아래서 그 축복은 식사를 나누는 구체적 형태를 취했다. 일단 이스라엘이 그 땅에 정착하자(그리고 절기의 주기가 시작되자), 나그네와 외국인과 이방인이 초청을 받아 그 절기를 함께 했다(신 16:11, 14). 이스라엘의 사역의 국제적 목적은 이스라엘의 선지자들의 글에서 더욱 명백해졌다. 시온은 하나님의 가르침의 원천으로서, 생명을 주는 이 가르침은 열방으로 흘러간다(사 2:2-4; 미 4:2-3). 하나님의 길을 배우려고(사 2장), 하나님의 제단-식탁에서 고기와 포도주로 잔치를 벌이려고(사 25장), 자신들의 보화로 성소를 장식하려고(사 61:1-8), 초막절을 기념하려고(슥 14:14-19) 열방이 계속 시온으로 모여들 터였다.

토라와 선지자들이 정해 놓은 궤도는 요한과 예수님의 사역에서 절정에 이른다. 요한은 와서 세례를 베풀고, 예수께서는 와서 먹고 마신다. 요한은 회개와 깨끗함을 위한 세례를 베풀어서 사람들이 곧 오실 왕을 영접할 준비를 하게 한다. 왕으로서 예수께서는 상을 베풀어서 유대인과 이방인, 불결한 자와 죄인을 반갑게 맞이하여 하나님과 식사를 함께 하게 하신다. 다양한 비유가 분명히 하고 있다시피, 그 식사는 예수께서 알리는 나라의 참 실체다. 이 식사는 왕이 자기 아들을 위해 여는 혼인 잔치의 시작이다(마 22:1-14). 탕자가 돌아온 것을 기뻐하는 아버지가 여는 살진 송아지 잔치다(눅 15:11-32). 왕의 연회다.

예수께서는 이 식사를 언급하심으로써 이스라엘과 제자들의 사명을 설명하신다. 왕의 신하들은 큰길과 작은 길에 나가 왕의 연회에 오라고 손님들을 청한다. 초대를 거부하는 이들은 정죄받고 바깥에 앉아, 열방이 동서남북에서 와서 아버지의 나라에서 아브라함·이삭·야곱과 함께 앉아 식사하는 광경을 지켜볼 것이다(마 8:11). 예수님 안에서 인간은 하나님에게로 회복되고, 인간 자신에게로, 인간의 소명으로도 회복된다. 예수님 안에서 인간은 제사장과 왕, 새 아담과 하와, 주님의 집의 종이요 주님의 세상을 다스리는 자로 재창조된다. 물에서, 식탁에서 요한과 예수께서는 예전과 삶의 조화를 회복하신다.

교회는 다시 새롭게 된 그 인류이다. 그리고 교회의 성례는 이 모임을 야웨의 사명의 성취로 선포한다. 세례는 아담의 아들들과 하와의 딸들이 다시 가까워질 수 있음을 선포하고, 성찬은 하나님이 자신을 자기 백성에게 음식으로 주시는 교통(communion)의 현장이며, 여기서 하나님의 백성은 휘장이나 장벽 없이 하나님의 임재 가운데 잔치를 벌인다. 세례와 성찬은 세례와 성찬이 선포하는 바로 그 회복이라는 **결과를 낳는다.** 모든 종족과 언어와 민족에서 나온 사람들이 세례를 받으면서 예수님의 몸 안에서 이룬 연합으로 서로 하나가 된다. 세례는 열방이 다시 하나 되는 **풍경**이 아니다. 세례는 열방이 **다시 하나 되게 한다.** 성찬은 열방이 하나님 앞에서 함께 잔치를 즐기는 **풍경**이 아니다. 성찬은 하나님 앞에서 열방이 벌이는 잔치**이다.** 성찬이라는 잔치는 정치적이고 에큐메니컬하다. 아니, 에큐메니컬하기 때문에 정치적이다. 성찬의 잔치를 함께하는 세례받은 열방이 하나님의 **폴리스**이기 때문이다. 잔치는 사명을 위한 '엔진'이다. 예수님의 몸과 피로 잔치를 벌이는 사람들은 증인으로서 성령에게 능력을 부여받는다. 식사는 단순히 선교를 보조하는 수단이 아니다. 식사는 선교의 목적이자 목표이고, 아직 오지 않은 혼인 잔치의 **현재**이며, 교회의 사명과 세상의 역사는 이 혼인 잔치를 향해 나가고, 교회는 이 혼인 잔치에 열방을 초청한다.

성례전적 선교론

많은 말을 할 수도 있겠지만, 성결 규례(purification)와 식사, 세례와 성찬이 태초 이후 하나님의 선교와 하나님 백성의 삶의 중심이었다고 하는 것만으로 아마 충분할 것이다. 하나님의 선교는 예전과 삶의 원래 조화를 회복하는 것이고 이런 의도가 기독교의 성례에서 두드러지게 나타난다는 개념을 아마 내가 타당성 있게 설명했을 것이다.

성례전적 선교론은 선교에 대한 전통주의자의 설명에 어떻게 영향을 끼칠 수 있을까? 우리가 설교·복음 전도·가르침뿐만 아니라 세례·식사까지 강조하면 어떤 변화가 생길까? 성례전적 선교론은 선교에 대한 수정주의자들의 설명을 강화하는 이론일까, 아니면 바로잡는 이론일까? 성례전적 선교론은 선교론이 분리하는 것들을 어떻게 하나가 되게 할까?

성례는 무엇보다도 교회와 교회의 사명을 계속 그리스도 중심적으로 유지한다. '성례전적' 교회의 역사에 비춰 볼 때 이는 터무니없는 주장으로 들릴 수도 있는데, 이 역사에는 그리스도 중심적인 삶을 유지했다는 설득력 있는 기록이 별로 없어 보이기 때문이다. 라틴 중세시대에, 미사 중심의 로마교회는 성물(聖物), 성인 숭배, 마리아 신앙을 비롯해 복음에서 벗어난 그 외 관행들로 어수선했다. 신학자들과 주교들의 의도가 무엇이었든, 대중의 신앙은 그리스도에게 초점이 맞춰져 있지 않았다. 그리스도는 성당 천장에서 날카로운 눈매로 내려다보는 무시무시한 지배자(Pantocrator)였다. 성인들(saints)이 오히려 그리스도보다 더 온화하고 더 다가가기 쉬웠다. 더 나아가, 지난 세기의 주류 교단 교회는 대개 예전 중심이고 성례전적이기는 했으나, 그런 사실이 교회가 세속적인 사회 기관으로 전락하는 것을 방지하지는 못했다.

그 이야기를 하려면 이 글만으로는 부족할 터이므로 여기서는 간단히 이렇게 주장하겠다. 즉, 중세 가톨릭교회가 왜곡된 것은 성례를 지나치게 강조했기 때문이 아니라 그릇된 성례전적 신학 때문이다. 가톨릭교회는 성찬상이 아니라 무덤에 모였다. 교회는 휘장이 걷힌 하나님의 얼굴 앞에서 식사를 하지 않고 오히려 장벽을 세웠으며, 떡과 포도주는 대개 사제를 위한 것이었다. 그 식사는 세례받고 하나님과 식탁을 함께하게 된 이들의 잔치가 아니라, 세례받은 이들이 멀찍이 떨어져서 지켜보는 구경거리였다.[18] 마찬가지로, 주류 교단 기독교의 왜곡은 성례 **자체**를 강조해서 생긴 것이 아니라 왜곡된 성례전 신학, 말씀과 제자도에서 벗어난 성례 때문에 생긴 것이다.

중세와 현대 교회 모두 자연-초자연을 보는 뒤틀린 틀 안에서 성례를 이해하고 실천했다. 가톨릭의 미사는 평범한 식사를 닮은 데가 거의 없었다. 빵은 일상적으로 먹는 빵이 아니었고, 평신도는 포도주를 마실 수 없었다. 원래 성찬은 예전과 삶을 이어주려는 것이었으나, 신학적으로나 예전적으로나 미사는 예전과 삶을 다시 갈라놓았다. 미사는 화음이 있어야 하는 바로 그 지점에서 불협화음을 냈다. 반면 자유주의 교회들은 지나치게 초자연적인 교회론에 반발하여, 교회와 세상, 성찬식과 공동 식사 사이의 경계를 없애고 선교란 선행이라고 의미를 축소하면서 반대편에서 불협화음을 내기 시작했다.

세례와 성찬을 올바로 이해하고 시행하면, 그리스도를 계속 그리스도인의 삶의 중심에 놓게 된다. 세례는 신자의 결단의 표가 **아니라 하나님**의 은혜로운 결정의 표이고, 세례받은 사람이 그리스도 안에서 그

---

18 종교개혁자들은 가톨릭교도 못지않게 성례를 **강조했다**. 루터는 가톨릭교도보다 성례의 효력을 **더욱** 강조했음은 거의 분명하다. 하지만 루터가 보기에 세례는 세례받은 사람을 그리스도인 제사장의 일원으로 표시해 주는 것이었고, 하나님의 백성 **모두가** 하나님 나라의 잔치에 참여하라고 청함받았다.

리스도에 의해 소유권이 주장된다는 것을 알려 주는 역할을 한다. 그래서 세례는 그리스도와 연합한 삶, 세례 때 주님의 이름을 받고 그 주님 아래 사는 삶으로 그리스도인의 삶이 시작되게 한다. 제자도는 세례에서 비롯되어, 세례받은 사람을 계속 세례받은 사실로 되불러, 이들이 그리스도 안에, 그리스도 아래 있음을 **지속적으로** 일깨워 준다.[19] 세례에서 뿌리가 뽑히면 제자도는 율법주의적이 될 수 있다. 그리스도인의 삶이란 이런 일은 하고 저런 일은 하지 않는 것을 의미하게 되어 버리는 것이다. 반대로 그리스도인의 삶은 반율법주의적이 될 수도 있다. 은혜가 율법에서 우리를 해방하니 새로워진 마음이 명령하는 대로 따르라는 것이다. 세례는 그리스도 안에서 하나님의 선물이며, **바로 그 이유로** 두려움과 떨림으로 구원을 이루라고 세례받은 사람에게 요구한다. 세례는 교회의 사명을 개인에게 부여한다. 교회 밖의 사람은 세례를 받음으로써 동산, 즉 교회로, 교제의 식탁에 둘러 모이는 공동체로 들어온다. 제자도가 세례에서 시작되는 것은, 세례가 생명의 길이신 분과 연합하는 삶 가운데로 길을 열기 때문이다.

규칙적으로, (칼뱅에 따르면) 적어도 매주 함께 나누는 성찬도 그리스도인의 삶이 계속 예수께 초점을 맞추게 해 준다. 실제 임재의 물리학과 형이상학을 우리가 어떤 식으로 풀든,[20] 그리스도인은 우리가 떼

---

19 여러 신학자들이 이렇게 말했다. 필자가 하는 말을 간명하게 요약한 글로는 Horton, *The Gospel Commission*, pp. 171-177를 보라.
20 내가 생각하기에는 칼뱅의 명확한 설명이 다른 대안보다 낫다. 칼뱅이 다루는 문제는, 천상에 계신 예수께서 어떻게 자신을 우리에게 음식으로 주실 수 있느냐는 것인데, 칼뱅이 보기에 그 답은 바로 성령이다. 성부 하나님이 부활하여 높아지신 성자의 살과 피를 성령의 능력으로써 우리에게 먹이신다는 것이다. 우리는 참으로 그리스도를 먹고 산다. 우리는 참으로 그리스도의 부활 생명을 받는다. 우리가 그렇게 할 수 있는 것은 성령께서 우리를 천상으로 들어올리시거나 그리스도를 데리고 내려오시기 때문이다.

는 빵이 그리스도의 몸을 나누는 '코이노니아'(koinonia)요, 축복의 잔은 그분의 피를 나누는 코이노니아라는 바울의 말을 수긍하여 하나가 될 수 있다(고전 10:16-17). 빵을 먹고 포도주를 마시는 일이 어떻게 작용하든, 이는 그리스도 안에서 하는 교제다. 선교가 성찬식에 초점을 맞추면 이 잔치에 초대하는 형식을 취하게 되며, 이 잔치는 그리스도의 몸과 피에 **참여하는 것이다**. 빵과 포도주를 나눌 때 우리는 그리스도의 죽음을 선언한다. 우리는 십자가에 달리신 분의 몸과 피에 참여하고, 그렇게 해서 그분의 십자가에 참여한다. 토마스 아퀴나스가 말했다시피, 보통 빵은 그 빵을 먹는 사람으로 변하지만, 성찬식의 빵은 먹는 사람을 그 빵 자체로 변화시킨다. 빵과 포도주로 그리스도에게 참여할 때 우리는 그리스도의 형상으로 변화한다.[21] 매주 우리는 아담과 하와가 창조된 목적인 행동을 한다. 바로 하나님 앞에서 음식을 먹는 것이다. 그리고 매번 식사가 끝날 때 우리는 하나님의 음식으로 든든히 배를 채우고 그분의 세상으로 보냄받아 일을 하여 세상에서 인간의 사명을 이행한다.

성례는 개인과 공동체라는 이분법을 극복한다. 성령께서는 **개인**에게 세례를 베풀지만, 세례를 받아 여러 지체와 여러 은사가 있는 한 **몸**이 되게 하신다(고전 12:12-13). 세례는 세례받은 사람을 그리스도에게 연합시킨다. 또한 세례는 세례받은 사람을 그리스도의 몸인 교회와 연합시키는데, 웨스트민스터 신앙고백서의 표현에 따르면, 이 연합은 "가시적 교회 입회가 엄숙히 허락되는 것"이다. 세례는 그리스도인의

---

21 물론 성찬을 교회 생활의 나머지 부분과 구별하지 않도록 하는 게 중요하다. 빵은 말씀과 함께 목회자의 교정(correction)과 상호 덕을 세워 주는 행위가 특징인 공동체 생활 가운데 주어진다.

삶이 공동체의 삶이라는 점, 그리스도인의 고립이 절대 불가능하지는 않더라도 정상적이지는 않다는 점을 분명히 한다. 복음 전도가 세례에서 절정을 이루는 것은, 복음 전도가 제자들의 **공동체**를 형성하고 그 공동체의 교제로 점점 더 통합되어 들어가는 것을 목표로 하기 때문이다. 세례가 제자도의 배경인 것은 교회가 그리스도와 같은 모습으로 성장하기 위한 배경이기 때문이다. 마찬가지로, 성찬은 그리스도인의 삶의 통합적 성격을 표현한다. "우리가 한 몸인 것은 우리 모두가 하나의 빵을 나누어 먹기 때문이다."

세례와 성찬은 인류가 아브라함 자손의 축복 아래 화해하리라는 아브라함 언약이 성취되었음을 알린다. 아직 교회는 다시 하나 된 인류가 아니다. 교회는 하나님의 도성의 종말론적 형태가 아니다. 하지만 교회는 하나님의 도성이요, 아브라함의 씨 안에 있고 아브라함의 축복 아래 있는 열방의 재연합이다. 하나 됨은 교회의 기조(基調)다. 그리스도의 몸으로서 교회는 (잠재적으로) 모든 종족, 언어, 백성, 민족의 고향이다. 성령께서는 유대인과 이방인, 종과 자유민, 남자와 여자를 하나님의 성전 안으로 통합하신다. 또한 하나 됨은 교회의 **사명**이다. 교회는 세상으로 보냄받아 모든 사람에게 세례를 베풀고, 예수님의 명령을 가르치며, 이들을 주님의 상으로 반갑게 맞이해 들임으로써 이들을 제자로 삼는다. 이런 점에서 교회는 인류를 다시 하나 되게 하는 하나님의 사명을 성취하기 위한 하나님의 도구다. 세례와 성찬은 단순히 이 성취를 알리기만 하는 게 아니라, 이 일이 그리스도의 영의 역사로서 **일어나게 한다**. 투치족과 후투족이 세례의 물속에서 함께 죽음으로써 하나 된다. 모든 민족이 주님의 식탁에 자리를 잡게 된다.

인류를 다시 하나로 만드는 그 사명은 실패할 수 있다. 세례받은 그리스도인이 길거리에서 칼을 들고 서로 죽임으로써 자신들이 받은 세례를 저버릴 수도 있다. 성찬을 함께 나눈 그리스도인들이 주중에 서로에게 도둑질을 할 수도 있다. 성례는 말씀과 상호 연단에 전념하는 교회 안에서만 충분한 효과를 낸다. 세례받은 그리스도인은 자신이 다른 모든 세례받은 그리스도인에게 형제라는 가르침을 받아야 하며, 성찬상을 함께하는 모든 이는 자기가 서로에게 식탁을 함께하는 벗이라는 일깨움을 받아야 한다. 이런 면에서조차 성례는 교회를 판단하는 기준 역할을 하는 효과가 있다. 이스라엘의 제사장들처럼, 세례받은 사람들은 다른 사람들에 비해 더 엄격한 기준 아래 있다. 살인은 어떤 경우든 죄다. 세례받은 사람이 세례받은 사람을 살해하면, 그 사람은 하나님의 형상은 물론 하나님의 이름을 공격하는 것이다. 성례는 우리가 형제를 사랑하지 않으면 하나님을 사랑할 수 없다고 하는 요한의 경고를 눈으로 볼 수 있게 한다.

하나 됨이라는 교회의 사명은 다른 방향에서도 잘못 흐를 수 있다. 19세기 및 20세기 초를 지배한 자유주의 신학에서 복음은 하나님이 아버지이심과 인간의 형제애에 관한 메시지였다. 복음이 그런 메시지를 담고 있는 것은 사실이지만 여기에는 충분히 오해를 불러일으킬 만한 부분이 있으며, 한 걸음 더 나아가 이 슬로건은 UN과 EU라는 칸트주의적 대규모 기관에서 세속적 용도로 변질되었다.[22] 성례전적 선

---

22 이는 복음주의자들에게는 별로 구미가 당기지 않는 슬로건이었지만, 에큐메니컬 선교 운동은 교회의 선교에서 복음의 역할을 두고 격렬한 투쟁을 벌였다. 보쉬의 표현을 빌리자면, "선교는 보건 복지 서비스, 청년 프로젝트, 정치적 이익 단체의 활동, 경제 사회 개발 프로젝트, 폭력의 건설적 적용 등을 일컫는 포괄적 용어가 되었다." 어떤 사람들은 미시오 데이를 너무 강조한 나머지 교회

교론은 이런 세속화를 막는 방어벽을 세운다. 세례와 성찬은 다시 하나가 되는 인류를 상징하고 형성하되, 예수님과 그분의 십자가, 그리고 그분의 부활을 늘 중심에 두는 방식으로 한다. 그렇다, 열방은 다시 하나 되어야 한다. 맞다, 그것이 교회의 사명에서 주요 목표다. 하지만 이들은 **세례**로써 하나가 되며, 이는 예수님과 함께 죽는다는 의미다. 인류는 먼저 세례를 통해 죽음으로써 다시 연합할 수 있다. 그렇다, 나라마다 식탁에 자리가 있지만, 모든 종족과 나라를 다 받아줄 정도로 풍성한 식탁은 주님의 식탁, 즉 죽으시고 이제는 부활하신 그리스도와의 교제뿐이다. 인류는 한 덩어리 빵을 함께 나누어 먹는다면 한 몸이 될 수 있다. 세례와 성찬은 하나 됨이라는 교회의 사명에서 그리스도가 계속 토대가 되실 수 있게 한다. 성례는 우리의 선교학을 시험하고 판단하는 표준을 제공한다. 성례는 왕이신 분 없이 그 나라를 구하는 것이 어리석은 짓임을 지속적으로 깨우쳐 주는 교정책이다.

최근 복음주의권의 선교 논의는 대부분 선교와 사회정의 간의 관계에 초점을 맞춘다. 수정주의자들은 빈곤 구제, 압제당하는 소수자 변호, 성 노예나 태아를 구조(救助)하는 일이 본래부터 교회의 사명에 내재한다고 주장한다. 전통주의자들은 이런 일들은 부차적이고, 복음 전도와 제자 삼기가 교회의 주된 직무라고 주장한다. 어떤 사람들은 교회가 또 하나의 NGO로 변모할지 모른다고 걱정하고, 어떤 사람들은 복음을 개인 구원 메시지로 축소하고 교회의 사명을 '단순한 복음 전도'로 줄여 버리는 이원론에 대해 불평한다. 양측의 우려 모두 일리

자체를 선교에서 배제했다. 무엇이든 교회 밖 세상에서 일어나는 일은 다 선교라는 것이다(Bosch, *Transforming Mission*, p. 383).

가 있다. 교회는 사도들의 메시지인 심판과 구원의 좋은 소식 같은 것은 다 제거해 버린 봉사 기관이 될 수 있고, 실제로 그렇게 되어 왔다. 나쁜 신학은 일부 교회들이 더 광범위한 차원의 교회 사역에서 발을 빼게 했다.

성례전적 선교론의 관점에서 이런 문제는 어떻게 보일까? 성례는 정의와 자비를 추구하는 것이 교회의 삶과 사명에 없어서는 안 되는 부분임을 지적한다. 세례를 통해 그리스도와 함께 죽은 사람은 살아나서 자기 몸의 지체를 의(*dikaiosūnē*)의 무기로 드리며(롬 6:1-14), 지금도 **몸의** 부활에 참여한다. 세례받은 사람은 우상에게 절하거나 성적 방종에 빠지거나 폭력적이고 압제적인 육체의 일을 행하지 않고(참조. 롬 1:18-32), 정결을 지키고 의를 진척시킨다. 세례받아 그 빛이신 분에게 들어가 그 빛을 함께 나누는 우리는 어둠이 하는 일들을 폭로해야 한다. 세례는 성령으로 우리를 인치며(seal), 성령께서는 우리를 재촉해 육체의 일에 맞서 싸우는 그분의 싸움에 참여하게 하신다. 결정적으로, 우리는 **오직** 아담에 대해서는 죽고 새 생명으로 부활함으로써만 하나님의 공의를 진척시킬 능력을 받는다. 선교는 우리가 세상에 대해 죽고 하나님이 은혜롭게 죽음에서 건져 주심으로써 시작한다. 세례는 예수님 안에서 죽었다가 다시 살아난 사람들만이 하나님의 공의를 위해 자기 몸을 거리낌 없이 바친다는 점을 지적한다. 의는 세례받은 사람의 삶에 본래 내재하지만, 이는 전적으로 죽음을 처리하시고 생명을 주시는 은혜로운 하나님에게 달려 있다.[23]

예수님의 사회적 의제(agenda)는 잔치의 형태를 취했다. 예수께서는 오셔서 먹고 마셨으며, 죄인들을 불러 아버지의 기쁨을 함께 나누게 하셨다. 예수께서는 오셔서 병을 고치고 깨끗하게 하셨으며, 소외된 사람들을 식탁에 같이 둘러앉는 친구로 삼으셨다. 이 사람들이 일단 식탁에 앉으면 예수께서는 하나님 나라의 식탁 예절을 가르침으로써 제자들에게 교훈을 주셨다. 예수께서는 식탁에서 상석을 차지하려고 다투지 말고 스스로를 낮추라고, 주께서 높여 주실 것을 믿고 의지하라고 제자들에게 주의를 주셨다. 예수께서는 이득을 얻으려고 식탁을 거래 도구로 삼는 것을 금하시고, 사회에서 밀려나고 거부당해 환대에 보답할 길 없는 사람들을 반갑게 맞아들이기를 촉구하시면서, 부활 때 아버지께서 이에 대해 상 주실 것을 믿으라고 다시 한번 말씀하셨다(눅 14장). 부자와 가난한 자 모두 이 식탁에 앉을 수 있다. 부자는 이렇다 할 특권이 없다. 부자도 다른 모든 이와 마찬가지로 빵을 먹고 포도주를 마시는 사람일 뿐이다. 부자는 심지어 가난한 사람에게 호의를 베푸는 사람도 아니며, 다만 하늘에서 은혜를 베푸시는 분의 식탁에 같이 앉아 식사를 나누는 사람일 뿐이다. 성찬을 거행할 때마다 교회는 정의로운 사회를 구현한다. 존 밀뱅크(John Milbank)가 어느 책에서 말했다시피, 식사는 그리스도인의 사랑(charity)이 어떤 것인지

---

23 이는 '마법'이 아니다. 바울은 "너희가 세례를 통해 죽었다"는 말에 덧붙이기를, "너희 자신을 죄에 대하여 죽은 자로 여기라"고 한다. 우리는 '자기 이미지'와 삶을 세례가 우리에게 행하는 일에 일치시키라는 명령을 받는다. 세례가 효력을 나타내는 것은 성령께서 세례로써 우리를 그리스도의 도성의 시민으로 만드시기 때문이다. 세례는 세례받은 사람을 교회, 즉 성령에 의해 생기를 얻은 성육신하신 성자의 몸으로 통합한다. 세례받은 사람은 그 몸 안에서 가르침과 훈련을 받고 하나님의 공의를 행하는 자리로 배치된다. 충성스러운 교회라면 세례받은 사람에게 이 세례를 지속적으로 상기시킬 것이다. "기억하라, 너는 죽었다. 그러므로 너 자신을 죽은 자로 여기라. 그러므로 의를 위해 네 몸을 바치라"고 말이다. 세례받은 사람이 세례받아 들어간 교회가 하나님의 공의를 추구하지 않으면, 세례받은 지체들이 하나님의 공의가 진척되도록 훈련받고 배치될 가능성이 없다. 세례는 그리스도의 몸 안에서 우리가 그리스도와 하나되는 '마법'을 행하지만, 장기적 유효성은 대체적으로 그 몸의 건강에 달려 있다.

를 보여 주는 모형이다. 이는 적선도 아니고, 내 것을 포기하는 것도 아니며, 다만 하나님의 선한 선물을 기쁘게 **함께 나누는** 것이다.

교회의 선교가 세례라는 결과로 이어지면, 이는 자기 몸을 하나님의 의로운 나라의 도구로 사용하는 의의 전사(戰士)들을 만들어 낸다. 교회의 사명이 주님의 식탁을 함께 나누자고 세상 사람들을 초대하는 것이라면, 이는 아직 불완전한 하나님의 도성, 그리스도 안에서 이미 의롭고 성령에 의해 의롭게 되는 그 도성을 함께 나누자고 이들을 부르는 것이다. 성찬식에서 생겨 나오는 의로운 사회에 대한 이상(vision)은 그리스도 중심적인 이상일 것이다. 성례전적 선교론은 의로운 사회가 하나님의 공의의 구현인 예수님을 통해서만 존재할 수 있다고, 예수님의 십자가와 부활이 모든 진정한 사회정의의 근원이라고 역설할 것이다.

성례전적 선교론 실천

이러한 고찰은 성례전적 선교론의 정치적 의미를 생각해 봄으로써 실천적인 면에 초점을 맞출 수 있다. 앞에서 언급했다시피, 신약에서 교회를 일컫는 가장 일반적인 용어인 '에클레시아'는 정치 용어다. 그리스도인의 모임을 에클레시아라고 불렀다는 것은 최소한 교회가 인간의 기존 도시 안에 터를 잡은 하나님의 새 도성이라고 주장한 것이었다. 더 강하게 표현하자면, 이는 세상 권력의 중심이 로마 세계의 정치 제도와 모임에서, 세례받은 그리스도인의 가장 평범한 식탁 교제로 이동했다는 의미였다. 이교도에게 "에베소의 에클레시아가 어디입니까?"

라고 물으면 그 사람은 아마 아고라(agora)를 가리켰을 것이다. 그런데 그리스도인에게 똑같은 질문을 하면 그 사람은 아마 그 도시의 벌집 같은 주택 어느 한 구석에 가까스로 자리 잡은 가정 교회로 안내할 것이다. 그곳이 바로 에베소의 미래가 결정되는 곳이다. 그곳이 바로 그 도시의 진짜 의사결정 단체다.

이는 터무니 없는 상상이 아니다. 에베소의 미래는 실제로 그 도시의 정치 기관이 아니라 교회에 있었다. 교회가 자기 본분을 잊지 않는 한 언제나 그렇다. 세례로써 형성되고 말씀과 성찬상을 중심으로 모이는 하나님의 도성으로서, 교회는 하나님의 도시 재생 운동이요, 세상의 도시들을 아직 도래하지 않은 완전한 도시의 형상으로 변혁하기 위해 보냄받은 하나님의 도성이다.

이는 무슨 의미인가? 성례전적으로 형성된 사명을 지니고 성례전적으로 형성된 교회는 세상의 정치 조직에 어떻게 이의를 제기하여 그 조직을 새롭게 하는가? 성례전적으로 형성된 교회는 어떻게 하나님의 의의 도구가 되는가? 성례전적으로 형성된 교회는 어떻게 주변 문화의 미래를 결정짓는가?

가장 기본적인 면에서 교회는 그 존재 자체로 정치적 영향력을 갖는다. 통치자들을 흔히 반신반인(demi-divine)으로 여기던 세상에서, 초기 교회는 살아 계신 하나님 외에 그 누구를 경배하는 것을 격렬하고도 담대하게 거부했고 오직 예수님만을 우주적 왕으로 받아들였다. 교회의 공동생활 전체가 예수님의 주재권에 대한 반응으로 체계화되었기에, 교회의 공동체적 존재는 필연적으로 주변의 사회 정치 질서와 구별되었다. 교회가 '대안 사회'가 되기 위해 애쓰는 까닭은 교회가 본질적으로, 그리고 불가피하게 **하나이기** 때문이다.

우리 생각과 달리 오늘날 교회의 정치적 환경은 초기 교회 시대와 그다지 다르지 않다. 전체주의 체제는 신학적 장치 없이 유지된다. 전체주의에는 초월이 들어설 여지가 없다. 하지만 전체주의 통치자는 본질적으로 고대 메소포타미아와 이집트의 신적 왕들과 동일한 역할을 한다. 이들은 제의적 숭배의 대상이고, 도처에 이들의 형상이 있고, 이들의 말은 곧 법이다. 믿음에 충실한 교회는 그저 충실한 교회로 존재하는 것만으로도 전체주의에 도전이 된다. 자유민주주의는 신학적 기반을 훨씬 더 많이 해체했지만, 이 체제는 기능적으로 전체주의일 수 있다. 자유주의 정치 체제는 자유주의를 신성시하고, 그래서 무엇이든 반자유주의적이라고 여겨지는 것은 관용하지 못하게 된다. 자유주의 정치 체제는 스스로를 신성시하는 일에 매진한다. 배타적 복음을 설교하거나 특정 행위를 죄라고 비난하는 교회는 자유주의가 전체주의적으로 관용을 요구하는 것에 위배될 수 있다. 하나님의 말씀에 따라 말하고 삶으로써 교회는 전체주의와 자유주의 체제에 정치적 도전을 제기한다.

교회의 성례전적 삶은 이러한 정치적 역할에 필수적이다. 성례는 가시적이고 능동적인 의식이다. 성례를 내밀하게 거행할 수는 있지만, 눈에 보이지 않게 거행할 수는 없다. 하나님의 말씀이 교회를 우리 귀에 들리게 해 준다면, 성례는 교회가 지닌 가시성(可視性)의 핵심이다. 성례는 본질적일 정도로 교회에 필수 불가결하기에, 즉 세례와 성찬이 없는 곳에는 교회도 없기에, 교회는 본질적으로 가시적이다. 그리고 본질적으로 가시적인 한, 교회는 세상 한가운데 경험 가능한 사회 집단으로 서 있다.

교회는 실패할 수도 있다. 교회는 **실패해 왔다**. 그리고 그 실패는 세례와 성찬이 선포하고 성취한 진리를 드러낸다. 현대 교회가 성례를 소홀히 하고 자유주의 (때로는 전체주의) 체제에 순응한 것은 우연이 아니다. 교회가 성례를 소홀히 한다면 세상에 있는 사회 집단으로서 자신의 가시성을 부인하는 것이며, 그렇게 해서 자유주의(혹은 전체주의) 체제가 허용하는 대로 교회의 사명과 삶을 쉽게 조정한다. 비(非)성례전적 교회는 가시성이 없는 교회여서, 주어진 역할만 말없이 이행할 수 있다. 그러나 교회의 의례가 무엇을 위한 것인지 기억하는 교회, 성례전적 교회, 가시성 있는 교회는 공적 공간을 누구의 간섭도 받지 않는 상태로 놔두지 않을 것이다. 교회는 목소리를 내야 한다. 교회는 자신이 **에클레시아**라고, 즉 그 도시의 통치 기관이고 그 도시의 미래를 결정하는 공동체라고 주장하면서 개입해야 한다.

앞 문단에서는 교회의 정치적 역할에 대한 공식적 설명을 제공하지만, 교회의 공적 형식에는 구체적 외형과 내용이 있다. 성례는 통상적으로 특정한 말이 수반되는 특정한 환경에서 특정한 창조물을 사용하여 이행되는 의례다. 성례는 **특유의** 내용으로 교회의 반세상적(counterworldly) 성격을 가시적으로 나타낸다. 자율성에 깊이 빠져든 세상에서 세례는 우리가 다른 존재에게 속한다고 선언한다. 심지어 우리의 몸도 우리 것이 아니다(고전 6:12-20). 세례를 베푸는 교회, 교회의 사랑과 생명을 세례의 의미에 맞게 구체화하는 교회는 거짓 자유의 유혹을 거부할 것이다. 인간 본래의 선함을 믿는 세상에서 세례는 우리가 죽어서 장사되어야 의로운 삶을 살 수 있다고 선언한다. 희생

양 만들기가 만연한 세상에서 세례는 세례받은 사람들에게 계속 신앙을 고백하고 회개하는 삶을 살라고 요구한다. 종족 중심주의와 국가주의 세상에서 세례는 열방에서 온 남녀를 한 몸으로 연결한다. 탐욕스러운 소비자 중심주의 세상에서 성찬은 기뻐하고 감사하며 좋은 것을 함께 나누는 공동체를 구현한다. 자아실현을 추구하는 세상에서, 하나님의 식탁에 함께 둘러앉은 사람들은 자기를 내주는 예수님의 모습을 닮아간다. 물질주의를 토대로 하는 세상에서, 성찬식의 빵은 우리가 빵만으로 살지 않는다는 사실을 확인해 준다. 경건과 삶을 분리하는 세상에서, 성찬은 먹고 마시는 보통의 세상이 하나님과 교제하는 삶과 얽혀 있다는 것을 보여 준다.

성례에 의해 형성되고 영감을 받는 교회는 온 세상에 걸친 사명을 추구한다. 원칙적으로 그 무엇도 교회의 관심사와 사명의 영역 밖에 있지 않다.[24] 세례를 통해 모두가 그리스도로 옷 입으며, 세례받은 사람이라면 여성을 학대하고 착취하는 일, 부자의 무심함이나 가난한 사람을 비하하는 일, 다른 인종을 증오하고 학살하는 것 등에 무관심할 수 없다. 세례를 베푸는 교회는 열방에 화평을 요청할 테지만, 세

---

24 머서스버그(Mercersburg) 신학자 존 윌리엄슨 네빈(John Williamson Nevin)의 말처럼(머서스버그 신학은, 미국 펜실베니아주 머서스버그에서 시작된 미국 독일개혁교회의 신학 운동—편집자), 교회의 보편성(catholicity)에는 '광범위하고' '집약적인' 차원이 있다. 광범위하게 보편적이라 함은, 세상의 어느 영역도 그리스도와 그분의 사명과 별개라고 주장할 수 없다는 뜻이다. 집약적으로 보편적이라 함은 인간 실존의 어떤 부분도 복음이 지닌 변화의 능력에 영향을 받지 않는 곳이 없다는 뜻이다. 네빈은 이렇게 말했다. "복음이 사람들 사이에서 완전하고 궁극적인 승리를 거두기 위해서는, 음악·미술·조각·시 등의 예술을 복음의 통치에 복종시키고 복음의 정신으로 충만하게 하는 것이 아프리카의 부족이나 남태평양의 섬을 유사한 방식으로 정복하는 것만큼이나 필요하다. 과학의 모든 영역은 인간의 현실에 속해 있는 것과 마찬가지로 그리스도의 제국에도 속해 있다. 이러한 영역 어느 하나라도 그 제국의 권세에 점령되지 않은 채로 있는 한 결코 완전해질 수 없다" ["Catholicism," *Mercersburg Review* (1851): pp. 12-13].

례를 베푸는 교회는 그 화평이 예수님의 열린 무덤을 통해서 오는, 성령의 선물이라는 것 또한 알 것이다. 성찬 때는 모두가 예수님의 몸과 피를 함께 나누며, 성찬식에 참여하는 사람들은 세상의 기아(hunger), 곡물과 포도를 생산하는 땅에 대한 근시안적 오용, 사람들의 고독과 우울에 무관심할 수 없다. 성찬식을 중시하는 교회는 열방에 교제를 요청할 테지만, 성찬식을 중시하는 교회는 이 땅 사람들 간의 교제가 오직 아브라함의 축복을 나눌 때에만 가능하다는 것도 알고 있을 것이다.

    이 글 전체를 통해 역설한 것처럼, 두 가지 성례 모두 그리스도의 몸의 하나 됨을 강조한다. 우리는 한 성령으로 세례받아 한 몸을 이룬다. 세례는 한 주님, 한 믿음을 소유하고 모두의 아버지이신 한 분 하나님을 예배하는 하나님 백성의 하나 됨을 보여 주는 의식적(ritual) 표지다. 우리가 한 몸으로 존속할 수 있는 것은 한 덩어리의 빵을 정기적으로 함께 나누기 때문이다. 물과 빵과 포도주를 통해 몸은 하나가 되고 계속해서 한 몸 상태를 유지한다. 앞에서 주목했다시피, 이는 열방이 바벨에서 분열된 이래 하나님의 선교에서 중심이었다. 세례와 성찬은 이 오래된 사명이 그리스도의 몸에서 절정에 이른다고 선언한다. 세례와 성찬은 그렇게 성취되어 하나 된 하나님의 백성을 선언할 뿐만 아니라 이를 현실화한다. 교회의 사명은 하나 됨을 목표로 한다. 우리는 모든 족속과 나라에서 사람들을 모아 교회라는 하나의 새로운 인류를 이루기 위해 복음을 선포한다. 하지만 하나 됨을 추구하는 것은 선교의 정치적 행동의 차원이기도 하다. 교회는 하나 됨을 지키거나 깨진 관계를 재건함으로써 파편화되고 일치가 강요되는 세상에서 대안 사회로서, 하나 된 인류로서 가시화된다.

다른 모든 부분과 마찬가지로 여기서도 성례전은 자기 성찰을 위한 거울이자 우리 자신을 판단할 수 있는 표준을 제공한다. 세례는 우리가 새로운 아담 계보의 인류, 탈 바벨(post-Babelic) 인종이라고 말한다. 그런데 사실 우리는 그렇지 않다. 그래서 우리 안에 계속되는 분열은 우리의 세례를 배반한다. 주님의 잔치는 모든 나라와 종족과 언어를 위해 펼쳐지지만, 그리스도인들은 다른 **그리스도인**이 자신들과 함께 식사하는 것을 허용조차 하지 않는다! 이처럼 우리의 성찬 시행은 우리가 기념하는 성찬 자체를 배반하고 있다. 사도 바울이 말했듯이, 신자가 함께 모였음에도 그것은 더 이상 주님의 만찬(성찬)이 아니다. 신자들의 분열이 그 만찬을 헛되게 만들기 때문이다. 교회가 회개하고 우리의 공동생활이 세례와 성찬의 진리와 일치하게 함으로써만 그 정치적 사명을 완수할 수 있다.

우리는 이 문제를 개인 차원으로 가지고 올 수도 있다. 세례받은 사람이 정치 직분을 갖게 되면, **세례받은 사람으로서** 그 소명을 수행할 의무를 지게 된다. 이 사람은 예수님과 동일시되며, 그 동일성과 이름은 소속 정당이나 국가 정체성을 초월한다. 자신이 받은 세례를 삶으로 구현하라고 가르치는 교회는 그 정치인에게 예수님의 이름을 지닌다는 사실을 늘 기억하라고 경고할 것이다. 그 정치인은 소속 정당이나 인종, 국적과 상관없이 다른 신자를 형제이자 함께 식탁에 앉는 벗으로 여길 것이다. 이는 모든 정치 쟁점에 반드시 뜻을 같이한다는 의미가 아니라, 이 정치인이 정책의 차이를 초월하는 하나 됨을 알고 인정한다는 뜻이다. 원칙에 따라 행하는 모든 지도자가 그렇듯 이 사람에게도 적이 있을 것이다. 예수님의 이름으로 세례받은 사람으로서 이 정치인은 자기 형제와 자매, 이웃, 심지어 적까지도 사랑하려고 애쓸 것이다. 이 사람은 모든 사람에게 선을 행할 것이고, 두려움 없이 진리를 말할 것이며, 다른 무엇보다도, 심지어 자기 나라의 이득보다도 예수님 나라의 이익을 추구할 것이다. 이 사람은 공직 수행을 통해, 자신이 받은 세례를 삶으로 살아 냄으로써 정의를 추구하고, 인자를 사랑하며, 겸손하게 하나님과 함께 행할 것이다. 이 사람은 자신의 정치권력을 이용해 강하고 부유하고 배경 좋은 사람에게 힘을 실어 주거나 후원자들에게 보답하는 게 아니라, 만인에게 정의가 확실히 시행되게 할 것이다. 이 사람은 특히 기댈 곳 없는 사람들의 대변인이 될 것이다. 주님의 상에서 빵과 포도주를 나누면서 이 사람은 예수님의 죽음을 본받을 것이고, 신실한 증인이 될 것이며, 가장 말석(末席)에 앉으라고 가르침받을 것이다. 정치 지도자이기는 해도 이 사람은 여전히 교회의 치리와 감독 아래 있을 것이다. 이 사람이 만약 성경과 상충하는 정책을 채택하거나, 자신이 세례받았고 자신이 성찬에 참여한다는 사실과 충돌하는 정치적 술수를 쓸 경우, 이 사람의 목회자는 언제든 이 사람을 가르치고 바로잡고 책망해야 할 것이다. 정치 지도자인 그리스도인을 치리한다는 것은 그 사람을 **정치 지도자로서** 치리한다는 뜻이다.

다른 직업에 대해서도 비슷한 사고 실험을 해볼 수 있다. 세례받은 사업가는 자기 회사 직원, 고객, 경쟁 회사를 향해 정의와 사랑을 실천하는 삶을 살아 낼 의무가 있다. 진리이신 분의 이름을 지니고 있기에, 이 사람은 자기 회사 마케팅 부서가 회사 상품과 서비스에 관해 대중을 오도(誤導)하는 것을 허용하지 말아야 한다. 세례받아 말씀이신 분과 연합한 사람으로서, 이 사업가가 그렇다고 말하면 정말 그런 것이고 아니라고 하면 정말 아닌 것이어야 한다. 그는 자신의 세례가 자신을 그리스도의 몸 안에, 그리고 선한 목자이신 분을 섬기는 목자들의 감독 아래 두었음을 인식하게 될 것이다. 만일 이 사람이 세례받은 사람으로서 마땅히 가야 할 방향에서 벗어난다면, 목회자가 이 사람을 다시 불러들여 가르치고 책망하며, 만약 계속해서 죄 가운데 머물려고 한다면 불가불 수찬 정지를 명해야 할 것이다. 세례받고 하나님 및 동료 신자들과 식탁에 함께 앉게 된 사람으로서 이 사람은 하나님 나라의 식탁 예절을 어쩌면 느릿느릿 고통스럽게 익혀야 할 수도 있다. 이 사람은 형제와 함께 먹고 마신다는 것이 무슨 의미인지 깨우침으로써 형제와 함께 살아가는 법을 배우게 될 것이다.

이 모든 방식으로 교회의 사명은 문화 선교를 향해 전개된다. 교회는 문화 활동의 후원자일 필요가 없다. 물론 상황에 따라 그럴 수도 있지만 말이다. 교회는 병원을 세웠고, 대학을 창설했고, 예술가와 명장(名匠)들을 후원했으며, 각양각색의 사회 경제 활동이 시작될 수 있도록 지원했다. 교회는 시민사회 발전을 촉진할 뿐만 아니라 어떤 환경에서는 시민사회 **자체**가 되어, 재능 있는 지도자들에게 리더십을 발휘할 기회를 맛보게 하고, 억압적 정치 체제에 대한 대안을 만들어 내고, 거짓이 판치는 세상에서 인간의 존엄과 자유에 관한 진리를 가르친다.[25] 그래도 교회의 문화 사명은 상당 부분 간접적인 사명이어서, 교회가 말씀과 성례와 치리로써 신자들이 세상에서 그리스도인답게 자기 소명을 이행하게 함으로써 이뤄진다. 세례를 베풀고 잔치를 여는 교회는 성령의 능력으로, 예전과 삶의 조화가 깨진 것이 회복되는 곳이 된다. 교회는 제자들이 함께 먹는 법을 배움으로써 함께 사는 법을 익히는 곳이 된다.

제자도는 이러한 문화 사명의 길을 **열어야 한다**. 세례받은 사람은 작업실, 회의실, 공장, 국회의사당, 강의실에 들어설 때도 여전히 세례받은 사람으로서 들어간다. 이들은 교회 문을 나설 때도 여전히 어린양의 잔치 자리에 함께 앉는 사람들이다. 이들은 이와 같은 환경에서 세례받은 사람으로서 어떻게 행동해야 하는지를 공부해서 알아야 하며, 목회자들은 이들이 그렇게 노력할 때 안내자가 되어 줄 수 있도록 연구해야 한다. 이런 의미에서, 사회정의가 실제로 어떻게 정의되든 이는 교회의 사명에 내재한다. 어떤 제자도든 그 이름을 지닐 자격이 있으려면 세례받은 사람이 어디에 있든, 어디에 이르든 예수님을 따를 수 있도록 훈련시켜야 하기 때문이다.

결론

그렇다면 교회의 사명이란 바로 이것이다. 하나님의 상을 차리라. 사람들을 식사에 초대하라. 이들이 손을 씻고 들어오는지 확인하라. 함께 먹는 법을 이들에게 가르치라.

---

25 *First Things* (August 2016)에 실린 흥미로운 기사 "China's Christian Future"를 보라.

피터 라잇하르트에 대한 논평 조너선 리먼

이번이 피터 라잇하르트의 글을 처음 읽는 것이라면, 아마 자극도 되고 약간 혼란스럽기도 할 것이다. 다음과 같은 구절을 생각해 보라.

세례와 성찬은 세례와 성찬이 선포하는 바로 그 회복이라는 **결과를 낳는다**.…세례는 열방이 다시 하나 되는 **풍경**이 아니다. 세례는 열방이 다시 **하나 되게 한다**. 성찬은 하나님 앞에서 열방이 함께 잔치를 즐기는 **풍경**이 아니다. 성찬은 하나님 앞에서 열방이 벌이는 잔치**이다**.

라잇하르트는 세례가 행위 그 자체로써(*ex opere operato*) 구원을 **낳는다**고 말하는 것인가? 즉, 성례가 로마가톨릭에서 말하는 것처럼 실제로 구원 및 하나 됨을 **베푼다**는 뜻인가? 아니면 그는 그저 가시적 교회에 관해 말하고 있는 것인가? 즉 세례와 성찬이, 다른 방식으로는 연결되어 있지 않은 그리스도인 무리를 ("짠" 하고) 지역교회로 변혁한다고 말하는 것일까?

라잇하르트는 아무 말을 하지 않는다. 그런 의도로 위와 같이 말하는 것 같지는 않다. 자극되면서도 모호한 주장이 또 하나 있다.

[에베소의 가정 교회는] 에베소의 미래가 결정되는 곳이다. 그곳이 바로 그 도시의 진짜 의사결정 단체다.…세례로써 형성되고 말씀과 성찬상을 중심으로 모이는 하나님의 도성으로서, 교회는 하나님의 도시 재생 운동이요, 세상의 도시들을 아직 도래하지 않은 완전한 도시의 형상으로 변혁하기 위해 보냄받은 하나님의 도성이다.

여기에서도 라잇하르트는 무슨 의미로 이 말을 하는 것일까? 건강한 교회는 주변 도시에 영향을 끼친다는 뜻인가? 아니면 좀 더 거창하게, (일정한 제도로 특정되지 않은 의미에서) 교회가 정부를 포함해 사회 기관들을 점차 장악해서 마침내 행정관리들이 목회자의 지시와 치리에 복종하고 사회가 교회를 섬기는 쪽으로 방향이 바뀐다는 뜻인가? 이에 대해서도 라잇하르트는 명쾌히 설명하지 않지만, 내가 생각하기에는 두 번째에 더 가까운 의미로 말한 듯하다.

두 가지 문제 모두, 내가 라잇하르트의 생각에 동의하느냐는 내가 이를 어느 관점에서 보느냐에 달려 있다.

형이상학

결정적으로 깨달아야 할 것은, 라잇하르트의 글의 배경에는 그 자신의 형이상학 이론이 조용히 콧노래를 부르고 있다는 것이다. 이는 컴퓨터 화면의 글자와 이미지 배후에 있는 일종의 컴퓨터 코드와 같다. 라잇하르트의 형이상학적 '코드'를 잠깐 살펴보는 게 도움이 될 거라고 생각한다.

라잇하르트는 자연(nature)/초자연(supernature) 이원론을 두어 번 비난하는 듯이 언급한다. 우리는 흔히 어떤 사물에는 고정된 성정(nature)이 있고, 그 성정이 무엇이든 바로 그것이 한 사물을 그 사물로 만든다고 생각한다. 라잇하르트는 갈라디아서와 골로새서에서 바울이 말하는 '우주의 구성 요소'에 근거해서, 우주를 좀 더 관계적인 범주에서 생각한다. 사물은 다른 사물과의 관계에서, 그리고 가장 결정적으로 하나님과의 관계에서 현재의 모습으로 존재한다. 성정은 전적으로 역사이고 사회학이다. 사람은 곧 그 사람의 역사, 그 사람의 관계 그리고 타인과의 관계에서 그 사람의 역할, 그 사람이 믿는 여러가지 일들, 그 사람이 유지하는 관습, 그 사람이 구축하고 점유하는 제도, 그 사람이 따르는 예전**이다**. 성정은 문화·의례·제도의 양식과 분리되지 않고, 오히려 이 양식들을 포괄한다. 라잇하르트는 다른 책에서 이 점에 대해 다음과 같이 말한다.

> 바울에게 '피시스'(*physis*)와 '노모스'(*nomos*), 즉 물리 현상과 법, 성정과 문화는 최종적으로 분리 가능하지 않다. 인간은 단순히 출생에 의해서가 아니라 토라의 관습[율법] 규정과 삶의 양식에 따름으로써 '자연적으로' 유대인일 수 있다. 어떤 사람이 '자연스럽게' 할례를 받을 수 있다. 우리가 '의례적인' 것과 '자연적인' 것으로 구별하곤 하는 것을 바울은 하나로 합친다. 그리고 이는 인간론을 나타낸다. 인간은 자기가 살고, 움직이고, 존재를 유지하는 곳의 사회문화 환경에 의해 정의된다. 유대인은 그저 어쩌다가 유대인풍으로 실천하고 살아가는 포괄적 인간이 아니다. 유대의 규범에 순응하고, 유대인의 의례를 거행하며, 유대인의 제도를 준수해야 이

들에게 유대인의 **성정**(nature)이 부여된다.[1]

라잇하르트는 모든 실재는 '사회적으로 구성된다'고 말하는 전형적인 사회학자로 보인다. 물론 그는 (쿼크 입자에까지 이르는) 모든 실재가 하나님에 의해 사회적으로 구성되고 인간에 의해 유지된다고 (혹은 유지되지 못한다고) 말하는 신학자이지만 말이다.[2]

성례전

따라서 이 형이상학적 배경이 위에 인용한 두 가지 모호한 점에 영향을 끼친다. 나는 주로 성례전에 집중해서 논의하겠다.

성정이 부분적으로 한 민족의 관습·제도·의례에 달려 있다면, "그 성정을 나타내는 문화·의례·제도 양식의 변화는 곧 인간 성정의 변화"라고 라잇하르트는 말한다.[3]

이 말은 세례와 성찬이 단지 초자연적인 무언가의 자연적 **표지**가 아니라는 뜻이다. 세례와 성찬은 세례와 성찬의 의미를 성취한다.[4] 세례와 성찬은 우리를 새로운 현실로 데려간다. 그렇다, 새로운 사회적 현실로 말이다. 하지만 기억하라, 모든 현실은 다 사회적이다. 자, 개신교도는 이렇게 물을지 모른다. "세례가 영향을 끼치지 **못하는** 더 깊은

---

1 Peter J. Leithart, *Delivered from the Elements of the World: Atonement, Justification, Mission* (Downers Grove, IL: InterVarsity Press, 2016), p. 29.
2 같은 책, p. 40.
3 같은 책, p. 41.
4 같은 책, pp. 221-223을 보라.

영적 현실도 있지요, 그렇죠?" 하지만 라잇하르트는 자기 생각을 굽히지 않고 개신교도가 원하는 방식으로 답변하기를 거부한다.[5] 그는 "더 깊고, 더 은밀하고, 감춰진 은혜를 찾는 데 미혹되지" 말라고 말한다.[6]

짐작건대, 궁지에 몰릴 경우 라잇하르트는 가시적 교회와 비가시적 교회의 구별을 인정할 것이다. 그는 십자가에 달렸던 도적이 그리스도의 종말론적 인류에 속한다고 말할 것이다. 하지만 크리스토퍼 라이트의 글에서 보편 교회 쪽으로 너무 치우친 나머지 지역교회가 근본적으로 언급되지 않은 채로 있었던 반면, 라잇하르트의 글에서는 중요한 것은 가시적 교회뿐이라는 듯 가시적 교회에만 관심을 기울이는 것 같다. "가시적 교회의 회원 신분은 종말론적 선물이다."[7] 그리고 그 선물은 실재하며, 영원 세상의 첫 열매다.

그렇다면 라잇하르트에게 세례의 유효성은 가시적 교회인지 아니면 비가시적 교회인지와 관련 있는가? 내가 생각하기에 그의 대답은 '그렇다'이다. 이는 로마가톨릭교도가 이 질문에 '그렇다'라고 대답하는 것과는 다르지만, 그가 칭의든 다른 문제에서든 로마가톨릭 방향으로 가고 있다는 비판이 점점 커지는 근거를 제공하고 있다.[8]

이 모든 것을 우리는 어떻게 이해해야 할까? 나는 라잇하르트가 우리의 현실에 관계와 역사의 성질이 있다는 것을 형이상학적으로 강

---

5   예를 들어, Peter J. Leithart, "Signs of the Eschatological Ekklesia: The Sacraments, the Church, and Eschatology," in Hans Boersma and Matthew Levering, eds., *The Oxford Handbook of Sacramental Theology* (New York: Oxford University Press, 2015), pp. 640-641.
6   같은 책, p. 641.
7   같은 책, p. 641.
8   예를 들어, Thomas Schreiner, *Faith Alone: The Doctrine of Justification* (Grand Rapids: Zondervan, 2015), pp. 176-177.

조하는 것이 마음에 든다. 하지만 궁극적으로 분석해 볼 때 이는 환원주의적인 자세로 보인다. 피조물에는 하나님이 창조하신 기본 물질이 있으며, 따라서 피조물은 하나님에게 의존한다(행 17:28을 보라). 하나님은 물고기와 사람 둘 모두와 긍정적으로 관계를 맺으실 수 있지만, 그래도 물고기와 사람은 상이한 존재다.

나로서는 창조주와 창조 세계의 구별을 단언하고, 그런 다음 성경의 언약 이야기를 통해 정체성과 관계 문제를 해석하라고 권하고 싶다. 새 언약이 도래함에 따라 우리에게는 두 시대 교리가 주어지는데, 이 교리는 창조 시대와 새 창조 시대의 현재적 동시성을 확언한다.[9] 창조는 **현실이다**. 새 창조도 **현실이다**. 불신자들은 한 시대에 거한다. 신자는 두 시대 모두에 거한다. 문제는 우리에게 성령의 눈이 없다는 것이다. 하나님이 보시는 것을 우리는 못 본다. 시대가 겹침에 따라 우리는 가시적 교회와 비가시적 교회 모두를 교리적으로 인정할 필요가 있다. 여전히 우리에게는 하나님이 보이지 않고 성령의 새 언약 사역이 보이지 않듯이 말이다.

기억하라, 새 언약은 죄 사함의 말씀과 마음의 쇄신을 통해 주어진다(렘 31:31-34; 겔 36:24-27). 이는 교회론을 구성하는 첫 번째 요소다. 즉, 전해진 말씀을 통해 사람들이 믿음에 이르는 것이다. 하지만 두 번째 구성 요소가 요구되는데, 이는 규례가 제공한다.[10] 규례는 교회를 가시적인 것으로, 혹은 공적인 것으로 만든다. 올리버 오도너번(Oliver

---

9 필자의 책, *Political Church: The Local Assembly as Embassy of Christ's Rule* (Downers Grove, IL: InterVarsity Press, 2016), pp. 274-278를 보라.
10 John Webster, "The 'Self-Organizing' Power of the Gospel: Episcopacy and Community Formation," in Richard N. Longnecker, ed., *Community Formation: In the Early Church and*

O'Donovan)은 이렇게 말한다.

> 성례는 교회가 '함께 직조되는', 즉 제도로서의 형식과 질서가 부여되는 주된 수단을 제공한다. 성례가 없어도 교회는 '가시적' 공동체일 수 있지만, 팔을 내밀어 껴안으려고 할 때 엷은 안개처럼 형체 없이 사라지는, 다소간 실체가 없는 공동체일 뿐이다. 성례라는 형식을 통해 우리는 교회가 어디에 있는지 알 수 있고 교회에 소속될 수 있다. 성례는 그리스도 안에서 이뤄지는 구속의 신비의 '표지'인 동시에 성례에 참여하는 교회에서 그 신비를 감지할 수 있게 해 주는 '유효한 표지'다.[11]

계속해서 오도너번은 성찬을 "다른 유형의 은혜와 상이한 방식으로 신자에게 영향을 끼치는 성례전적 은혜"로 보아서는 안 되며 "그보다 성찬의 작용은 몸이 형성되는 것과 관계 있다"고 단언한다.[12]

그러므로, 맞다, 세례는 한 사람을 여러 사람에게 '유효하게' 결속시키며, 성찬은 여러 사람을 한 사람에게 '유효하게' 결속시킨다.[13] 하지만 우리의 형이상학을 모호하게 만들지 말자. '유효하게'라는 단어는 사회학적으로, 그리고 정치적으로 써야 한다. 이는 행위 그 자체로써(*ex opere operato*) 되지 않는다. 지상의 교회는 두 가지 구성 요소를

---

in the Church Today (Peabody, MA: Hendrickson, 2002), p. 183; 또한 Bobby Jamieson, *Going Public: Why Baptism Is Required for Church Membership* (Nashville, TN: B&H Academic, 2001), pp. 141-144를 보라.

11 Oliver O'Donovan, *Desire of the Nations: Rediscovering the Roots of Political Theology* (New York: Cambridge University Press, 1999), p. 172.
12 같은 책, p. 180.
13 바비 제이미슨(Bobby Jamieson)의 탁월한 저서 *Going Public*에서는 이 표현이 도처에서 쓰인다.

요구하며, 우리는 이 두 요소를 생략하거나 의미를 흐릿하게 만들어서는 안 된다.

정부

라잇하르트의 교회와 사명 신학에서 또 한 가지 결정적인 부분이 있는데, 그의 글 전체에서 거의 숨겨져 있는 이 요소는 성례를 보는 그의 객관적 관점이다. "세례는 신자의 결단의 표가 **아니라 하나님**의 은혜로운 결정의 표"라고 그는 말한다. 이렇게 보면 라잇하르트는 유아 세례론자이자 유아 성찬론자일 수 있다. [나 같은 신자 세례론자(credobaptist: 스스로 신앙을 고백하는 성인에게만 세례를 주어야 한다는 입장을 가진 사람—옮긴이)는 규례가 객관적인 것인 동시에 주체적인 것이라고 말할 것이다. 신앙을 고백하는 주체가 있어야 하는 것이다.]

　이 관점은 규례의 실효성에 대한 앞선 논의에 영향을 주지만, 국가에 대한 그의 접근 방식에도 영향을 미친다. 자신의 원리 체계를 바탕으로 라잇하르트는 적어도 두 가지 이유에서 도시의 변혁과 사회의 기독교화, 그리고 콘스탄티누스적 안정 같은 이론적 성공을 꿈꿀 수 있다. 첫째로, 그는 후천년 종말론을 지니고 있는데, 이는 그의 글 도처에 암시되어 있다. 둘째로, 유아세례 실행에 한 국가의 '기독교화'가 **필요**하지는 않지만, 신자 세례와는 달리 그것을 **가능**하게 할 수는 있다. 한 나라에 새로운 시민이 태어날 때마다 세례를 주어 나라가 세운 교회의 회원이 되게 하면 그 나라는 '기독교' 국가가 될 수 있고, 이 나라에서는 교회의 회원 신분과 시민 신분이 대체로 겹친다. 그래서 잉글랜드인이라는 것은 곧 잉글랜드 국교회 교인이라는 뜻이고, 스페인 사람이라는 것은 곧 로마가톨릭교도라는 뜻이다. 콘스탄티누스 시대의 기독교 세계는 콘스탄티누스의 회심만으로 만든 게 아니었다. 무엇보다도 유아세례가 큰 몫을 했다.

그래서 라잇하르트는 세례받은 상원의원은 의사당에 들어갈 때 자신이 세례받은 사실을 뒤에 내려놓고 들어가지 않는다고 말한다. 나도 동의한다. 그뿐 아니라, 그 의원은 교회 목회자에게 지도받아야 하며 제자로 훈련받아야 한다. 그렇다, 맞다.

하지만 몇 가지 유념해야 할 것이 있다. 첫째, 복음이 **무엇**이고 **누구**를 위한 것인지 선포할 수 있는 하나님 나라의 열쇠는 상원의원이 아니라 조직화된 공동체로서의 교회가 쥐고 있다. 어떤 상원의원도 상원의원 자격으로는 콘스탄티누스처럼 삼위일체 교리를 만지작거려서는 안 된다. 둘째, 교회 직분자들은 법률이나 의학 문제에 능력이나 권한이 없는 것처럼 공공 정책 문제에서도 능력이나 권한이 없다. 그래서 목회자가 로마서 13장을 바탕으로 세금에 대해 가르쳐야 하기는 하지만, 예를 들어 균등세와 누진세율에 대해 목회자로서 어떤 입장을 취하지는 말라고 조언하고 싶다. 성경은 이런 문제에 대해 말하지 않는다. 그러므로 복음을 훼손하지 않으려면, 또는 율법을 선포하는 주님 행세를 하지 않으려면 이런 문제는 그리스도인의 자유 영역으로 남겨 두어야 한다.

간단히 말해, 라잇하르트의 '성례전적 선교론 실천'은 좀 더 선명한 형이상학적 노선이 필요하고, 거기에 더하여 좀 더 선명한 제도적 노선을 활용할 수도 있을 것이다. 조직화된 공동체로서의 교회에는 나름의 권한이 있고, 국가에는 또 다른 유형의 권한이 있다. 삶의 다른 모든 영역에서도 마찬가지다. 목회자는 성경을 가르쳐야 한다. 그런 다음 교회 회원들은 일터로 가서 그곳의 유익을 위해 일해야 한다. 그 일이 정치든, 법률이든, 의료든 그 외 다른 일이든 말이다. 하지만 이들은 여전히 유한하고 타락했으며, 창조 시대를 살고 있는 사람들이다. 이들에게는 하나님의 시선으로 최적의 세율이나 법적 전략이나 의료 처치를 볼 수 있는 눈이 없다. 사실 능력 면에서 비그리스도인들이 이들을 능가하는 경우도 많다. 그렇지 않다고 생각한다면, 우리가 지금 천국이 이 땅에 임하게 할 수 있다고 우리 능력을 과신하는 것이다.

피터 라잇하르트에 대한 논평 크리스토퍼 라이트

복음주의 교회론과 선교론에서 좀 더 강력하고 성경적으로 성례에 초점을 맞추는 것을 확고히 옹호할 뿐만 아니라 그런 면에서 내 글에 상당한 빈틈이 있다고 응분의 '책망'을 하는 피터 라잇하르트의 글을 매우 흥미롭게 읽었다.

하지만 라잇하르트가 '전통주의자'와 '수정주의자'라는 용어를 쓰는 법에 관해 신소리부터 해야겠다. 각주 1에서 라잇하르트는 이렇게 이름을 붙이면 "오해를 낳을 수 있다"고 인정한다. 실제로 그렇다. 성경 전체에 비춰볼 때 하나님 백성의 사명은 복음과 복음 선포를 중심으로 주변 세상을 여러 가지 방식으로 섬기고 참여하는 일에 통합된다고 믿는 이들이 복음주의 신학자와 선교 현장 일꾼들 중에 넓은 스펙트럼을 이루고 있는데, 나는 이들을 '수정주의자'로 보지 않는다. 굳이 이름을 붙이자면 '회복주의자'(restorationist)라고 할 수 있다. 20세기 전반에 사회복음이라는 자유주의에 대한 반작용으로 선교의 의미가 좁아졌는데, 이해할 수는 있지만 유감스러운 이 반작용에서 벗어나 포괄적인 선교 이해를 회복하자는 것이다. 1975년 존 스토트는 1966년과는 "다르게 자신을 표현"하기로 했는데, 그는 자신의 결단을 이와 같은 맥락에서 본 것이 확실하다. 스토트는 자신이 (맥락상 대위임령에 대한) 좀 더 충실한 성경 이해로 **돌아가는** 것이지 전통적인 이해를 '수정하는' 것이 아니라고 생각했다. 그리고 1974년 로잔 회의 이후(그리고 물론 라잇하르트가 지적하다시피 그 전인 1947년에 칼 헨리가 강하게 이의를 제기한 것에서도), 이는 로잔 운동과 세계복음주의연맹의 권위 있는 문서들, 그리고 복음주의 계열에서 가장 유명하고 경험 많은 선교 신학자들이 강조해 온 주요 내용이었다.[1]

다음으로, 내가 선교에 관해서 쓴 주요 저작 두 권 어디에서도 성례에 충분히 관심을 기울이지 않았다는 지적에 대해서는 두말없이 동의한다. 적어도 그 두 권 말고 다른 책 『하나님께 속한 구원』(*Salvation Belongs to Our God*)에서는 성례의 중요성을 강조했다고 말할 수 있다.[2] 인정하건대 교회의 사명과 관련해서 성례의 중요성에 주목하지는 않았지만 말이다. 하지만 라잇하르트의 말이 맞다. 이는 성경적 신앙과 그리스도인의 예배에서 지극히 중요한 차원을 생략한 것이며, 라잇하르트가 이 점을 지적해 주고 선교에 대한 우리의 생각과 실천에서 이것이 왜 중요한지 설명해 주어서 감사하다. 우리는 사는 동안 계속 배운다. 나는 앞으로 선교에 관해 가르치고 글을 쓸 때는 이 점을 바로잡으려 노력할 것이다.

라잇하르트가 자기 주장을 전개하는 이유를 서두에 밝히는데, 이

---

1 내가 인용하는 문서와 저자를 광범위하게 조사한 내용은 John Stott and Christopher J. H. Wright, *Christian Mission in the Modern World* (Downers Grove, IL: InterVarsity Press, 2015), pp. 41-54에서 보라.
2 *Salvation Belongs to Our God: Celebrating the Bible's Central Narrative* (Downers Grove, IL: InterVarsity Press, 2008), pp. 130-135.

에 대해서도 나는 즉시 공감했다. 즉, 성례는 창조와 구속을 하나로 묶어, (우리 본래의 육체적·영적·사회적 차원에서) 인간의 피조성(被造性)을 일깨워 주고, 우리의 삶·일·음식·예배·하나님과의 교제가 서로 연합하여 주기적으로 반복되며 이는 성경의 첫 장(그리고 마지막 장)에서 확인된다는 점을 지적해 준다는 것이다. 일부 선교 신학의 창조 교리가 아주 부적절하고 따라서 새 창조 교리도 아주 부적절하다는 라잇하르트의 말도 옳다. 그 결과 이런 선교 신학은 물질적인 것과 영적인 것 사이에 이원론을 끼워 넣는 경향이 있었다. 반대로 성례는 "애초에 자연과 초자연을 나누기를 거부함으로써" 이 둘을 하나로 모은다.

라잇하르트의 글을 계속 읽어 나가면서 때로는 그의 말에 동의하기도 하고 때로는 더 자세한 설명이 있었으면 하기도 했다. '타락 후 바로잡혀야 했던 문제'에 대한 그의 설명은 나도 내 글에서 비판한 바 있는 (드영과 길버트가 대표하는) 반쪽짜리 견해를 바로잡는 역할을 한다. 즉, (유일하지는 않더라도) 가장 중요한 쟁점을 죄 많은 인간이 어떻게 거룩하신 하나님의 임재 안에 들어갈 수 있느냐로 보는 견해가 그것이다. 그렇게 보면 성경의 서사 전체가 그 문제에 답을 찾는 이야기로만 읽힌다. 물론 나는 우리의 죄와 반역으로 인해 하나님과의 교제에서 멀어진 것이 근본적인 문제라는 점을 잠시도 부정하지 않는다. 즉, 죄와 반역 때문에 우리는 하나님과의 교제에서 멀어졌다. 하지만 그 문제에만 초점을 맞추면 선교의 관심사가 한 방향으로만 가는 결과가 생긴다. 창세기 3장 이후로 모든 인간은 지옥으로 갈 운명이다. 그렇다면 이들은 대체 어떻게 구원받고 천국으로 가서 하나님과 함께 거할 수 있는가? 대답은 구약의 제사 제도에 예시되어 있는데, 그것은 바로 우리 죄를 위한 그리스도의 속죄 제사이며, 이 제사를 통해 우리는 요한계시록 20장에 설명된 심판의 날에 우리가 의인들 가운데 있게 되리라는 것을 알게 된다. 다시 한번 힘주어 말하는데, 나는 이 영광스러운 진리를 부인하지 않는다. 하지만 창세기 처음 몇 장을 보면 죄인들이 하나님 앞으로 돌아가게 되는 것보다 더 광범위한 문제가 있다. 창세기 3장과 4장에서 죄가 격화되는 이야기가 펼쳐지고 창세기 5장에서 죽음의 조종(tolling bell)이 울린 후 인간의 갈망을 첫 번째로 표현한 것은 라멕이 자기 아들 이름을 '노아'라고 지은 것인데, 이는 "여호와께서 땅을 저주하시므로 수고롭게 일하는 우리를 이 아들이 안위하리라"(창 5:28)라는 소망이 담긴 이름이다. 인간뿐만 아니라 땅도 무언가가 바로잡혀야 한다(그리고 바로잡힐 것을 요한계시록 22:3에서 말한다). 홍수 이야기에서 '땅'은 심판은 물론 구원과 관련해서 여러 번 언급된다. 동물은 노아의 집안과 함께 구원받는다. 그리고 하나님의 언약은 '땅의 모든 생명'과 더불어 맺어지는 것이 확실하다. 여기서도 하나님의 목적은 인간뿐만 아니라 창조 세계까지 포괄한다.

이렇게 라잇하르트는 하나님의 선교를 단지 인간을 죄에서 **구원**하는 것만이 아니라 하나님의 창조 세계 안에서 정당하고 신성한 (=하나님의 형상) 지배권을 행사할 수 있도록 인간을 회복시키는 것이라고 올바르게 본다. 하지만 라잇하르트 식으로 "하나님의 선교(God's mission)는 인간과 식탁 교제를 다시 확고히 하시고 인간이 하나님과 식사를 나눌 자격을 갖게 하…는 것이었다. 하나님의 선교는 인간이 하나님의 임재에 다시 들어올 수 있도록 세례를 주셔서 이들이 성찬을 다시 시작할 수 있게 하는 것이었다"고 표현하기 전에 이를 뒷받침할 성경 본문이 좀 더 있으면 좋겠다. 라잇하르트의 이 말은 아마도 성경신학의 전체 맥락에서는 정당화되겠지만, 창세기 자체에서 바로 이렇게 읽어 내기는 어렵다.

라잇하르트가 성경에서 음식·먹기·잔치·마시기의 위치를 강조한 것은 환영할 만하다. 다른 사람들과 마찬가지로 나는 이를 소홀히 해 왔는데, 팀 체스터(Tim Chester)의 『예수님이 차려 주신 밥상』(*A Meal with Jesus*)과[3] 마크 글렌빌(Mark Glanville)이 신명기에 등장하는 잔치들을 선교적으로 해석해서 흥미롭게 읽어 내는 것을[4] 보고 나도 이제 이를 (개념적인 면은 물론 실천 면에서도!) 즐길 용기를 얻었다. 이 문제는 마이클 로데스(Michael Rhodes)도 도전적이라 할 만큼 상세히 탐구했다[5](그리고 멤피스의 저소득층 주민들로 이뤄진 그의 공동체에서 본을 보여 주었다). 이 문제에는 성례전적 요소가 강하게 존재하는데, 이 요소는 성찬에 집중되지만 그 너머 함께 나누는 음식과 공동 식사가 지니는 선교적 힘, 빈부와 인종의 경계를 허무는 그 힘으로까지 이어진다.

구약에서 제단은 상징적 식탁이었고, 그러므로 이 제단이 하나님과 하나님 백성 사이의 식탁 교제에 대해 말해 준 것은 맞지만, 라잇하르트가 이 점을 강조하는 것과 관련해 몇 가지 생각이 떠올랐다. 첫째, 이스라엘 백성은 희생제물이 '하나님을 위한 음식'이라는 개념의 한계를 깨달으라고 주의를 받았다는 점에 주목해야 한다. 하나님은

---

[3] Tim Chester, *A Meal with Jesus: Discovering Grace, Community and Mission around the Table* (Nottingham, UK: Inter-Varsity Press, 2011). 『예수님이 차려 주신 밥상』(IVP).
[4] Mark Glanville, "A Missional Reading of Deuteronomy," in Michael W. Goheen, ed., *Reading the Bible Missionally* (Grand Rapids: Eerdmans, 2016).
[5] Michael Rhodes, *Practicing the King Jesus Economy* (Grand Rapids: Baker, 2018).

이들의 제사를 거부하지 않으셨지만, 이는 하나님이 배가 고파서 이 제물이 필요했기 때문이 아니다(시 50편). 하나님과 음식을 나눈다는 개념은 은유로서 존재했지만, 여기에는 몇 가지 면밀한 신학적 조건이 붙었다. 둘째, 아브라함이 하나님의 부르심과 약속에 화답하여 제단을 쌓는 예배를 드렸다는 것이 창세기의 두드러진 구성요소이긴 하지만, 라잇하르트의 표현에 따르자면 "열방이 아브라함이 쌓은 제단-식탁으로 예배하러 나올 때"(아브라함 언약에 내재된) 열방에게 복이 있으리라는 데 대해 증거 본문이 좀 더 많았다면 좋았을 것이다. 또한, "열방은 그 땅에 두루 산재한 새 에덴 식탁에 나아오는 것이 허락됨에 따라 복을 받을 터였다"는 문장에 대해서도 마찬가지다. 셋째, 내가 질문하는 사항을 뒷받침하는 것일 수도 있는데, 라잇하르트는 열방이 성전으로 나오거나 성전에서 기도하는 광경을 그려 볼 수 있게 하는, 즉 이들이 제단-식탁에 가까이 나오는 광경을 (문자 그대로든, 상징적으로든) 암시하는 본문들을 더 인용할 수도 있었을 것이다. 예를 들어 이사야 2:3; 55:1-2; 56:6-7; 60:7, 그리고 솔로몬의 주목할 만한 기도가 기록된 열왕기상 8:41-43이 그런 본문이다.

    넷째, 출애굽기 20:24에 규정된 화목제를 가리켜 "에덴에서 추방된 이후 인간이 창조주와 함께 앉아 먹은 것이 이것이 처음"이라고 한 것은 전혀 사실이 아니다. 창세기 18장에서 아브라함과 사라가 '세 사람'(이 셋 중 하나는 야웨이심이 드러났다)을 위해 마련한 식사가 이 조건에 부합할 수 있을 것이다(공정하게 말해서, 인간이 하나님 앞에서 음식을 먹은 것이 아니라 하나님이 인간 앞에서 잡수신 것이지만, 이는 그 자체로 놀라운 일이다). 그리고 이는 강렬한 선교적 의미로 가득한 사건이었다

(18-19절을 보라).

다섯째, 시내산에서 언약을 맺는 그 절정의 순간에 있었던 신비한 일을 라잇하르트가 언급하지 않는 것이 놀랍다. 그때 모세와 아론, 나답과 아비후, 그리고 이스라엘의 장로 70인이 산으로 올라가 "이스라엘의 하나님을 보니…**그들은** 하나님을 뵙고 **먹고 마셨[다]**(출 24:10-11, 강조는 필자). 이는 이들이 하나님을 보았음에도 죽지 않고 살아서 음식을 먹었다는 뜻만이 아니라 분명 그 이상의 의미가 있다. 이는 말로 이뤄진 언약을 인(印)친 피의 예식의 지극히 성례전적인 결말이며, 그 언약의 말을 나중에 예수께서 성찬 때 친히 인용하신다(출 24:8). 물론 우리가 알고 있다시피, 참담하게도 뒤이어 이스라엘 사람들이 바로 금송아지라는 엄청난 배교를 저지르면서 다른 신들 앞에서 먹고 마신다는 소식이 들린다(출 32:6). 이로 볼 때 출애굽기 후반부가 온통 성막 건축에 관한 내용이라는 것은 하나님의 용서하시는 은혜의 더욱 뚜렷한 표징이 되며, 이는 바로 하나님께서 계속 자기 백성 가운데 거하시면서 이들이 제물을 가지고 하나님의 식탁으로 나아올 수 있도록 하기 위해서였다(출 25:8; 29:45-46).

여섯째, 식탁 교제의 장소로서 제단이 중요하다는 것은 틀림없는 사실이지만, 라잇하르트는 이에 못지않게 기본적으로 중요한 내용 한 가지를 빠뜨린다. 그것은 제단이 속죄의 장소였다는 것이다. 레위기 1-7장에서 설명하는 제물의 범위와 차별점을 연구하는 것은 이 책에서 할 일이 아니지만, 죄와 부정(uncleanness)이라는 현실 때문에 속죄가 **필요했고**, 제물을 가져오는 사람들을 위해 제사장이 속죄를 했다는 것은 아주 분명하다. 하나님과 식탁 교제를 나누려고 오는 사람들은 하나님이 속죄를 위해 마련하신 규정을 거쳐서 들어와야 한다. 성찬 논의에 관한 한 라잇하르트는 그 성례전적 식사는 우리가 주님의 몸과 피를 가지고 벌이는 잔치임을 역설하며, 그리하여 우리가 십자가에 초점을 맞추게 한다. 바로 세례가 죽음, 곧 그리스도와 함께 죽는 죽음을 통해 우리를 새 생명으로 부활하게 한다고 말이다. 하지만 구약 제사 제도와 관련해서 오늘날 우리가 성찬 때 행하는 중요 요소가 포함되지 않았다는 점에서 빈틈이 느껴진다. 1662년 성공회 기도서에 있는 표현을 빌리자면, '주님의 죽음'과 그 구속 능력을 '기억하는 것' 말이다. 그 죽음은 "온 세상의 죄에 대한 완전하고 완벽하고 충분한 희생제물, 봉헌, 속죄(satisfaction, 로마가톨릭에서는 '보속'으로 번역-편집자)"였다.

중세 로마가톨릭 교회와 주류 개신교 교회, 흔히 자유주의 교회 모두의 실패가 (평범한 그리스도인들이 창조 질서 안에서 살아 내는 삶의 현실과 성례를 분리하는) **그릇된** 성례전적 신학에서 비롯되었다는 데에는 동의하지만, 세례와 성찬이 선포하는 회복을 이 두 성례가 실제로 **성취한다**는 라잇하르트의 주장은 좀 더 설명이 명확했어야 하지 않나 싶다. 이런 생각은 아마 내가 개신교도로서 지닌 유산일 테지만, 세례와 성찬은 세례와 성찬이 가리키는 현실의 **표지** 아닌가? (완전히 성경적인 의미에서) **성취**한다는 라잇하르트의 주장은 나중에 그가 지적하는 말과 다소 모순되지 않는가? 타락한 인성을 입고 있는 우리는 세례를 받고 성찬에 참여하면서도 우리가 마땅히 **존재해야** 할 모습으로 존재하지 못하고, 그 성례가 가리키는 식으로 살지 못하지 않는가? 그렇다고 해서 성례가 다 무효가 되지는 않는다. 오히려 이는 제자도와 사명을 꾸준히 행하는 길에서 성례의 중요성을 높인다.

결론을 말하자면, 나는 라잇하르트가 성례전적 신학에 대한 자신의 성경적 이해를 활용해, 이 사명 논쟁 전체에서 매우 낙담스러울 정도로 자주 분리되는 것을 다시 **하나로 모으는** 방식이 마음에 든다. 그의 작업은 우리가 사명이라는 이름으로 행하는 모든 일을 하나님의 은혜의 복음을 중심으로 통합할 수 있는 또 하나의 성경적 동기와 중심점을 제공해 주며, 세례와 성찬은 회개와 믿음과 순종으로 이 예식에 참여하는 사람들에게 이 은혜의 복음을 선포하고 전해 준다.

피터 라잇하르트에 대한 논평 존 프랭키

성례전적 선교에 관한 피터 라잇하르트의 글은 교회의 선교, 특히 복음주의 진영 선교에서 흔히 간과되는 측면에 의미 있게 기여하는 글인 동시에, '선교와 제자훈련에서 설교와 가르침의 역할에 그다지 주목하지 않는' 불완전한 글이기도 하다. 라잇하르트는 자신의 글이 '균형 잡히지 않은' 논의인 이유는, 이것이 복음주의 공동체들 사이에 있는 '기존의 불균형'을 바로잡아 이들의 선교론이 '성경의 기준에 좀 더 충분히 일치'되게 하려는 시도이기 때문이라고 말한다.

기존의 불균형을 바로잡아야 할 필요성에 관해서는 나 역시 라잇하르트의 접근 방식의 가치를 인정하고 그의 염려에 공감한다. 복음주의(및 그 외) 교회에의 삶과 사상에서 성례가 주변으로 밀려나는 것은 성경에도 합치하지 않고 교회의 전통과도 어긋난다. 이 같은 현상은 종종 그리스도인 공동체의 과거 역사에 대한 경멸과, 구원 및 교회론과 관련해 분파적 방향으로 나갈 뿐만 아니라 성례전이 가리키고 우리 주님께서 기도하신 하나 됨에 대한 관심에 역행하는 개인주의적 관념을 암시한다. 라잇하르트가 자신의 글에서 분명히 하고 있다시피, 선교에서 교회 일치의 중요성은 아무리 말해도 지나치지 않다.

미국은 물론 전 세계가 점점 더 파편화되고 적대적인 환경에 직면하고 있는 이때, 교회 선교에서 하나 됨의 중요성은 라잇하르트가 분명히 하고 있다시피 아무리 강조해도 지나치지 않다. 하지만 그리스도인이 사회와 교회에서 분열과 불화를 조장하는 데 앞장설 때가 많다. 라잇하르트는 성찬이 '모든 나라와 종족과 언어를 위해 펼쳐지지만', 많은 그리스도인 공동체가 "다른 **그리스도인**이 자신들과 함께 식사하는 것을 허용조차 하지 않는다!"고 현재 진행 중인 불행한 상황을 일깨워 준다. 성례의 의미와 실천에 관한 논쟁이 자칭 그리스도를 따르는 자라고 하는 사람들 사이에서 수많은 불화와 적대의 근원이 되어 이들이 원래 전달하고자 하는 하나 됨의 정신과 모순을 일으키는 것은 기독교 역사에서 분명 가장 큰 역설이자 비극으로 손꼽힌다. 현재의 문화 상황 한가운데서, 그리고 교회 역사 앞에서 생각해 볼 때, 지금은 교회의 하나 됨에 관한 신약의 증언을 기억하는 게 특별히 중요한 것 같다. 라잇하르트도 나도 각자의 글에서 언급하지 않았지만, 이 주제에 관해 가장 의미 있는 본문은 아마 요한복음 17장에서 찾을 수 있을 것이다. 제자들이 진리로 거룩해지기를, 그리고 자신이 보냄받은 것처럼 제자들을 세상으로 보냈다고 기도하신 후, 예수께서는 제자들의 하나 됨뿐만 아니라 이들이 전하는 말을 통해 믿음에 이르게 될 모든 사람, 즉 교회의 하나 됨으로 관심을 돌리신다.

요한복음 17:20-23에서 우리는 다음과 같은 말씀을 본다.

내가 비옵는 것은 이 사람들만 위함이 아니요 또 그들의 말로 말미암아 나를 믿는 사람들도 위함이니 아버지여, 아버지께서 내 안에, 내가 아버지 안에 있는 것같이 그들도 다 하나가 되어 우리 안에 있게 하사 세상으로 아버지께서 나를 보내신 것을 믿게 하옵소서. 내게 주신 영광을 내가 그들에게 주었사오니 이는 우리가 하나가 된 것같이 그들도 하나가 되게 하려 함이니이다. 곧 내가 그들 안에 있고 아버지께서 내 안에 계시어 그들로 온전함을 이루어 하나가 되게 하려 함은 아버지께서 나를 보내신 것과 또 나를 사랑하심같이 그들도 사랑하신 것을 세상으로 알게 하려 함이로소이다.

여기서 주목해 볼 만한 점은 진리, 교회의 파송, 교회의 하나 됨 사이에 밀접한 관계가 형성된다는 것이다. 예수님을 세상에 보내신 것은 진리를 선포하고, 세상에 빛이 되며, 세상이 믿음에 이르도록 하기 위해서다. 교회는, 예수께서 세상을 하나님과 화해시키기 위해 성부로부터 보냄을 받으셨다는 사실을 선포하도록 예수께서 세상에 보내신 자들로서, 그 선교를 계속 이어가도록 위임받는다. 예수께서 하나 됨을 위해 기도하셨다는 것은 이 진리를 가리키는 가장 중요한 지표다. 따라서 이는 가시적인 하나 됨이지 비가시적인 하나 됨이 아니다. 이 하나 됨은 세상이 볼 수 있으며, 예수 그리스도 안에서 이뤄지는 하나님의 화해의 사랑을 증언하는 가시적 증거다. 이는 교회의 하나 됨이 교회의 삶과 증언에 지극히 중요하게 연결되어 있음을 가리키며, 그처럼 세상에서 교회의 사명의 중심 측면이다.

하나 됨에 대한 이 관심은 신약의 다른 부분에서도 두드러지게 나타난다. 예를 들어, 에베소서에서 교회는 교회 안에서 화평을 증진할 태도와 습관을 채택하라는 명령을 받으며, 성령께서 하나 되게 하신 것을 유지하라고 권면 받는다. "모든 겸손과 온유로 하고 오래 참음으로 사랑 가운데서 서로 용납하고 평안의 매는 줄로 성령이 하나 되게 하신 것을 힘써 지키라. 몸이 하나요 성령도 한 분이시니 이와 같이 너희가 부르심의 한 소망 안에서 부르심을 받았느니라. 주도 한 분이시요 믿음도 하나요 세례도 하나요 하나님도 한 분이시니 곧 만유의 아버지시라 만유 위에 계시고 만유를 통일하시고 만유 가운데 계시도다"(엡 4:2-6). 하나 됨은 단순히 비가시적 현실이 아니라 겸손·온유·인내·타인에 대한 관용을 배양하고 훈련함으로써 가시적으로 드러나야 하는 부르심이다.

빌립보서는 이런 자질들을 예수님의 삶과 연결하는데, 예수께서 하나님과 동등함을 자신이 움켜쥐어야 할 것으로 여기지 않고 오히려 자기를 낮추어 종의 모습을 취하셨다고 하면서 이를 본받아 따르라고 교회에 촉구한다(빌 2:1-11). 갈라디아서는 사랑·희락·화평·오래 참음·자비·양선·충성·온유·절제 같은 특성을 성령의 열매로 이야기한다(갈 5:22-26). 성령의 이런 방식은 교회의 하나 됨에 없어서는 안 되는 요소다.

이 본문들은 교회의 이러한 가시적 하나 됨이 우리 이웃에게 복음의 진리를 보여 주는 증거로서 중요하다고 말한다. 교회의 사명은 다양성 가운데서 이 하나 됨을 가시적으로 적절하게 드러내는 일과 긴요하게 연결되어 있으며, 이 하나 됨을 유지하는 데 실패하면 세상을 향한 증언이 상당 부분 위태로워진다. 우리 시대 문화의 특징인 심각한 분열 한가운데서, 예수님을 따르는 이들은 우리 모두가 하나 되기를 간구하신 예수님의 기도를 기억하는 게 좋을 것이다. 이는 우리가 당대의 사회 정치적 문제에 모두 같은 생각을 하게 되리라는 의미가 아니다. 이는 우리가 그리스도 안에서 함께 누리는 일치는 우리의 차이를 초월하며, 그 차이에도 불구하고 서로 사랑하기를 요구한다는 의미다. 이는 우리 시대 세상이 반드시 목격해야 할 삶의 방식이다. 라잇하르트가 지적하는 것처럼, 바로 공동체의 하나 됨 안에서 교회는 대항 사회로 확고히 자리 잡는다. 또한 교회의 성례전적 삶을 통해서 이 하나 됨은 예전(liturgy)으로 가시화한다.

이 기본적인 관심사에는 나도 진심으로 동의한다. 하지만 나는 교회의 사명에서 설교·가르침·복음 전도·제자 삼기라는 측면이 다양성 가운데서의 완전한 하나 됨이라는 성례전적 이상을 제대로 뒷받침할 필요가 있다고도 생각한다. 이 하나 됨은 이념적이거나 신학적인 동일성과 획일성 가운데서는 볼 수 없다. 바로 이 지점에서, 내 글에서 간략히 설명하고 다른 곳에서 더 온전히 상술한 다원성에 대한 성경 신학이, 라잇하르트가 전개한 성례전적 선교에 필수적인 구성 요소가 된다.[1]

라잇하르트가 설교 및 가르침과 관련해서 교회의 사명에 대한 논의를 충분히 전개하지 않았기에, 그가 이 주장에 대해 뭐라고 말할지 나로서는 알 수 없다. 하지만 내가 생각하기에 다른 그리스도인들이나 복음주의자들은 하나 됨의 중요성에 대한 라잇하르트의 (그리고 나의) 단언이 바로 이 부분에서 문제가 된다고 여길 것이다. 이들은 이 주장이 자신들의 특정한 신학 이해와 어울리지 않는다고 생각한다. 신학

---

[1] John R. Franke, *Manifold Witness: The Plurality of Truth* (Nashville: Abingdon, 2009)를 보라.

의 목표는 성경에 충실한 교리와 가르침의 한 가지 올바른 체계를 발전시키는 것이다. 로마가톨릭·정교회·개혁주의·루터교·아르미니우스파/웨슬리파·침례교·복음주의자·주류 교단·보수주의·자유주의 등은 의견이 일치하지 않는 부분에서는 당연히 연합할 수 없다. 동일한 견해를 공유하지 않으니 말이다. 이러한 사고방식의 관점에서 이 모든 것이 더욱 문제가 되는 것은 하나님·예수님·성경의 본질·성경 해석의 올바른 형식·구원·교회의 사명 등과 같은 문제에서 서로 견해가 배타적인 경우이다. 이들은 이렇게 묻는다. 우리가 기독교 신앙과 관련된 그런 근본적 문제에서 의견이 일치하지 않는데 어떻게 하나가 될 수 있는가? 정말 어떻게 하나가 될 수 있을까? 내 관점에서 말하자면, 교회의 하나 됨은 신학이나 교회론의 어떤 입장을 공유하는 데서 찾을 게 아니라 성령의 역사와 그리스도의 생생한 임재에서 찾아야 한다.

고린도전서 12장에서 우리는 성령께서 온전한 교회의 건덕(建德)을 위해 다양한 은사를 받은 여러 지체로 한 몸, 한 교회를 이루어 내신다는 것을 보게 된다. 은사는 다르지만 은사를 주시는 성령은 동일하다. 섬김의 종류는 다르지만 모두 동일한 주님을 섬긴다. 일의 종류는 다르지만 일하시는 하나님은 동일한 하나님이다. 각 사람에게 나타나는 성령은 모두의 유익을 위한 것이다. 교회의 다양성이란 교회가 공통으로 한 주님을 섬기는 온전한 몸으로 세워져 가도록 하기 위해 예수 그리스도 안에서 특별한 은사와 하나님의 계시에 대한 이해를 제공하면서 각 부분으로 상황적 다양성을 증거할 수 있게 하는 성령의 역사에 다름 아니다.

성령의 역사에서 초점은 그리스도의 생생한 임재에 있으며, 교회의 하나 됨은 궁극적으로 이 임재에서 찾을 수 있다. 나의 스승 고(故) 톰 오든(Tom Oden)은 이 사실을 다음과 같이 설명한다.

기독교 전통이라는 원(圓)은 둘레가 유난히 넓으면서도 여전히 모든 것을 하나로 묶는 단일한 중심을 가지고 있다. 다양한 전통을 하나로 묶는 것은 그리스도의 살아 있는 임재이지만, 그 단일한 임재는 다채롭고 상이한 방식으로 체험된다. 그리스도의 임재는 예전을 중시하는 전통에서는 성례전으로, 은사주의 전통에서는 영적으로, 자유주의 전통에서는 도덕적 영감을 주는 것으로서, 경건주의 전통에서는 사회적 실험의 근거로서, 스콜라주의 전통에서는 교리 교사로서, 그리스 정교 전통에서는 개인과 사회를 성화시키는 능력으로서, 로마가톨릭 전통에서는 본성을 완전케 하는 은혜로서, 복음주의 전통에서는 성경의 말씀으로서 체험된다. 이 모든 전통 및 각 전통이 패권을 쥐던 시기에는 살아 계시고 부활하신 그리스도를 저마다 눈부시게 다양한 방식으로 체험했다. 하지만 다른 무엇도 아닌 살아 계신 그리스도만이 이 광대한 둘레의 중심이시다.[2]

교회의 엄청난 다양성 가운데서 교회의 하나 됨을 긍정하는 것은 내가 보기에 교회의 사명과 관련해 교회의 하나 됨과 다양성 두 가지 모두를 공정하게 다루는 설명을 제공하기 위해 이에 부응하는 다원성의 신학을 요구하는 외침과 같다. 나는 교회의 성례전적 하나 됨에 대

---

2 Thomas C. Oden, *After Modernity... What? Agenda for Theology* (Grand Rapids: Zondervan, 1990), pp. 176-177.

한 라잇하르트의 주장에 전적으로 동의하지만, 이 주장은 필연적으로 다원론적 기독교 신학의 발전과 전달을 요구한다고 덧붙이고 싶다. 이는 교회의 사명 및 교회의 복음 증언에 지극히 중요한 문제다. 교회의 다원성은 단순히 역사상의 현실이기만 한 것이 아니라 하나님의 실제 의도이기도 하다. 이 다원성 가운데서 드러나는 교회의 가시적 하나 됨은 그저 소망 사항이 아니라 하나님의 실제 열망이자 의도이다. 다양성과 상이함 가운데서 일치와 하나 됨을 이루고자 하는 신적 이상에 충실한 태도는 복음에 대한 증명이자 새로운 삶의 길로 오라는 초대장이다. 우리가 이 삶의 길을 실천할 때, 우리의 구원이, 그리고 세상의 구원이 가까워진다.

결론 — 사명을 위해 교회를 재조정하기 제이슨 섹스턴

교회: 존재와 행위

이 책에 실린 글과 그에 대한 논평은 교회의 사명이 지닌 여러 구체적 면모와 오늘날 세상에서 어떻게 효과적으로 교회다움을 구현할 것인가에 대한 논의를 담고 있다. 이 대화에는 다음과 같은 근본적인 질문이 뒤따른다. 실로, 교회란 무엇인가? 더 나아가 교회는 무슨 일을 **하고 있는가**? 교회는 무슨 일을 **하고 있어야 하는가**? 그리고 이런 질문은 서로 어떻게 연관되는가? 강조하기를 유난히 좋아하는 복음주의자에게는 추가 질문이 있다. 복음주의자들은 (그리고 이들의 교회는) 할 수 있는 한 최대치로 자신들의 사명을 이행하고 있는가? 교회들은 자신들이 **표방하는** 사명을 정말로 이행하고 있는가? 헬렌 카메론(Helen Cameron)은 특정 신학에서 작용하는 다양한 목소리의 미묘한 차이를 구분하는 방법을 네 가지 유용한 분석틀을 통해 제시한다. 첫째는 실제 이행하는 실제적인(operant) 것. 둘째는 스스로 이행한다고 표방하는(espoused) 것. 셋째는 권위의 원천과 관련된 규범적(normative)

인 것. 마지막으로 말 그대로 전문가들이 수행하는 전문적이고 공식적인(formal) 것이다.[1] 교회의 사명을 세밀하게 구분하는 이런 방식은 독자가 자신과 자신의 교회가 오늘날 진행 중인 사명에 어떻게 접근할 수 있을지를 생각해 볼 때도 도움이 될 수 있다.

이는 또 하나의 긴박한 질문으로 이어진다. 오늘날의 교회들은 자신들이 이행하고자 하는 사명을, 자신들이 바라는 방식으로 이행하고 있는가? 그리고 그 일은 하나님이 지금 이 순간에 자기 백성에게 바라시는 바로 그 일인가? 이 책을 엮는 과정에서 우리는 미국(그리고 어떤 면에서 전 세계)이라는 환경에서 강하게 작용하는 여러 가지 영향력, 이 책에서 이미 오간 대화뿐만 아니라 그 이상의 집중적이고 지속적인 대화를 요구하는 그 영향력을 조명했다. 이 책에 소개된 여러 견해는 교회가 하나님께서 부르신 대로 존재하고 행동하며 나아가도록 도우면서 어떤 방식으로든 교회를 섬기기 위해 일하고 있는 학계와 시민 사회, 심지어 기업 및 비영리 단체뿐만 아니라, 가정·지역교회·선교 단체 내에서 이미 진행되고 있는 대화를 반영한다.

우리는 이 책에 등장하는 목소리가 특정 환경에서 교회가 선교 활동을 하면서 행해야 할 일을 속속들이 반영하지는 않는다는 것을 알고 있다. 이 책 필자들에게는 현실적 한계가 있다. 이들은 모두 영국에서 박사 학위를 받은, 친영국(Anglophile) 성향의 남성이다. 그래도 이들은 저마다 이런저런 형태로 세계 전역의 교회와 연관을 맺고 있다. 그럼에도 위와 같은 한계 때문에 우리는 예를 들어 미국의 흑인 교회

---

[1] Helen Cameron, et al., *Talking about God in Practice: Theological Action Research and Practical Theology* (London: SCM Press, 2010), pp. 49-56.

나 라틴 교회, 원주민 인디언이나 동양인이 교회에서 겪는 어려움을 이해하고, 이 특정한 역학 관계가 복음주의 형제자매가 이 교회의 선교라는 과제를 수행하는 다양한 방식을 어떻게 구체화하는지를 판단하기가 어렵다. 이 책에서 볼 수 있다시피, 이 특정한 여러 역학 관계는 복음주의 스펙트럼 전체에 걸쳐 매우 상이한 모습으로 나타난다. 또한 우리 고유의 교회 전통 밖에 있는 사람들을 이해하는 문제에서도 큰 한계가 있으며, 이 한계는 이 책에 실린 글과 논평의 배경에 투영되어 있다. 하지만 이러한 한계를 안고 우리는 다양한 맥락에서 적용할 수 있는 성경적인 개념을 분명히 이야기하려고 노력했다. 이제 독자들의 분석과 참여를 위해 우리 내부의 탐구 내용을 다음과 같이 제시한다.

각 견해의 교회적 배경

이 책에 실린 각 입장은 그 입장을 대표하는 필자들이 분명하고 충분하게 이야기했다. '구원론적 선교'는 조너선 리먼, '참여 선교'는 크리스토퍼 라이트, '상황 중심 선교'는 존 프랭키, '성례전적 선교'는 피터 라잇하르트가 다루었다. 하지만 어느 한 입장이라도 교회의 역동적인 공적·정치적 증언을 제대로 담아냈는지 나로서는 확신하지 못하겠고,[2] 교회가 교회 자체로서 갖는 중요성을 확고히 했는지도 확신하

---

2 필자들의 특별하고 의미 있는 기고문은 이 책 전체에서 다루었으므로 이와 별도로 교회의 공적 역할에 대해서는 Jennifer McBride, *The Church for the World: A Theology of Public Witness* (New York: Oxford University Press, 2012)를, 정치적 역할에 대해서는 Amy E. Black, ed., *Five Views on the Church and Politics* (Grand Rapids: Zondervan, 2015)를 보라.

기 어렵다. 책 전체를 통해 다음과 같이 다소간 추정되고 있을 뿐이다. 즉, 교회가 존재하고, 교회에는 사명이 있으며, 우리는 그 사명이 무엇인지, 혹은 그 사명을 어떻게 가장 의미 있게 이행할 수 있는지를 검토하는 데 대부분의 시간을 집중했다는 것이다. 하지만 기도·설교·실제 출석 (그리고 어쨌든 교회가 존재한다는 사실) 같은 교회의 활동은 세상에서 이질적인 현상으로서의 교회의 실재(實在)를 증거한다. 교회는 초자연적이기에 그 구성은 기이하며, 사회학자 로버트 벨라(Robert Bellah)가 말하는 생활양식 공동체(lifestyle enclave) 개념을 훨씬 뛰어넘어, 부자와 가난한 자, 배운 사람과 못 배운 사람, 능숙한 사람과 미숙한 사람, 흑인과 백인과 갈색인과 동양인, 그리고 다른 모든 집단 출신 사람이 함께 모인 모습을 보여 준다. 이는 한마디로 사랑으로 함께 엮인 "새 사람"이다(엡 2:15).

이 책 기고자들 중 누구도 자기가 속한 교회 전통에서 명시적으로 이야기를 끌어오지는 않는다. 아니, 적어도 그것이 특별히 눈에 띄지는 않았다. 물론 피터 라잇하르트와 존 프랭키는 장로교인이고, 크리스 라이트는 영국성공회 교인이고, 조너선 리먼은 어떤 면에서 아주 보수적 성향의 침례교인이라는 것을 알아챘을 수도 있다. 하지만 이들 중 누구도 쉽게 알아볼 수 있을 만큼, 배타적으로 **장로교도**가 아니고, 전적으로 **성공회 교인**이 아니며, **오로지 침례교인**도 아니다. 각 기고자들이 제시하는 이상(vision)은 성경 및 성경이 가리키는 것을 철저히 따져 보고자 하는 거의 어느 전통에서든 공유될 수 있으며, 그런 의미에서 그 이상은 나름대로 초교파적(ecumenical)이다. 그러나 다른 한편으로 교회와 교회의 사명에 대한 각 기고자의 생각은 이론적이거나 학문적이지만은 않다. 각 견해는 지극히 개인적 여정의 한 부분이고, 실제 교회의 삶과 그 교회의 사명에 참여하는 사람으로서 각 기고자의 정체성과 결부되어 있다. 기고자들은 자신이 이해하는 교회의 사명을 직업적 소명과 생활 방식으로 직접 실천해 왔으며, 이는 누가 요구한 일이 아니라 스스로 택한 것이었고 그래서 어떤 경우 개인적인 면에서나 직업적인 면에서 큰 손해를 입었다는 의미이기도 했다. 하지만 이들의 노력은 주님을 섬기고 교회의 사명을 수행하면서 하나하나 눈에 띄는 결과와 거짓 없는 열매를 맺었다.

하지만 다시 묻고 싶다. **교회**(church)란 무엇인가?

영어 단어 '처치'(church)는 독일어 '키르셔'(Kirche)와 네덜란드어 '케르크'(kerk)에서 온 단어로, 스코틀랜드어 '커크'(kirk)를 거쳐 영어로 들어왔으며, 근본적으로는 그리스어 '퀴리아콘'(κυριακόν)에서 개념이 파생되었는데, 이는 '주님의 소유'(belonging to the Lord)라는 뜻으로, 원래는 교회 건물을 가리키던 단어였다. 라틴어 '에클레시아'(*ecclesia*)와 그 파생어도 역시 건물을 가리키는 말로, 민회를 뜻하는 그리스어 '에클레시아'(ἐκκλησία)에서 왔으며, 나중에 그리스도인의 모임을 가리키게 되었다.[3] 사도 바울은 이 단어에 특별한 신학적 의미를 부여했는데, 그는 지역교회와 보편 교회 모두를 좀 더 구체적으로 '하나님께로부터'(ἐκ τοῦ θεοῦ) 또는 '그리스도께로부터'(ἐκ τοῦ Χριστοῦ) 온 것이라고 부르고 있으며, 이 개념은 이 단어에 더욱 구체적으로 기독교의 색채를 부여해서 **하나님의** 교회 혹은 **그리스도의** 교회를 가리키

---

3 F. L. Cross and Elizabeth A. Livingstone, eds., *The Oxford Dictionary of the Christian Church* (New York: Oxford University Press, 2005), p. 346.

게 되었다.

한 가지를 더 추가하자면, 고(故) 존 웹스터(John Webster)는 고린도후서 5:18의 경우 "**하나님께로부터**라는 주요한 개념은 화목하게 하시는 하나님의 위격과 사역을 설명하는 데 엄청난 신학적 에너지를 쏟을 것을 우리에게 요구한다"고 말한다.[4] 웹스터는 이 개념을 "기독교 윤리의 지형, 즉 삼위일체 하나님의 사역으로 세워진 교회의 실천 공간에 대한 신학적 묘사의 지배적 특징"이라고 말하며, "이 공간의 지도를 그리는 것이 기독교 도덕 신학의 주요 과제"라고 한다.[5] 더 나아가, 이 새로운 창조(고후 5:17)에서, 신적 활동(ἐκ τοῦ θεοῦ)은 근본적 의미에서 "화해의 공동체를 낳는 결정적인 신적 행동"으로 나타난다.[6] 결과적으로, 하나님의 이 행동은 화해의 공동체(혹은 교회)가 그 존재 자체로써 화해의 메시지를 구현하는 공동체가 될 수 있게 한다(고후 5:19).

그런 교회는 이제 '크레아투라 베르비 디비니'(*creatura verbi divini*), 즉 신적 말씀의 피조물로서, 성령의 능력에 의해 예수 그리스도라는 하나님의 독특한 계시에 바탕을 두고 있으며, 그래서 이 사실은 교회의 **보편성** 혹은 일반성의 근거가 된다. 참 믿음으로써 그리스도 안에 있는 하나님의 계시의 보편적 진리에 뿌리내린 한 교회가 있으며, 이 교회는 '콤무니오 상크토룸'(*communio sanctorum*), 즉 성도의 교제를 구성한다. 이 **거룩한** 교제는 본래의 상태에 의해서가 아니라 거

---

4   John Webster, *Word and Church: Essays in Christian Dogmatics* (Edinburgh: T&T Clark, 2001), p. 215.
5   같은 책, p. 216.
6   같은 책, p. 220.

룩하게 하시는 성령의 역사로 말미암아 거룩함을 지니며, 여기서 교회는 그리스도 안에서 하나님의 계시의 정체성과 보편성을 증언하는 사도로서의 기능도 발견한다.[7] 그러므로 교회는 그 구성상 은혜로 말미암아 하나이고 거룩하고 보편적이고 사도적인 교회로 존재하며, 이는 신조(the Creed)에서도 찾아볼 수 있는 교회의 표지들이다.

역동적이고 살아 있는 교회

교회의 실존은 성령의 능력으로써 신적인 말씀에 바탕을 둔 생명을 발견하고, 그리하여 증언하는 공동체로 성립되기는 하지만, 사도행전 1:8에서 예수께서는 제자들이 능력을 받을 것이며, 또한 공동체로서 예수님의 증인이 될 것이라고 알려 주셨다. 여기서 미래 시제 동사 '되리라'는 직설문이며(명령문이 아니다. 즉, **가서 증인이 되라**는 명령은 없다), 그래서 교회로서의 구성에 의해 이들은 이미 증인이고, 변함없이 실제적이고 생명력 있게 남아 있는 표지를 지닌 증거 공동체다. 이 역동성은 증언한다는 교회의 본질뿐만 아니라 계속 이어지는 그 역동적인 삶을 강조한다.[8] 역동적 힘은 원심력의 방식으로 작용하여 하나이고 거룩하고 보편적이고 사도적이라는 표지를 유지하는 한편, 찰스 반 엥겐(Charles Van Engen)과 대럴 구더(Darrell Guder)의 말처럼, 연합하고 성화하고 화해하며 선포하는 공동체로서 교회를 설명하는 데 잘 들어

---

7 Christoph Schwöbel, "The Creature of the Word: Recovering the Ecclesiology of the Reformers," in Colin E. Gunton and Daniel W. Hardy, eds., *On Being the Church: Essays on the Christian Community* (Edinburgh: T&T Clark, 1989), pp. 126-129.

8 이러한 교회 생활을 견실히 설명해 주는 책으로는 Pete Ward, *Liquid Ecclesiology: The Gospel and The Church* (Leiden: Brill, 2017)를 보라.

맞는 방식으로 이 표지들이 적극적으로 외부를 향하게 한다. 그런 만큼, 교회가 이런 존재인 것은 성령이 그렇게 구성하신 덕분이고, 그리스도와의 연합 덕분이며, 이 증언 공동체로서의 역동적 삶 덕분이다. 그러므로 보냄받은 교회는 어떤 의미에서 죄인들을 화해시키고, 사람들을 안전한 항구로 인도하고, 폭풍우를 피할 수 있는 피난처를 주고, 길을 잃고 험한 바다를 헤매는 아들딸들을 집으로 데려오는 아버지 하나님의 구원 활동을 나누고, 증언하고, 이런 면에서 확장된 형식으로 제시한다. 그런 의미에서 교회는 한 척의 배로서, 썰물과 밀물이 들고나며 폭풍우가 일었다가 잠잠해지곤 하는 변화무쌍한 바다로 거듭 나아가, 구출하고 구속하는 특별한 여정을 비추는 소망의 불빛으로 살아간다.

부름받고, 모이고, 파송한다

구속이라는 특별한 사명과 관련해 교회는 절대 교회 됨의 속성을 잃지 않으며, 지옥의 문은 결코 이를 이길 수 없을 것이다. 기고자들 중 다른 기고자가 성경을 활용하는 방식을 비판한 이도 있지만, 성경 활용이 얼마나 규범적이든 (혹은 규범적이지 않든) 이는 교회의 근본 특성 하나를 이루는 게 확실하다. 교회는 '크레아투라 베르비'(*creatura verbi*), 즉 하나님이 부르신 피조물일 뿐만 아니라, 성경을 중심으로 모인 피조물이기도 하다. 어떤 의미에서 교회는 성례에 의해 모이는데, 이 점은 피터 라잇하르트의 주장의 핵심으로 강력하게 제시된 후 모든 기고자가 인정했다. 하지만 라잇하르트도 자신의 제안에 미시오 데이를 위한 공간이 부족하다고 어느 지점에서 프랭키에게 시인한다. 교회의 본질은 회심·선포·행동·섬김에 집중되기도 한다. 물론 여기서 신학적으로 설명되는 사실은, 교회의 삶을 구성하는 이 세 가지 역동성, 즉 부름받고, 모이고, 파송하는 일이 모두 동시에 그리고 지속적으로 발생한다는 것이다.

이 책 전반의 쟁점들은, 말씀의 피조물이라는 교회의 본질에 따라 교회는 예배와 선교 공동체라고 하는 개념을 융합하기도 했다. 최소한 한 명의 기고자는 선교 **전에** 성화가 먼저 있어야 한다고 말했다. 하지만 이번에도 이 주장은 교회의 성격 개념을 드러낸다. 즉, 부름받고, 모이고, 보내는 일은 동시에 일어난다는 것이다. 예배나 선교에 앞서 얼마나 거룩한지를 따지는 것은 사실 은연중에 펠라기우스주의를 조장할 수도 있으며, 특히 이 논리가 구원에 적용되거나, 이 구원을 증거하고 선포하는 일이 교회의 주요 특권일 경우(나는 그렇게 믿는다)에는 더욱 그렇다. 이런 경향은 교회 안에 2등 시민을 만들어 낼지도 모른다. 사람들이 교회에서 자기 길을 찾을 수나 있다면 말이다. 하지만 가장 역동적인 교회, 곧 상황 인식 면에서 좀 더 각성되어 있고, 그 토양에 깊이 뿌리 내리고 있는, 다수 세계, 다민족 교회는 급진적인 방식으로 교회 생활과 사명을 이행하는 것으로 보인다. 이들은 일부 북미 교회들의 인식과 뚜렷하게 다른, 다양한 형태의 거룩함을 증진시킨다. 복음주의 환경에 등장하는 실생활의 사례를 하나 들자면, 일부다처 형태로 살다가 독신이 된 사람이 여전히 전처들과 한 집에 살면서 이들을 부양하고 돌보는 경우가 있다. 교회의 사명에 대해 우리가 어떤 견해를 가졌든, 이런 사례는 우리의 정황에서 미처 탐색하지 못한 광범위한 함의를 지닌다.

복음 선포·성화·일치·화해라는 교회의 사명이 퍼져 나가는 동안 하나님에 관한 좋은 소식, 즉 하나님이 그리스도 안에서 세상을 화해시키신다는 복음으로 우리를 다시 데려가는, 신적 공의의 체험이 내내 존재한다. 그렇다면 이 메시지는 어떻게 여전히 교회의 삶의 전면과 중심에 남아, 세상에서 이 소망이 전개되어 나가는 것을 확인하는 사명을 교회가 효과적으로 이행할 수 있게 하는가? 복음주의 진영 교회들이 진지하게 걸음을 잠시 멈추고 비판적 자기 성찰의 시간을 가진 후, 성령과 말씀으로 구성된 교회로서, 세상에서 가장 중요한 공적 행위자로서, 그리고 시대를 막론하고 가장 중요한 현실에 대한 메시지, 즉 그리스도 안에서 하나님이 **세상**을 화해시키셨다는 메시지를 증언할 특권을 가진 도구로서 우리가 임하게 된 사명을 계속 수행하도록 교회를 도움으로써 이 책이 위와 같은 노력에 일조할 수 있기를 우리는 기도한다. 하나님은 우리에게 이런 섬김의 일, 화해라는 이 계속되는 사명을 주셨다. 하나님은 언젠가 궁극적으로, 반박할 수 없게, 그리고 가장 고결한 의미에서, 지금 부서지고 망가져 있는 모든 것을 그리스도를 통해 치유하실 것이다. 하나님은 하나님 자신의 영광을 위해, 우리 주 그리스도를 통해 이 사명을 친히 성취하실 것이다. 아멘.

주제/저자 찾아보기

가벤타, 비벌리 로버츠(Beverly Roberts Gaventa) 189
갈보리 채플 15
개신교 복음주의 담론 23
개인주의 60, 188-189, 309
거룩한 교제 322
견해
   구원론적 선교 견해 21, 29-103, 259, 319
   사명(선교)에 관한 21-25
   상황 중심 선교 견해 22-23, 179-247, 319
   성례전적 선교 견해 23, 251-319
   참여 선교 견해 22, 107-176, 319
고먼, 마이클(Michael Gorman) 189, 195, 204, 205, 240
『고백록』(Confessions) 228
고힌, 마이클(Michael W. Goheen) 110, 111, 165, 230, 235, 257-258, 304
곤잘레스, 후스토(Justo L. González) 213
'공동체 축복' 118-123
공의(정의) 133-163, 171-175, 277-289
교회
   교외의 초대형 교회 16-18
   그 회원으로서의 36, 58-64, 69-81, 88, 96-98
   사명을 위해 재조정하기 317-326
   살아 있는 교회 323-325
   세상에 흩어진 81-82
   세워 가기 135-141, 162, 171
   에 관한 교리 11, 18
   에 대한 이상 195, 246
   에서의 예배 81-82, 98-99
   역동적인 교회 323-325
   예배를 위해 모이는 81-82, 98-99
   의 권한(권위) 21, 33-36, 60-68
   의 규례 49, 57, 63-67, 76-77, 102, 161-162, 224, 256-257, 295-298
   의 다양성 215-217, 227, 235-243
   의 본질 259
   의 사명 11-25, 29-99, 107-176, 179-247, 251-326
   의 사명 선언문 13, 17
   의 선지자 역할 83
   의 신학 13, 91-92
   의 예산 16-18, 29
   의 의미 11
   의 정치적 존재 22-23
   의 존재 173, 317, 321-326
   의 주된 과제 22
   의 증언 185-188, 193, 200, 206-207, 215, 319-320
   의 하나 됨 219, 228, 268-280, 285-290, 311-316
   정의하기 107-109, 317, 320-321

조직화된 공동체로서의 34-36, 56-61, 66-84, 88, 96-99
초대형 교회 16-17
충성스러운 교회 279
하나님의 형상으로서의 196-200
『교회의 선교란 무엇인가』(What Is the Mission of the Church?) 20, 171, 255
교회 일 29-32, 56-57, 65-77, 187-190, 208-209
구더, 대릴(Darrell L. Guder) 19, 192, 212, 258, 323
구속
   구원론적 선교 견해와 29-103
   부활과 184, 230
   의 사명 21, 29-103, 132, 138, 229-232, 324-325
   참여 선교 견해와 107-176
   창조와 134, 147, 192, 236, 302
   화해와 114, 184, 324
구원
   새 창조와 188-190
   을 위한 사명 58-60, 324
   의 본질 33
   의 선포 50-52
구원론적 선교 견해 21, 29-103, 259, 319
구티에레스, 구스타보(Gustavo Gutierrez) 202
"그 나라의 본 자손들" 42-43, 69-73, 87
그라우, 마리온(Marion Grau) 193
그레이엄, 빌리(Billy Graham) 15
그렌츠, 스탠리(Stanley J. Grenz) 11, 198
그리스도. '예수 그리스도'를 보라
근본주의자 21-22, 32, 88, 159, 249
글렌빌, 마크(Mark Glanville) 304
긍휼 133-136, 141-145, 163, 169

기독교 복음 증거(Christian witness) 21, 165, 179-180
기든스, 앤서니(Anthony Giddens) 224
길버트, 그렉(Greg Gilbert) 20, 78, 84, 114, 118-121, 127, 156-157, 171, 255

나라
   의 열쇠 48, 61-62, 298
   의 자손들 42-43, 69-73, 87
   제사장의 47-48
   하나님의 53-55, 85-86, 94-100, 143, 151, 180-186, 194-207, 213, 233, 279-280
네빈, 존 윌리엄슨(John Williamson Nevin) 284
노아 41, 46, 101, 113-114, 223, 263-265, 303
눈물의 길(Trail of Tears) 14
뉴비긴, 레슬리(Lesslie Newbigin) 13-14, 24, 84, 94, 150-152, 163-168, 180, 194-195, 198-199, 214, 242, 258
뉴전트, 존(John C. Nugent) 31
니버, 구스타프(Gustav Niebuhr) 14

다윗왕(다윗 왕조) 99, 120
대위임령
   아담과 111-112, 155,
   의 목적 31, 78-87, 119, 131-147
   의 요소 131-147
   의 일 65
   의 중요성 118, 129
   이해하기 300-301
대처, 마거릿(Margaret Thatcher) 73
대학생 선교회(Campus Crusade for Christ) 13
던컨, 리건(Ligon Duncan) 77

도구로 삼으려는 의도(뜻)　116, 175
드영, 케빈(Kevin DeYoung)　20, 78, 84, 114, 118-121, 127, 156-157, 171, 255-256
'디아코니아'(diakonia)　82
땅에 임한 저주　112-113

라이트, 크리스토퍼(Christopher J. H. Wright)　19-22, 31, 72, 78-79, 107-176, 229-238, 256-257, 264, 294, 300-308, 319-320
라잇하르트, 피터(Peter J. Leithart)　23, 44, 80, 96-103, 171-176, 239-247, 251-320, 324
레논, 존(John Lennon)　225
레버링, 매튜(Matthew Levering)　259, 294
로데스, 마이클(Michael Rhodes)　304
로드리게스, 호르게 후앙(Jorge Juan Rodríguez)　192
로스너, 브라이언(Brian S. Rosner)　189
로스, 캐시(Cathy Ross)　134
로, 케빈(Kavin Rowe)　210, 246
로잔 운동(Lausanne Movement)　19, 301
롱네커, 리처드(Richard N. Longnecker)　295
루터, 마르틴(Martin Luther)　220
리먼, 조너선(Jonathan Leeman)　21-22, 29-103, 153-162, 218-228, 290-299, 319-320

마크스, 존(John H. Marks)　197
"매고 푼다"　61-63
매콜, 토머스(Thomas H. McCall)　182
맥브라이드, 제니퍼(Jennifer McBride)　319
메들리, 벤저민(Benjamin Madley)　14
멜기세덱왕　100
명백한 운명(Manifest Destiny)　14, 15
모랄레스, 마이클(L. Michael Morales)　260, 265
모리아산　265
모세　62, 120-121, 132, 157, 267, 306
몬토야, 이니고(Inigo Montoya)　11
무어, 스티븐(Stephen D. Moore)　190
문화 사명(문화 선교)　23, 151-152, 288-289
문화적 다양성　23-24, 163-170, 179-193, 210-219, 235-243
미글리오레, 대니얼(Daniel Migliore)　196

바르톨로뮤, 크레이그(Craig G. Bartholomew)　110, 111, 210, 230
바르트, 카를(Karl Barth)　19, 220
바퀴 은유　137-138, 161-162
박해　98, 128, 160
반 엥겐, 찰스(Charles Van Engen)　323
배제의 힘　222-224
버크, 트레보(Trevor J. Burke)　189
베일리, 새러 풀리엄(Sarah Pulliam Bailey)　13
벨, 콜린(Colin Bell)　149
벨라, 로버트(Robert Bellah)　320
변혁주의(transformationism)　73, 115, 158, 189, 203, 251
보쉬, 데이비드(David Bosch)　186, 196, 251
보편성(catholicity)　284, 322-323
보편성(universality)　120, 322
복음 전도　30, 133-139, 163, 203

복음주의　11-25, 251
뵈머, 카를(Karl E. Böhmer)　165
부어스마, 한스(Hans Boersma)　259, 254
부패　18, 55, 84, 113, 127, 266
부활
　구속과　184, 230
　새 창조와　42, 85-86
　승천과　101, 111
　십자가와　110-116, 125-128, 136, 158, 171, 263, 280
　에 참여하기　198
불멸　93-94, 126
브로게만, 헤닝(Henning Wrogemann)　165
블랙, 에이미(Amy E. Black)　319
비번스, 스티븐(Stephen B. Bevans)　210, 215
빌, 그레고리(Greg Beale)　42, 155, 260

사네, 라민(Lamin Sanneh)　180, 214, 235
사도들
　세례와　253-254, 278
　의 메시지　179, 195, 237
　의 역할　34, 131
　이 받은 하나님 나라의 열쇠　61-62
사명(선교/선교 활동)
　교회 일과　29-32, 56-57, 65-77, 187-190, 208-209
　교회의　11-25, 29-99, 107-176, 179-247, 251-326
　구별하기　34-38, 54-61, 74-76, 88-89, 99-101, 158, 203-204
　구속의　21, 29-103, 132, 138, 229-232, 324-325
　구원론적 선교 견해(soteriological mission view)　21, 29-103, 259, 319
　근본주의자 관점　21-22, 249
　기업식 선교　12-15
　넓은 관점　21-22, 30-45, 50-59, 69-80, 84-98, 127
　모델　19-21
　문화 선교　23, 151-152, 288-289
　상황 중심 선교 견해(contextual mission view)　22, 179-247, 319
　선교(사명) 신학　13, 91-92, 111, 126, 141, 257-264
　성례전적 선교 견해(sacramental mission view)　23, 251-319
　성취　123-129
　세계 선교　17
　식민지식 선교 활동　12-15
　에 관한 여러 견해　21-25
　에큐메니컬-정치적 선교　23
　'영원히 선교적'　231
　을 우선으로 여기다　15
　을 위한 예산　16-17
　을 위해 교회를 재조정하기　317-326
　의 본질(성격)　149, 259
　의 실천　150, 192, 301
　의 5대 표지　133-152, 171-172
　의 완성　128-129, 159-160
　의 위임　129-136
　의 의미　12-19
　의 이상(vision)　12-22, 189-209, 280, 313-316
　의 필요성　77,
　이스라엘의　115-133, 269
　정교일치 사회와　190-193
　정의하기　29-36, 107-111, 130-134
　조정하기　22
　좁은 관점　21, 30-45, 50-61, 69-80, 84-98, 127

증언하기 179-247
참여 선교 견해(participatory mission view) 22, 107-176, 319
총체적 사명 33, 37-39, 84, 126-129, 133-136, 158, 163, 171
사명 선언 13, 17, 133-134, 264
'사명(선교)의 다섯 가지 표지' 133-152, 171
사역(섬김)
    교회 일과 29-31, 54-57, 64-77, 208-209
    을 위한 사명 선언문 13, 17
    의 융통성 17
    의 일 81-82
사탄 41-42, 126-128, 158-159, 263
사회적 삶 118, 173
사회정의 203, 277, 280, 289
사회-정치적 선교론 251
사회 참여 133-135, 141-145, 155
삭개오 203
삼위일체 107, 182-190, 231-240, 298
삼위일체 신학(Trinitarian theology) 182-190, 220-221, 231-240, 246, 322
삼위일체의 생명(Trinitarian life) 22, 174-175, 183, 190
상호 의존 22, 207, 216-217
상황 중심 선교 견해(contextual mission view) 22-23, 179-247, 319
새 사람(새로운 인류) 80-82, 228
새 창조(새 창조 세계). '창조'도 보라
    교리 259, 302
    교회 일과 56-57, 76, 187-190
    구원과 188-190
    부활과 42, 85-86
    에 대한 일별 231-233
    의 구별 295

    의 목적 233-234
    의 시민 110-111
    의 영원성 230
    종말론적 주름과 50, 97
'새 창조 시대' 50, 56, 97, 295
생명나무 102, 260-261
선교/선교 활동. '사명'을 보라
선교사
    를 자처해야 하는 교인 17
    의 사역 54-55, 84, 115, 151-152
    의 필요성 77, 233-234
『선교적 교회』(Missional Church) 19, 212
선교적 신학 83, 165-166, 174, 210, 252, 259
선교적 양식 185, 194-206, 223
선교적 의도 116, 149-151, 175
선교적 차원 82, 123, 150-151
'선지자의' 역할 83-84
성경
    드라마 110-111, 133
    연구 169-170
    의 다양성 169, 179-190, 210-213, 241-246
    정경 91, 169, 232, 302
'성경의 드라마'(drama of Scripture) 110-111, 133
성경 이야기 112-170, 230
성령
    의 능력 22-23, 200-207, 273, 288-289, 322-324
    의 메시지 179, 239
    의 역사(사역) 55-56, 139, 200, 215, 238, 258, 295, 314-315
성례전적 신학 102, 259, 272, 307-308
성례전적 선교 견해 23, 251-319

성찬
  교회의 규례인 65-66, 255
  세례와 23, 48-49, 59, 65-66, 253-263, 269-297, 303-308
  제자 삼기와 48-49
성찬식 258, 272-274, 280, 284-286
세계 선교 17
세례
  교회 규례로서의 65-67, 76-77, 256-257
  사도들과 253-254, 278
  선교와 175
  성찬과 23, 48-49, 59, 65-66, 253-264, 269-297, 303-308
  에큐메니컬-정치적 선교와 23
  의 부재 172-173
  의 역할 243, 246, 253-258, 272-273
  정치 지도자의 286-287
  제자 삼기와 48-49
  하나 됨과 269-280, 285-290
세례 요한 131, 199, 254, 269
섹스턴, 제이슨(Jason S. Sexton) 11, 19, 182, 317-326
셸리, 퍼시 비쉬(Percy Bysshe Shelley) 56
소비자 중심주의 60, 148, 284
속죄 37, 47, 51, 306-307
수정주의자 251-256, 271, 277, 300
순종 41-42, 72-75, 118-132, 140-146, 185
슈라이너, 토머스(Thomas Schreiner) 294
슈뢰더, 로저(Roger P. Schroeder) 210
슈메만, 알렉산더(Alexander Schmemann) 260
슐레징어, 유진(Eugene Schlesinger) 240

스테처, 에드(Ed Stetzer) 20-21
스토트, 존(John Stott) 31, 72, 78, 79, 93, 251, 301
승천 101, 111, 129, 263
시간표상의 주름 45, 50-60, 89, 97
시내산 122, 306
식민화 167, 190-193, 234, 241
신(neo)복음주의 251
신실한 증언 22, 193, 206, 287
신학
  교회의 13, 91-92
  선교 신학 13, 91-92, 111, 126, 141, 257-264
  선교적 신학 83, 165-166, 174, 210, 252, 259
  성례전적 신학 102, 259, 272, 307-308
  예전 신학 98, 171-174, 244, 270-272, 313-316
실용주의 15, 74
심판 날 226
심판 중재하기 45-49, 57-60, 70, 224-227
십계명 111
십자가 110-116, 125-128, 136, 158, 171, 263, 280
십자가형 126-128, 132, 258, 274

아메리카 원주민 14, 192-193, 241, 245, 319
아담
  을 위한 계획 40
  의 배제 223, 262
  의 임무 155, 174
  의 죄 102, 112, 156, 267
  의 후손 228, 270

창조(창조 세계)와　34, 39-48, 114, 260-262
아브라함
　에게 주어진 약속　114, 116-117,
　을 위한 계획　40-41, 46, 110
　의 순종　118
　의 축복　285
아브라함 언약　117-120, 130, 264-275, 305
아우구스티누스　52, 220, 228, 239
아퀴나스　220, 274
압제　98, 127-129, 166-168, 199-201, 277-278
에드워즈, 데이비드(David L. Edwards)　93
에드워즈, 조나단(Jonathan Edwards)　54, 220
에베소　139, 280-281, 291
에큐메니컬 선교론　251-252, 264, 270, 276, 320
에큐메니컬 운동　14, 181, 252
에큐메니컬-정치적 선교　23
'에클레시아'(*ekklesia*)　255, 280-283
'엘리베이터 역할'(elevator work)　56-60
연옥　160. '지옥'도 보라
열방의 흩어짐　113-114, 173, 264
영. '성령'을 보라
영, 아모스(Amos Young)　192
'영원히 선교적'　231. '사명(선교)'도 보라.
영혼멸절설　93-94
예배
　공동예배　206-207, 221
　교회에서의　81-82, 98-99
　를 위해 모이는　81-82, 97-99, 206
　사회적 삶과　118, 173
　정치적 행위로서의　99

예속(enslavement)　14, 122
예수 그리스도
　구주이신　47
　왕이신　38, 50-51, 77, 100-101, 134, 262-264
　의 강림　50-51, 56, 100-101, 109
　의 리더십　135
　의 몸　18, 63, 186-190, 200-205, 215-217, 227, 246, 270, 274, 285-288
　의 부활　41-42, 85, 101-116, 125-137, 157-159, 171, 230, 263, 280
　의 승천　101, 111, 129, 263
　의 왕의 일(사역)　39-50, 57-59, 67-71, 82-89, 96-103, 112
　의 제사장 사역　45-51, 57-61, 68-70, 82-89, 96-103, 112
　의 제자　21-36
　의 주재권　38, 111, 132-136, 147-149, 281
　하나님에게 순종하심　41-42
　하나님의 형상이신　196-200
『예수님이 차려주신 밥상』(*A Meal with Jesus*)　304
예전과 삶　23, 269-272, 289
예전 신학(liturgical theology)　98, 171-174, 244, 270-272, 313-316
오도너번, 올리버(Oliver O'Donovan)　295, 296
오든, 톰(Tom Oden)　315
"오지만디아스"(Ozymandias)　56
오트, 크레이그(Craig Ott)　19, 181
올투이스, 제임스(James Olthuis)　168
'왕으로 다스림'　101, 112, 231
'왕의 일'　34-35, 39-50, 57-60, 67-70, 82-89, 96-103, 112
'왕 이야기'　39-50

우드베리, 로버트(Robert Woodberry) 54
우상숭배   118, 148, 166, 221, 228, 244
웃시야왕   99
워드, 피트(Pete Ward)   323
워필드(B. B. Warfield)   37
월스, 앤드루(Andrew F. Walls)   134, 211-212, 227, 235, 243
웨스턴, 폴(Paul Weston)   19
웹스터, 존(John Webster)   295, 322
유명론(nominalism)   72, 76
율법 수여   121-122
율법 해석   62-63, 157
음부   128. '지옥'도 보라
『이방인』(The Stranger)   54
이스라엘   40-47, 84-87, 107-133, 141-157, 172-176, 183-184
인간론의 관점   259, 292
인디언 강제 이주   14
인류 구원   37-39, 45-50
잉거, 존(John Inge)   210
잊어버린 성례   253-260

"자유 민주주의의 선교적 뿌리"(Missionary Roots of Liberal Democracy)   54
저주
　땅에 임한   112-113
　죄와   51, 97, 113, 147-148
　죽음의   48, 129,
전통주의자   251-255, 271, 277, 300
정교일치 사회(Christendom)   190-193, 241, 298
정부   14, 35, 63, 291, 297-299
정치적 선교론(political missiology)   251-259, 264-270, 280-295, 313-314, 319

정치적 행동주의(political activism)   192, 241, 285
제국주의   92, 190, 239
제닝스, 윌리 제임스(Willie James Jennings)   214
제단-식탁   263-269, 304-307
'제사장으로서 섬김'   87, 99-100, 112, 154, 231
'제사장의 일'   34-36, 45-51, 57-60, 68-70, 82-89, 96-103, 112
'제사장 이야기'   45-51, 57
제이미슨, 바비(Bobby Jamieson)   66, 296
제자
　제자도(제자 됨)   74, 132-134, 168-172, 199, 222, 251-259, 272-275, 289
　제자 되기   21-36
　제자 삼기(제자 만들기)   21-36, 44-53, 64-68, 74-80, 161-162, 253, 313
조던, 제임스(James B. Jordan)   260, 264
조화, 회복(화합)   23, 204-206, 269-272, 289
종말론적 주름   45, 50-60, 89, 97
죄
　'근원적 원인'으로서의   115, 156
　사함(forgiveness)   127, 195
　아담과 하와의   102, 112, 156, 267
　의 결과   37, 51, 89-91, 97-102, 112-114
　의 권세   188-189, 195-199, 205
　의 세상   110, 138, 169, 200
　저주와   51, 97, 113, 147-148
　창조와   112-115
'죄의 결과'   37, 51, 89-91, 97-102, 112-

334

114
증언(증거, 증인)
　교회의　185-188, 193, 200, 206-207, 215, 319-320
　신실한 증언　22, 193, 206, 287
　증언하기　83, 129, 151, 179-247, 323-324
　증언하는 공동체　22, 180, 323-333
지크문트, 바버라 브라운(Barbara Brown Zikmund)　192
지옥
　교리　224-227
　에 대한 견해　52-54, 92-94, 154, 159, 224-227
　에 대해 설교하기　76
　연옥　160
　음부　128
　의 결과　92-94
　의 모습　224-227
　의 영원한 가능성　73, 92-94, 302
참여 선교 견해　22, 107-176, 319
참여 행위　22
창조(창조 세계). '새 창조(새 창조 세계)'도 보라
　교리　259, 302
　구속과　134, 147, 192, 236, 302
　시대　39-60, 97, 295, 299
　죄와　112-115
　창조 세계 돌보기　71, 134-136, 146-149, 154-155, 163, 171
창조 사명　233
창조 세계의 무질서　83, 115, 138
'창조 시대'　50, 56, 295, 299. '창조'도 보라
체스터, 팀(Tim Chester)　304

초대형 교회(megachurches)　16-17. '교회'도 보라
총체적 복음　33, 37-39, 126-128, 158
총체적 사명(선교)　33, 37-39, 84, 126-129, 133-136, 158, 163, 171
총체적 혼란　127, 158
출애굽　38, 47, 84, 108, 120-122, 265
충실한 교회　278-283

카뮈(Camus)　54
카이퍼, 아브라함(Abraham Kuyper)　69
칸, 징기스(Genghis Kahn)　73
칼뱅, 장(John Calvin)　103, 273
캐머론, 헬렌(Helen Cameron)　318
"케이프타운 서약"(Cape Town Commitment)　110, 135-136, 138-139, 140-141, 147-148, 169
'코이노니아'(koinonia)　274
클레르보의 베르나르(Bernard of Clairvaux)　220
킬러, 개리슨(Garrison Keillor)　58

타락
　성례전적 선교와　23
　이스라엘과　155-157
　이후 바로잡혀야 했던 문제　262, 301
　죄와　111, 229-230
　창조와　23
　하나님의 진노와　46
「테멜리오스」(Themelios)　20
토대주의(foundationalism)　166, 236-237
토라　118, 172, 267-269, 292
트럼프, 도널드(Donald Trump)　73
트위스, 리처드(Richard Twiss)　192-193, 214

'파루시아'(*parousia*) 111, 128-129, 231
파이퍼, 존(John Piper) 52, 54, 253, 257
퍼지, 에드워드(Edward W. Fudge) 93
펑, 레이먼드(Raymond Fung) 207-209
포스트모던 담론 167-169, 227, 236
폭력 113, 128, 160, 266, 276
폰 라트, 게르하르트(Gerhard Von Rad) 197
'폴리스'(*polis*) 255
프란체스코회 선교사 시대 14
프랭키, 존(John R. Franke) 22, 88, 155, 163-170, 174, 179-247, 309-316, 319-320, 324
플랜팅가, 코넬리우스(Cornelius Plantinga) 37
플레밍, 딘(Dean Flemming) 257
플레트, 존(John G. Flett) 19, 181, 182
피녹, 클라크(Clark H. Pinnock) 93
피들스, 폴(Paul S. Fiddles) 182

하나님. '선교'도 보라
  에게 순종하기 41-42, 72-76, 118-132, 140-147, 185
  '영원히 선교적'이신 231
  의 거룩하심 219-222
  의 나라 53-56, 85-86, 94-100, 143, 151, 180-186, 195-207, 213, 233, 279
  의 다스림 39-40
  의 말씀 41, 62-63, 77, 282
  의 사랑 184-190, 199, 206-207, 211, 219-224, 231-234, 311
  의 성취 123-128, 323-324
  의 심판 45-50, 57-60, 70, 224-226
  의 영광 49-48, 128, 150, 175
  의 진노 46, 51, 87, 154, 224
  의 참여 행위 22
  의 통치 23
  의 형상 42, 112, 154, 184-186, 196-200, 233, 276, 303
  치유하는 23
『하나님께 속한 구원』(*Salvation Belongs to Our God*) 301
하나님 나라 백성 17
『하나님의 선교』(*Mission of God, The*) 256
하나 됨 219, 228, 239, 268-290, 310-316
하늘(천국)
  땅과 128, 146, 159, 204-207, 231, 299
  에 대한 견해 37-39, 52-54, 58-61, 225-226
  에 대해 설교하기 76
  에서의 권세(권한) 64, 146
  의 영원한 가능성 53-54, 73, 137, 302
  의 주님 146
하늘과 땅 128, 146, 159, 204-207, 231, 299
하와
  가 배제됨 223
  의 죄 102, 112, 155-156, 267
  의 후손 227-228
  창조와 39-40, 45-48, 260-262
학살(genocide) 14, 170, 192, 284
할례 66, 266-268, 292
해방 53, 59, 188-189, 201-203
'행위 그 자체로서'(*ex opere operato*) 63, 290, 296

헤셀그레이브, 데이비드(David J. Hessel-grave) 31
헨리, 칼(Carl Henry) 251, 301
형상을 회복하는 일 44, 83
형이상학 273, 291-298
호튼, 마이클(Michael Horton) 258
홈스, 스티븐(Stephen R. Holmes) 182, 183
화이트, 로버트(Robert S. White) 149
화해(화목)
구속과 114, 184, 324
구원과 188-190
의 공동체 322
의 메시지 46, 67, 188-189, 322-326
의 사명 326
의 사신 223
확장주의(expansionism) 14, 21
환원주의(축소주의) 21, 223, 295
회복주의자 300
휴스, 필립(Philip E. Hughes) 93

성경 찾아보기

구약

창세기
1장　129
1-2장　149, 232
1:1　146
1:26　196
1:26-28　147, 155, 231
1:28　40, 112
1:29　260
2:15　45, 112, 147, 231
3장　51, 97, 113, 148, 230, 302, 303
3:15　113, 230
3:25　262
4장　113
5장　303
5:1　39
5:28　303
5:29　113
6장　113
6:12　266
6:13　266
6:17　266
8:20　263
9장　266
9:5-6　61
9:6　225

11:1-8　264
11:1-9　114
12장　114
12:1-3　117, 118, 119
12:7　265
12:8　265
12:10-20　265
13:4　265
13:5-18　265
14:1-24　265
17장　266
17:1　118
18장　305
18:18-19　117
18:19　41, 118
22:9　265
26:4-6　118
34장　173

출애굽기
4:22-23　41
19:4-6　84, 122
19:6　47
20:24　267, 305
24:8　306
24:10-11　306
25:8　306
29:45-46　306

32:6　306

레위기
1-7장　306
18:1-4　108
19:2　108
21:6　263
21:8　263
21:17　263
21:21-22　263
22:25　263

민수기
3:7-8　45
8:26　45
18:5-6　45

신명기
4:6-8　108, 118, 122, 156
4:35　132
4:39　132
7:8　220
14:26　267
15:4　144
16:11　268
16:14　268
17:18-20　41

28:9-10   122
29-32장   124

열왕기상
5:1-12   173
8:41-43   172, 305
8:60-61   122
9:3   172

역대하
26:16-20   100

시편
1편   122
2편   100
8:5   40
19편   122
27:4   221
29:2   219
50편   305
51:4   156
96편   114
96:1-3   108
110편   100
119편   122
148편   114

잠언
29:7   145

이사야
2장   268
2:2-4   268
2:3   305
6:3   219
6:9-13   219

43:1-2   132
43:7-21   116
43:8-13   116
43:10-12   129
43:21   116
45:20-25   116
53:6   125
55:1-2   305
56:6-7   305
58:6-8   143
58:10   143
60:1-3   143
60:7   305
61:1-8   269
65:20-23   208
66:19   132

예레미야
23장   100
31:3   220
31:31-34   48, 295

에스겔
28:22   219
34장   100
36:24-27   295
41:22   263
44:16   163

호세아
1:9   108
2:23   108

미가
4:2-3   268
6:8   142

스가랴
7:9   142
14:14-19   269

신약

마태복음
3:2   131
3:9   42
4:17   198
5:3-10   42
5:6   142
5:14-16   142
5:16   108
6:9-10   207
6:33   142
8:11   269
8:12   42, 87
13:38   42
16장   61, 64, 65
16:13-20   61
16:18   68
16:19   65, 68
17:26   43
18장   62, 64, 65
18:15-17   223
18:15-18   68
18:16   62
18:17-18   61
18:18-20   65
18:19-20   61, 65, 66
21:33-44   232
22:1-14   269
22:37-40   187

23:23　142
25:31-40　201
28장　34, 61, 255
28:16-20　111, 118
28:18-19　43
28:18-20　64, 253
28:19-20　199
28:20　65, 79

마가복음
1:11　220
1:15　131, 198
10:37　51
10:42　51
10:45　51

누가복음
3:38　40
4:16-21　201
14장　254, 279
15:11-32　269
19:9-10　203
24:44-47　157
24:45-48　130
24:48　130

요한복음
3:16-17　185
13:34-35　77
17:20-23　310
20:21　182
20:21-23　194
20:23　68

사도행전
1:8　130, 179, 323

2:1-4　179
2:5-12　179
2:38　131, 255
2:38-42　253
2:41　65, 255
2:42　254
2:42-46　77
2:44-45　144
4:32-38　144
4:34　144
7-8장　173
8:36-38　253
10:47-48　253
11:16　253
11:27-30　87
13장　87
16:1　253
16:15　154
16:33　253
17:28　295
18:8　253
18:24-28　140
19:3-5　253
20:20　140
20:27　140
27:35　254

로마서
1:5　119, 131
1:16　188
1:18-32　278
5:9　224
5:20　157
6:1-14　175, 278
8:2-25　188
8:21　116

8:22-23　40
8:29　42, 198
9:24-26　108
11:36　221
12:1　49
13장　298
13:1-7　61
15:18　131
16:19　131
16:26　119, 131

고린도전서
1:17-18　256
3:5-9　140
3:10-15　174
3:16　48
4:7　221
5장　223
5:2　61
5:4　62
5:5　61
5:12　62
6:12-20　283
7:31　207
10:16-17　103, 274
10:17　66
11장　254
11:27-32　223
11:29　66
11:33　66
12장　215, 314
12:4-7　215
12:12-13　274
12:17-20　216
15:23-28　42
15:49　43

15:49-53   198
15:58   85

고린도후서
3:18   198
4:4-6   142, 197
5:17   322
5:17-20   188
5:18   322
5:19   322
5:20   223
6:16-17   67
6:17   48, 223
8-9장   145
10:5   141

갈라디아서
1:6-9   61
2장   222
2:10   145
3:13   48
3:19   157
3:23   157
4:1-7   44
4:4-5   48
4:6   42
4:7   42
5:22-26   312

에베소서
1:9-10   116, 140, 203
1:12   109
1:20-21   86
1:20-23   205
2장   204
2:1-10   49

2:8-10   131
2:11-20   50
2:14-16   125
2:15   320
2:19   42
2:20   174
3:8-11   205
3:10   82
4:1-6   206
4:1-16   246
4:2-6   312
4:11-13   82

빌립보서
1:27   246
2:1-11   312
2:2-3   246
2:5-8   185
2:10-11   49
3:20   42

골로새서
1:9-10   81
1:15   42, 197
1:15-20   146, 147
1:17   207
1:20   116, 125
2:13-14   48
2:15   125
3:15-17   81

데살로니가전서
1:3   131

데살로니가후서
1:8   131

1:8-9   87

디모데전서
6:17-19   145

디모데후서
2:12   43, 49
3:15-17   121

히브리서
1:2-3   147
1:9   220
2:14   125
11:8   131
12:26-28   207
13:15   49

야고보서
1:27   202
2:14-17   145

베드로전서
1:1-2   109
2:5   48
2:9   48
2:9-12   84, 107, 123
2:13-3:7   84
2:24   125
3:21   263

요한1서
3:2   43, 198
3:17-18   145
4:7-12   187
4:8   182

요한계시록
1:5   86
4장   99
4-7장   86
5장   114
7:9-10   116, 206

20장   148, 232, 303
20:6   43
21장   245
21-22장   146, 147, 149, 231, 232
21:24   73, 246

21:24-27   231
22장   230
22:3   113, 231, 303
22:5   231

옮긴이 **오현미**는 이화여자대학교 불어불문학과를 졸업했으며, 전문 번역가로 활동하고 있다. 옮긴 책으로는 『천국에 대한 네 가지 견해』 『월경, 어떻게 생각해?』(이상 IVP), 『마침내 드러난 몸』(학영), 『초기 교회에서 배우는 주기도문』(이레서원) 등이 있다.

미셔널신학번역총서 04

선교에 대한 네 가지 견해

초판 발행 2025년 7월 23일

지은이 조너선 리먼·크리스토퍼 라이트·존 프랭키·피터 라잇하르트·제이슨 섹스턴
옮긴이 오현미
펴낸이 정모세

편집 이성민 이혜영 심혜인 설요한 박예찬
디자인 한현아 서린나 | 마케팅 오인표 | 영업·제작 정성운 이은주 조수영
경영지원 이혜선 이은희 | 물류 박세율 정용탁 김대훈

펴낸곳 한국기독학생회출판부 | 등록번호 제2001-000198호(1978.6.1)
주소 04031 서울시 마포구 동교로 156-10
대표 전화 (02) 337-2257 | 팩스 (02) 337-2258
영업 전화 (02) 338-2282 | 팩스 080-915-1515
홈페이지 http://www.ivp.co.kr | 이메일 ivp@ivp.co.kr
ISBN 978-89-328-2360-7

ⓒ 한국기독학생회출판부 2025

책값은 뒤표지에 있습니다.
무단 전재와 복제를 금합니다.